하인즈 코헛의 자기심리학 이야기 1

나 그리고 자기

SELF PSYCHOLOGY OF HEINZ KOHUT

하인즈 코헛의 자기심리학 이야기 1

나 그리고 자기

홍이화 저

학지사

책 앞에

『하인즈 코헛의 자기심리학 이야기 1』을 처음 세상에 내밀어 보인 지도 꽤 오랜 시간이 훌쩍 지나갔다.

이 책을 써야 하겠다고 마음을 먹게 된 것은 자기심리학을 강의하면서 만났던 대부분 대학원생들의 곤혹스러운 비명(?) 때문이었다. 하인즈 코헛의 이론은 일단 '어렵다'는 것이었다. 아니 정확히 말하자면 '읽기'가 어렵다는 것이었고 그래서 그것을 이해하고 소화하기에 힘들다는 것이었다. 내가 보기에 그것은 아마도 코헛의 이론들에 대한 이해가 대부분 코헛의 저서들 세 권의 번역서에 의존하고 있고, 해설서가 있다고 하더라도 그 역시 코헛 원전들을 간추려 설명한 일부분이며 이 또한 번역서로부터 오기 때문일 것이다. 게다가 번역서로 나와 있는 코헛의 책들은 코헛이 자신의 자기심리학 이론을 정립하는 과정 그대로를 담고 있기 때문에 가설로 확립된 이론을 처음부터 배우고 이해하고자 하는 학생들은 거꾸로 저자의 임상적 연구부터 접하게 됨으로써, 저자의 이론의 발달과 정립 과정을 세심하게 따라가지 않으면 그 내용들의 중첩성이나 때때로의 모호함, 그리고 불연속성에 부딪히는 어려움을 만나기 마련이다. 이러한 이유들로 하여 나는 코헛이 이론으로 정립하게 된 그의 자기심리학을 학생들이 읽고 이해하기 쉬운 순서대로 개념과 주제별로 정리해야 할 필요를 느꼈고, 무엇보다도 한국어로 된 우리 주변의 익숙한 이야기로 해설함으로써 코헛의 사상과 이론을 좀 더 체계적으로 안내하고 싶었다.

처음 『하인즈 코헛의 자기심리학 이야기 1』을 출판했을 때 서문의 일부 내용이다. 이렇게 정립된 이론서를 가지고 그 오랜 세월 많이도 가르쳤고, 또 그런 시간 속에서 코헛은 우리에게 '내 안의 나, 자기'를 찾아가는 공감의 심리학을 알게 해 주었다.

이제 『하인즈 코헛의 자기심리학 이야기 1』을 『나 그리고 자기』를 통해서 개정판으로 다시 집필하게 되었다. '나 그리고 자기'는 바로 코헛의 자기심리학의 중심을 느끼게 해 주는 표현일 것이다. 즉, '나'를 구성하는 하나의 심리구조로서의 '자기'를 표현하는 정신분석학의 개념이자, 아프고 금이 간 '나'를 치유할 수 있는 토대가 되는 단위이기도 하다. 이런 의미에서 개정판으로 다시 출판하게 되는 코헛의 자기심리학은 '나 그리고 자기'로 시작한다. 그 '자기'가 굳게 세워지고 구축되는 과정, 그 '자기'의 결핍과 아픔, 그리고 그 '자기'의 치유와 사랑으로 코헛의 자기심리학이 다시 정리되었다. 또한 이전 책에서는 DSM-IV-TR을 중심으로 진단과 병리의 문제를 다루었다면, 이번 개정판에서는 DSM-5-TR을 기준으로 이전 책의 내용에 대한 수정과 보완이 이루어졌다. 더불어 주석과 참고문헌에서도 최근 연구와 관련된 저서들이 보완되었다. 이제 다시 이 책으로 시작하는 나와 독자들 '자기'의 삶의 여정이 무척이나 기대된다.

이 책의 출판을 맡아 주신 학지사의 대표님을 비롯하여 편집과 교정에 수고를 아끼지 않으신 편집부 선생님들, 특별히 박수현 선생님께 깊은 감사를 드린다. 틈틈이 책의 구조, 그림과 디자인에 대하여 아낌없이 의견을 나눠 준 대학원생들에게도 진심으로 고맙다. 덧붙여 다시 이 책 안에서도 귀한 그림으로 독자들에게 코헛의 심리학을 느끼게 해 주신 장지나 선생님께 여전히 갚지 못할 마음의 빚이 남는다.

2025년 2월

홍이화

차례

C O N T E N T S

제2부 나 그리고 자기세움

4. 자기의 구축

5. 자기의 결핍: 자기애성 성격장애

6. 수치심

제3부 나 그리고 자기아픔

7. 자기애적 격노

8. 중독: 자기애성 행동장애

9. 섭식장애

제4부 나 그리고 자기사랑

제1부

나 그리고 자기

Illustration by Jina Chang

SELF PSYCHOLOGY OF HEINZ KOHUT

1

나르시시즘, 지독한 자기사랑?

하인즈 코헛: "Mr. Psychoanalysis"

현대 정신분석학에 지대한 영향을 미치고 있는 자기심리학(self psychology)은 자기(self)에 관한 독창적 연구를 토대로 하인즈 코헛(Heinz Kohut)에 의해서 정립되었다. 자기심리학 이야기를 시작하면서 우선 그 창시자인 코헛의 생애와 사상을 살펴보는 것은 이 흥미로운 '자기' 이야기를 전반적으로 이해하는 데 유용한 지침을 마련해 준다.

코헛의 삶의 이야기 중에서 특기할 만한 것들을 살펴본다면,[1] 그는 1913년 비엔나에서 아버지인 펠릭스 코헛(Felix Kohut)과 어머니 엘세 코헛(Else Lampl Kohut)의 외아들로 태어났다. 그의 아버지는 훌륭한 콘서트 피아노 연주가였고 그 영향으로 아들 코헛 역시 음악을 좋아했지만, 아버지는 제1차 세계대전으로 하여 그 꿈을 접어야만 했다. 코헛의 어린 시절은 전쟁 중 한동안 아버지의 부재로 주로 어머니와 외가에서 생활했고, 특히 외할아버지를 좋아했다. 코헛은 이러한 아버지의 부재로 인해 일종의 상실을 경험하였으며 아버지와의 관계를 갈망했지만, 아버지가 전쟁에서 돌아온 후에도 서로의 관계는 그리 가까워지지 않았다.

어린 시절 코헛은 어머니와 가깝게 지냈지만, 그녀는 자신이 보호하고 돌보는 반경에서 코헛이 벗어나는 것을 전혀 허용하지 않았다. 게다가 그의 어머니는 딱히 그 원인을 뭐라 설명하기에 난해하리만치 좀 이상하거나 이해하기 어려운 인물로 그려진다. 그녀는 주변 사람들과 때때로 아주 집착적으로 보일 만큼 가깝게 지내곤 하였으나, 이내 곧 그들과 떨어져서 거리를 두곤 하였다. 코헛은 종종 자신의 어린 시절에 대해 슬프고 아주 외로웠다고 표현했는데, 코헛의 부모가 자신들의 사교생활을 위해 집을 비우는 동안 대부분의 저녁 시간을 코헛이 어머니 없이 보냈기 때문이기도 했다.

코헛은 외아들이었기 때문에 형제자매나 주변 또래 아이들과 어울릴 기회가 적었고 어릴 때부터 그는 충실한 엘리트 교육을 받았다. 처음 2년 동안은 학교 교육을 받았으나 이후부터는 집에서 가정교사로부터 교육을 받았고, 그 후 초등학교를 거쳐 1932년까지 Döblinger Gymnasium에서 수학하였다. 그는 전통적인 철학, 고전문학과 역사 그리고 외국어들에 이르기까지 상당히 높은 수준의 교육을 받았는데, 언제나 그는 클래스에서 최고의 성적을 유지했고 많은 분야에서 열정적이고 활발하였다. 8세부터 14세까지 코헛에게는 또 한 사람의 특별한 가정교사가 있었는데, 그의 어머니가 아들의 지적능력을 자극하기 위해서 고용한 가정교사였다. 그 가정교사는 거의 매일 오후 코헛을 데리고 오페라, 미술관, 박물관 등을 방문하거나 산책하고 대화하면서 코헛과 함께했고, 이 경험들은 외로움으로 가득 찼던 코헛의 어린 시절에 지울 수 없는 강한 인상과 많은 의미를 남겼으며 그의 삶의 여정에 큰 영향을 주었다. 19세에 코헛은 비엔나 대학교에 입학하였고 1938년에 의과대학을 졸업하여 학위를 받았다.

비엔나에서 공부하면서 코헛은 정신분석학에 흥미를 느끼게 되었고 프로이트(Sigmund Freud)는 코헛에게 매우 깊은 영향력을 행사한 주요 인물이다. 사실, 당시에 코헛은 프로이트를 개인적으로 알지도 못했고 전혀 만난 적도 없었지만, 1938년 프로이트가 비엔나를 떠나 영국으로 간다는 소식을 듣고 기차역으로 갔다. 프로이트는 막 기차에 오르고 있었고, 기차가 떠나려 할 때 그는 기차 창밖으로 코헛이 한 친구와 함께 서 있는 것을 보았다. 코헛은 자신의 중절모에 (인사하기 위해) 가볍게 손을 대었다. 그러자 프로이트 역시 그 답례로 자신의 중절모에 가볍게 손을 대었고 기차는 떠나갔다. 코헛이 프로이트를 유일하게 만날 수 있었던 이 이야기는 매우 유명한 일화가 되었고 코헛은 이 이야기를 즐겨 하곤 하였는데, 이는 자신이 정신분석학에 대하여 느꼈던 어떤 특별한 사명감을 시사하고 있다. 몇 달 뒤인 1939년 초반에 코헛은 프로이트의 뒤를 이어 비엔나를 떠나 영국으로 갔고, 일 년간의 체류 후 1940년에 미국으로 이주하였다. 시카고 대학교에서 신경의학과 정신의학을 공부하였으나 곧 점차 정신분석학으로 그 관심을 옮기게 되었는데, 이는 프로이트를 닮고 싶어 하는 그의 열망과 프로이트의 정신분석학을 계승하고자 하는 그의 높은 포부를 잘 반영하고 있다.

시카고 정신분석연구소에서 코헛은 정신분석 전문가로서 훈련을 받았는데, 1950년에 시카고 정신분석연구소를 졸업한 후 그는 연구소에서 교수이자 정신분석가로 줄곧 활동하였다. 이즈음 코헛은 1948년에 엘리자베스 메이어(Elizabeth Meyer)와 결혼하여 1950년 그의 외아들 토머스 어거스트(Thomas August)를 얻었다. 그는 프로이트의 전통에 충실한 기반을 두고 있는 현대 정신분석학의 훌륭한 교수이며 최고의 정신분석가로서 평가를 받았고 "Mr. Psychoanalysis"라는 별명을 얻을 정도였다. 1964년부터 1965년까지 미국정신분석협회(American Psychoanalytic Association)의 회장으로 활동을 했고, 또한 1965년부터 1968년까지 국제정신분석협회(International Psycho-Analytic Association)에서 부회장을 역임하기도 했지만, 이후 프로이트의 정신분석학에서 떠나 나르시시즘(narcissism)과 자기에 대한 자신의 이론을 나타내기 시작하자 코헛은 연구소와 협회를 비롯한 주변 동료들로부터 질시와 냉대를 받게 되었다.

코헛은 당대 정신분석가들로부터의 외면으로 인한 소외 속에서 자신의 이론과 사상을 펼쳐 갔다. 1978년 자기심리학 학회가 시카고에서 처음으로 열리게 되었고, 코헛은 매년 열리는 이 연례 학회들을 한 번도 빠지지 않았다. 심지어는 림프종(임파선암)으로 투병하고 있는 와중에도 1981년 버클리에서 열린 네 번째 자기심리학 학회에 마지막으로 참석하여 공감(empathy)에 대한 논문을 발표한 후 4일 후에 그 생을 마감했다.

자기심리학

코헛의 자기심리학(self psychology)은 나르시시즘(narcissism)과 자기의 개념이 중심을 이룬다. 즉, 자기심리학은 자기의 나르시시즘적(narcissistic) 발달을 통한 건강한 자기구조(self structure)의 구축을 강조하고, 그 구조들을 세우기 위해서 반드시 필요한 자기대상(self object)과의 공감적 관계의 중요성을 부각시켰다.

코헛은 사실 프로이트의 훌륭한 제자였고 프로이트 학파에서 정신분석을 배우고 그 전통을 이어 연구하였으므로 그의 초기 글들은 프로이트의 고전적 이론에 기초되어 있다. 그러나 후에 프로이트와 정신분석에 대한 의견을 달리하게 되었는데, 그것은 코헛이 정신분석으로 환자를 치료하던 중에 타인의 무시나 자신의 실패에 매우 취약하여 극도로 손상받기 쉬운 자존감을 나타내는 나르시시스트 환자들을 만나면서부터였다. 기존의 전통적 프로이트 방식의 해석으로는 도무지 그들을 분석할 수 없었고, 프로이트 방식의 정신분석 기법을 적용하였을 때 오히려 그들의 증세가 더 나빠지기도 했다. 따라서 고전적인 프로이트의 욕동(drive) 모델로는 설명되지 않는 증상들과 그 치료에 코헛은 주목하게 된 것이다. 코헛에게 있어서 이들의 문제는 프로이트가 주장하는 공격적이고 본능적 충동에 의한 갈등(conflict)이 아니었고, 그보다는 충분히 잘 구조화되지 못한 자기의 결핍(deficit)의 문제로부터 오는 자기의 장애였다. 그는 이러한 환자들의 특성들을 나르시시즘적 성격장애(narcissistic personality disorder)로 범주화하고 프로이트의 욕동모델로는 이들의 장애를 분석하고 치료하는 데 불충분하다고 생각하였다.

그러한 환자들을 치료하기 위한 프로이트식 기법의 대안으로서 코헛은 바로 공감적 방법론을 제시한다.[2] 즉, 분석하기 어렵다고 느끼는 환자들에 대해 자꾸 그들이 저항을 보인다고 판단하고 그것에 대하여 객관적 관찰을 통한 해석을 시도하는 대신에, 우선 그들이 말하려는 것을 공감적으로 경청하기로 결심하고 그들이 그들 내부에서 경험하는 것들을 공감적으로 경험해 본다는 것이다. 이러한 시도는 그때까지 분석이 불가능하고 치료가 불가능하다고 알려져 왔던 나르시시즘적 성격장애에 대한 치료에 획기적인 전환점을 가져왔다. 즉, 코헛은 이러한 내성적(introspective)인 공감을 통해서 나르시시즘적 성격장애가 분석이 가능하고 치료가 가능하다고 보게 되었고, 더 나아가 이러한 성격장애뿐만이 아니라 좀 더 넓은 의미에서의 자기의 장애에서 역시 근본적으로 공감의 문제가 핵심적이라고 보고 있다.

코헛이 관심을 갖게 된 치료에서 공감의 문제는 결국 프로이트의 고전적 욕동의 모델과는 상반되는 것으로서 치료자와의 관계 경험의 강조를 가져왔다. 프로이트가 고전적 정신분석에서 모든 환자들이 다 오이디푸스적 성적 갈등을 가지고 있다고 보고 해석을 통하여 그러한 충동을 알게 하는 것이 치료라고 보았던 반면, 코헛은 오이디푸스 콤플렉스는 정상적인 하나의 발달 과정이며 부모의 태도로 인해 부차적으로 문제가 발생할 수 있다고 생각했다. 즉, 오이디푸스 시기에 부모가 아이를 사랑하고 자랑스러워하며 충분히 반영해 줌으로써 아이가 부모로부터 공감적 지지를 받는다면 이 시기는 건강한 발달 단계의 하나일 수 있다는 것이다.[3] 이렇게 코헛은 프로이트처럼 욕동의 충동을 강조하기보다는 관계를 강조했는데, 이런 점에서 코헛은 프로이트의 욕동이론으로부터 관계이론으로의 전환을 가져왔다고 할 수 있다. 이러한 관계이론으로의 전환은 심리내적 갈등의 문제에서 관계적 자기결핍의 문제로 그 병리적 원인에 대한 초점이 옮겨진 것을 함축하고 있으며, 이는 자기구조를 구축하는 데 근간이 되는 공감적 관계의 실패를 의미하는 것이다. 코헛은 이러한 자기구조의 문제를 다루는 데에 있어 프로이트의 고전적 이론을 넘어서서 새로운 모델, 즉 자기(self)의 심리학의 필요성을 강조하고 이러한 자기심리학 이론은 프로이트의 고전적 이론을 보완할 수 있다고 덧붙이고 있다.

앞서 살펴본 코헛의 생애에서 그에게 가장 도전이 되었을 몇 가지를 꼽는다면, 아마도 아버지의 부재중에 가지게 되었던 상실의 경험과 어머니의 적절한 공감적 반응의 결여, 그리고 자신의 새로운 이론을 경시하던 주변의 태도로부터 경험하게 된 소외에 대한 상처일 것이다. 자기 삶의 이러한 경험들은 결국 코헛으로 하여금 자기심리학을 정립하게 되는 이론적 토대가 되었으며, 그러한 이론적 틀 안에서 특별히 환자들을 먼저 따뜻하게 이해하고 공감할 수 있는 가치들을 강조하게 됨으로써 치료적 방법론의 변혁을 일으키는 중요한 계기 중 하나가 되었으리라 추측하게 된다. 그런 의미에서 "인간에 대한 학문 가운데 새롭게 떠오르는 태양인 정신분석학은 인간을 이해하는 따뜻함과 인간을 설명하는 빛을 비추게 될 것이다"[4]라는 코헛의 고백은 그 자체로 '공감적'이 될 수밖에 없다.

코헛이 설명하는 자기심리학의 탄생은 근본적으로 코헛이 자기의 장애를 모든 병리의 기본요소로 제시하는데 동기가 되었던 나르시시즘적 성격장애의 연구로부터 나온 것인데, 여기에는 나르시시즘의 개념의 확장이 전제되어 있다. 그렇다면 일반적으로 나르시시즘이란 어떤 것을 의미하고 있으며, 또 코헛이 말하는 나르시시즘이란 또 다른 어떤 것들을 내포하는 것일까.

나르시서스의 신화

일반적으로 나르시시즘이라고 할 때 우리는 종종 우리에게 익숙한 그리스 신화에 등장하는 나르시서스(Narcissus)의 이야기를 떠올리게 되는데, 이는 라틴어 원전인 오비디우스(Ovidius)의 『변신(Metamorphoses)』에 나오는 나르키소스(Narkissos)라는 한 젊은이의 탄생과 죽음에 관한 이야기다.[5]

나르키소스는 어머니 물의 요정 리리오페와 아버지 강의 신 케피소스의 아들이었다. 아들이 태어나자 요정 리리오페는 아이의 이름을 나르키소스로 짓고 유명한 점쟁이 티레시아스에게 아들의 운명을 물었고 그 점쟁이는 아이가 자신을 모르는 한 오래 살 것이라고 예언했다. 당시에는 이 말의 뜻을 아무도 몰랐지만 어쩌면 이 예언은 훗날 그 아이의 죽음에 대하여 생각해 볼 때 실제로 적중한 것 같다. 나르키소스가 성장하여 열여섯이 되자 그의 아름다운 외모에 반한 많은 소녀와 젊은이들이 그를 열망했으나 나르키소스는 그가 가진 강한 자존심과 거만함으로 그 누구에게도 관심이 없었다.

그에게 사랑에 빠져 몰래 그를 쫓아다니던 요정 에코는 그에게 말도 건넬 수가 없었다. 원래 수다쟁이였던 에코가 욥피테르(제우스)가 요정들과 바람피우는 것을 그의 아내 유노(헤라)에게 들키지 않도록 그를 돕는 바람에 유노로부터 다른 사람이 한 말의 마지막 말만 되풀이하도록 하는 벌을 받게 되었기 때문이다. 에코는 어느 날 나르키소스 앞에 모습을 드러냈지만, 그가 하는 말의 마지막 말만 따라 할 수 있을 뿐이었고, 나르키소스는 그녀를 매정하게 뿌리치고 도망가고 만다. 에코는 실연의 고통으로 괴로워하면서 동굴 안에서 숨어 살다가 절망으로 점점 야위어져서 몸의 진액이 모두 없어져 버리고 목소리와 뼈만 남게 되었다. 전하는 이야기에 따르면, 뼈는 돌로 변했고 결국 목소리만 남아 숲속에서 메아리로 남게 되었다고 한다.

어느 날 나르키소스는 사냥을 하다가 더위에 지쳐 어떤 맑은 샘으로 가서 갈증을 식히기 위해 물을 마시려다가 물에 비친 아름다운 모습을 보고 그 비친 대상에게 맘이 끌려 버렸다. 그는 샘물 안의 그 대상에게 연거푸 입을 맞추려 했고 그의 목을 끌어안으려고 물속에 두 팔을 담갔지만, 입을 맞출 수도 없었고 껴안을 수도 없었다. 결국 그는 자기 자신도 모르게 자기를 열망하고, 자신을 칭찬하면서 자기 스스로 칭찬했으며, 자기 자신이 원하는 주체이면서도 그 원하는 대상 또한 자기 자신이었던 것이다. 나르키소스는 샘물을 떠날 수 없었고 날마다 자신의 형상을 보면서 자신에 대한 사랑으로 애태우고 괴로워하다가 샘가에서 스스로 두 눈을 감고 말았다. 에코도, 물의 요정들도, 또 나무의 요정들도 모두 그의 죽음을 슬퍼하고 애도하며 장례를 준비했다. 그러나 그의 시신은 어디에도 없었다. 대신 그곳에는 노란 중심부가 하얀 꽃잎들로 둘러싸인 꽃 한 송이가 남았다. 이후 그 꽃을 수선화(나르키소스)라고 부르게 되었다.

자기애의 현상

어떻게 보면 참으로 애달프고도 가슴 아픈 이야기이지만, 이 고전적인 신화에서 나타나는 나르키소스의 이야기 속에는 에코의 애절한 사랑을 포함하여 타인에 대한 무정하고도 교만한 태도, 자기 자신의 아름다움에 대한 오만한 자신감, 그리고 자신을 비추어 주는 자기 자신에 대한 열망 등이 함축되어 나타나고 있다. 아마도 우리는 이 나르키소스의 이야기로부터 일반적으로 나르시시즘을 '자기애'라 이름하여 흔히 자기도취적이거나 혹은 지나친 자기사랑의 성향을 일컫는 것으로 이해되고 알려져 온 듯하다. 따라서 나르시시즘 혹은 나르시시스트라는 말들은 자기애라는 용어로부터 느껴지듯 일상생활에서 자기중심적이며 대인관계에서 배타적이고 이기적인 성향들을 상대적으로 부정적으로 나타낼 때 주로 사용되어 왔다고 할 수 있는데, 그래서인지 자기애와 관련하여 '자기'란 말 역시 정상적인 자기사랑이거나 건강한 자존감을 표현하는 데 쓰이는 것으로 보이기보다는 어쩐지 매우 극단적인 개인주의적 성격을 포괄하는 무엇인가 바람직하지 않은 성향을 의미하는 것으로 받아들여지기도 한다.

이러한 자기애에 대한 인식들은 크리스토퍼 래시(Christopher Lasch)가 그의 저서 『나르시시즘의 문화(The Culture of Narcissism)』[6]에서 지적하듯 우리가 살고 있는 사회의 광범위한 문화적 성향과 풍조에서 역시 나타나는 것으로 자기중심적 시대를 반영하기도 한다. 즉, 우리는 자기애적 특성들을 가진 문화 속에서 살아가고 있고 그러한 자기애적인 사회가 지속해서 자기애적 성격들을 만들어 내고 이러한 사람들이 더욱 자기애적 사회를 만들어 간다는 얘기다. 그런데 의외로 이러한 자기애적 성향을 가졌다고 느껴지는 이들에게서는 매우 자신만만하고 자기 과시적이며 자신들의 업무와 인간관계에서 매우 목표 중심적이고 성공적인 면들이 종종 부각되어 보이기도 한다. 실제로 이 시대의 많은 사람이 자기만족을 위해 매우 자기중심적 삶을 살아가고 있다고 해도 과언은 아니라 할 수 있는데, 이러한 현상은 예를 들어 한국 사회의 문화적 현상 속에서 독특하게 자기애성 성향을 대변해 주는 소위 '공주병, 왕자병' 신드롬에서 그대로 드러난다.

대략 1990년대 중반부터 확산되기 시작한 공주병, 왕자병 신드롬은 신세대를 중심으로 자신이 남들보다 튀고 싶은 심리, 또 남들에게 좀 더 주목받고 싶어 하는 심리, 혹은 자신은 남들과는 다르다는 심리를 남들이 뭐라 하든 자기중심적으로 표현하는 양상으로부터 비롯되었다. TV 등 각종 매체에서는 공주병, 왕자병을 소재로 하는 프로그램이 자주 등장했으며 마치 이러한 신드롬을 일반화하여 부추기는 듯싶기도 했다. 그즈음 한 분유 회사가 "내 아이는 다르다"라는 광고로 화제를 모았다. 이 광고는 당시 '미시족'이라고 불리던 젊은 주부 계층의 '내 아이만은 다르게 키우고 싶다'라는 욕구를 겨냥하여 "내 아이는 다르다"라고 공공연하게 남보다 우월함을 내세우는 공주병, 왕자병 신드롬을 부추겼다는 얘기다.[7]

또한 그로부터 얼마지나 엄청난 대중의 인기를 누리고 있던 걸그룹 원더걸스의 〈So hot〉이라는 노래 역시 "난 너무 예뻐요"를 과감하고 자신 있게 외치는 신세대의 공주병을 대변한다고도 하는데, 왠지 그 반응은 이제 그리

부정적으로만 보이지는 않는다. 자신의 외모를 유지하고 심지어는 과시하기까지 위한 성형수술은 이미 보편적인 문화로 자리 잡은 듯하다. 개인 컴퓨터뿐만 아니라 스마트폰의 대중화와 함께 자신만의 SNS 계정을 가지는 것은 이제 그다지 전문적인 작업이 아니며, 그 자신만의 공간에 자신들 개인의 생활이나 사진을 직접 올려서 공유하는 일 역시 매우 '사적'인 일이다. 이렇게 볼 때 자기애의 성향을 가진 이 시대의 많은 사람과 또한 그 사람들을 둘러싸고 있는 자기애의 문화 속에서 이러한 모든 현상은 나르시서스의 신화에서처럼 과도한 자기중심적 성향들로 표현되는 무모한 자기도취 혹은 지독한 자기사랑의 결과일까. 자기심리학의 관점으로부터의 논의를 상정해 볼 때 나르시시즘을 이렇게 단정 짓기에는 아직 좀 이른 감이 없지 않다.

나르시시즘에 대한 프로이트의 정신역동적 관점

'자기애'라고 일컬어지는 나르시시즘이란 현상은 사실상 영국의 심리학자인 핸리 해블록 엘리스(Henry Havelock Ellis)의 「자체성애: 심리학적 연구(Auto-erotism: A Psychological Study)」에서 처음으로 소개되었다고 볼 수 있다. 이는 엘리스가 나르시시즘의 현상을 남성의 자체성애에 관한 심리학적 사례연구를 통해 정신의학에 도입하면서, 성적인 감정이 자기예찬(self-admiration)으로 쏠리는 심리적 경향을 "나르시서스 같은(Narcissus-like)" 것이라고 나르시서스의 신화를 인용하여 설명한 데서 기인한 것이다.[8] 그 이듬해, 독일의 정신과 의사인 파울 네케(Paul Näcke)가 성적 도착(sexual perversion)에 관한 연구에서 자기 육체를 성적 대상의 육체처럼 느끼는 사람의 태도를 가리켜 나르시시즘이라 부르게 되었다. 프로이트는 이러한 나르시시즘 개념의 초기 사용들로부터 더 나아가 나르시시즘에 대한 개념을 자신의 논문 「나르시시즘에 관하여(On Narcissism)」에서 좀 더 확장하여 발전시켰다.

프로이트는 나르시시즘을 일차적 나르시시즘과 이차적 나르시시즘으로 분류하여 이를 나르시시즘의 발달 노선으로 설명하고 있다. 유아가 태어나 처음 경험하는 것은 유아 자신과 다른 대상이 전혀 구분되지 않은 상태에서 무엇이든 자신이 원하는 대로 된다고 느끼거나 자신이 모든 것을 다 할 수 있다고 받아들이게 된다. 엄마가 유아에게 따뜻한 시선으로 눈을 맞춰 주거나 때에 맞게 젖을 제공해 주거나 축축한 기저귀를 갈아 주는 것들을 통해 유아의 모든 욕구들의 충족은 유아 자신이 한 것이거나 마치 자신이 만들어 낸 것처럼 느끼게 된다. 생애 초기의 유아는 이처럼 자기 자신의 마술 같은 환상적 전능감을 경험하게 되는데 프로이트는 이것을 일차적 나르시시즘(primary narcissism)이라 불렀고, 이를 정신적 에너지인 리비도가 자아에게 집중되어 있는(자아-리비도: ego-libido) 최초의 상태로 설명했다. 이것은 바로 유아가 자신에게만 집중하고 자신만을 사랑하는 방식을 설명하는 것인데, 이러한 일차적 나르시시즘은 유아기에 필요한 정상적인 발달 단계에 속하지만, 대상사랑을 향해 성숙해 가야 하는 원시적이고 미숙한 것으로 보았다.

이후 발달을 거치면서 일차적 나르시시즘의 상태에 있던 유아는 외부대상을 사랑할 수 있도록 성숙해진다. 이때 아직 미숙해서 대상으로 향하지 못했던 유아의 자아-리비도는 대상을 향하게 되는데(대상-리비도: object-libido), 이것이 바로 대상사랑(object love)의 상태이며 현실적이고 객관적으로 외부대상을 보게 되는 성숙한 형태의 사랑이다. 그러나 이러한 대상사랑의 상태에서 어떤 좌절을 경험하게 되면 리비도는 그 대상으로부터 철수하여 다시 자아를 향하여 투자된다. 즉, 대상으로부터 거두어들인 리비도를 다시 자아에 투여함으로써 다른 외부대상을 사랑하거나 외부대상에게 관심을 두지 못하고 모든 에너지를 다시 자기 자신에게만 집중시키거나 모든 관심을 자기 자신에게만 몰두시키는 상태가 되는 것이다. 이것이 프로이트가 말하는 이차적 나르시시즘(secondary narcissism)인데, 이것은 성숙한 대상사랑으로부터 실패하여 다시 일차적 나르시시즘과 유사한 상태로의 퇴행을 나타내는 병리적 상태를 의미한다.

이렇게 볼 때 프로이트가 설명하는 나르시시즘은 일차적 나르시시즘으로부터 대상사랑 그리고 이차적 나르시시즘으로의 단일한 노선의 발달 순서를 나타내고 있는데, 여기에서 프로이트는 자아-리비도와 대상-리비도를 서로 배타적인 관계에 놓고 있다. 즉, 자기로의 관심이 강하면 강할수록 리비도는 외부대상으로부터 철수하며 따라서 나르시시즘이 증가하면 할수록 대상사랑은 사라지게 된다는 것이다. 프로이트는 이처럼 자기사랑이 강하면 대상사랑이 적어지게 되는 것과 마찬가지로 대상사랑이 많으면 자기사랑이 적어진다고 보고, 발달에 있어서 대상사랑으로 성숙해 가기 위해서 자기사랑은 포기되어야 하는 것으로 보았다. 따라서 프로이트에게 있어서 이차적 나르시시즘, 즉 대상사랑보다 자기사랑을 다시 더 많이 가지게 된 나르시시즘은 병리적이 되는 것이다.[9]

코헛의 나르시시즘

코헛은 자신의 이론을 나르시시즘적 성격장애를 가진 환자들을 치료하는 과정에서 발전시켰다. 그러한 성격장애의 환자들을 만나면서 코헛이 가졌던 나르시시즘의 개념은 프로이트가 보았던 미숙하거나 병리적인 개념으로서의 나르시시즘이 아니라, 나르시시즘을 본질적으로 인간 모두가 가지고 있고 평생에 걸쳐 계속되며 다양한 형태로 발전될 수 있는 건강하고 정상적인 발달 단계로 보았다.

코헛은 어느 한쪽의 리비도가 많이 사용되면 다른 쪽을 향한 리비도는 그만큼 부족하게 된다는 것을 토대로 프로이트가 제시한 자아-리비도와 대상-리비도의 관계에 대하여 U자 형태의 튜브를 비유하여 나르시시즘과 대상사랑 간의 배타적 관계에 반대적 입장을 표명하고 있다. 만일 프로이트의 관점이 맞는다면, 가령 자신이 치통과 같은 고통을 느끼는 상황(자기에게만 몰두하고 있는 나르시시즘)에서 어떤 다른 누구를 사랑한다는 것이 불가능하고 반대로 열정적으로 누군가를 사랑할 때는 자신에게 어떤 고통도 없을 거라고 코헛은 지적하고 있다.[10] 그렇다면 성숙한 사랑의 관점에서 자기에 대한 관심과 타인에 대한 관심은 동시에 가질 수 없는 것인가? 즉, 타인에 대한 사랑이 증가한다는 것이 반드시 자신에 대한 사랑이 줄어드는 것만을 의미하는 것은 아닐 것이다. 코헛은 이처럼 자기사랑으로부터 대상사랑으로 이행해 가는 배타적 발달 관계에 대한 프로이트의 논지를 반박하고, 인간의 자기사랑과 대상사랑은 둘 다 각각 타인과의 관계 속에서 이루어지며 일생을 발달적 측면에서 상호적으로 함께 작용한다고 하고 있다.

따라서 코헛은 프로이트의 나르시시즘의 단일적 발달 노선에 동의하지 않고 오히려 두 개의 분리되고 독립적인 나르시시즘의 발달을 주장한다. 즉, 그 하나는 일차적 나르시시즘으로부터 대상사랑으로의 발달이고, 나머지 또 하나는 일차적 나르시시즘으로부터 성숙한 형태의 나르시시즘으로의 발달이다. 여기에서 일차적 나르시시즘으로부터 대상사랑으로의 발달은 프로이트가 제시하는 것과 유사하나, 덧붙여 코헛은 대상사랑으로부터 다시 자기사랑으로 퇴행되는 의미에서의 병리적 나르시시즘이 아닌, 일차적 나르시시즘(유아적 자기애)으로부터 보다 성숙한 형태로 변형되는 나르시시즘(건강한 자기존중, 자기사랑)의 고유한 발달을 말하고 있다. 코헛에게 있어서 나르시시즘은 프로이트의 주장에서처럼 자기 자신에 대한 몰두가 아니라 자기의 일부로 경험하는 대상(자기대상: selfobject)과의 관계를 전제하고 있다. 즉, 프로이트의 나르시시즘은 자기관심, 자기집중 혹은 자기몰두와 관련하지만 코헛의 나르시시즘은 자기와 대상 간의 관계들의 속성에 그 초점이 있다.

코헛은 나르시시즘이 단지 프로이트가 목표로 하는 대상사랑으로 발달되는 미숙한 형태(일차적 나르시시즘)이거나 대상사랑이 상실되었을 때 나타나는 병리적 형태(이차적 나르시시즘)가 아니라, 대상사랑으로의 발달 말고도 또한 성숙한 나르시시즘으로 발달하는 고유한 발달 단계를 가진다고 하면서, 이러한 나르시시즘의 성숙한 형태로서 창의력, 공감 능력, 유한성에 대한 수용, 유머감, 지혜를 들고 있다.[11] 즉, 나르시시즘을 병리적으로만 분석해 오던 수준을 넘어서서 성숙한 나르시시즘으로의 발달이 인간의 삶을 보다 건강하고 성숙하게 하는 튼튼한 자기구조의 토대를 제공해 준다는 것이다. 나르시시즘에 대한 이러한 코헛의 개념은 가능한 한 속히 벗어나야 하거나 없애야 하는 부정적인 개념으로서의 나르시시즘이 더 이상은 아닌, 더 이상 비난받아야 하는 것이 아닌, 긍정적인 구조로서의 나르시시즘을 이해할 수 있게 하는 중요한 통찰을 제공하였다.

나르시시즘, 지독한 자기사랑? 코헛의 사상적 토대에 의하면 이것은 아마도 건강한 자기사랑이나 건강한 자존감으로 성숙하게 잘 발달되지 못한 나르시시즘에 대한 방어적 현상으로 보아야 할 것이다. 지독한 자기사랑으로 설명되는 나르시시즘은 이런 의미에서 어쩌면 지독한 자기사랑이 아닌 지독한 자기결핍으로부터 그 자기의 이야기를 새로 시작하게 한다.

주(註)

1 Charles B. Strozier, "Glimpses of a Life: Heinz Kohut (1913-1981)," in *Progress in Self Psychology*, vol. 1, ed. Arnold Goldberg (New York: The Guilford Press, 1985), 3-12; Goffrey Cocks, ed., *The Curve of Life: Correspondence of Heinz Hohut 1923-1981* (Chicago: The University of Chicago Press, 1994); Charles B. Strozier, *Heinz Kohut: The Making of a Psychoanalyst* (New York: Farrar, Straus and Giroux, 2001) 참조.

2 Heinz Kohut and Philip F. D. Seitz, "Concepts and Theories of Psychoanalysis (1963)," in *The Search for the Self*, vol. 1, ed. P. Ornstein (Madison: International Universities Press, 1978), 337-374 참조.

3 Heinz Kohut, *The Restoration of the Self* (Madison: International Universities Press, 1977), 223-247.

4 Heinz Kohut, "The Future of Psychoanalysis (1973)," in *The Search for the Self*, vol. 2, ed. P. Ornstein (Madison: International Universities Press, 1978), 684.

5 오비디우스, 『원전으로 읽는 변신이야기』, 천병희 옮김(고양: 숲, 2005), 155-164 참조.

6 Christopher Lasch, *The Culture of Narcissism* (New York: W. W. Norton, 1979).

7 「주간동아」 733호, 2010년 4월 27일.

8 Henry Havelock Ellis, "Auto-erotism: A Psychological Study," *Alienist and Neurologist* 19 (1898): 280.

9 Sigmund Freud, "On Narcissism: An Introduction," in *Essential Papers on Narcissism*, ed. Andrew P. Morrison (New York: New York University Press, 1986), 18-20; Sydney E. Pulver, "Narcissism: The Term and the Concept," in *Essential Papers on Narcissism*, ed. Andrew P. Morrison (New York: New York University Press, 1986), 97.

10 Heinz Kohut, "Thoughts on Narcissism and Narcissistic Rage (1972)," in *The Search for the Self*, vol. 2, ed. P. Ornstein (Madison: International Universities Press, 1978), 618.

11 Heinz Kohut, *The Analysis of the Self* (Madison: International Universities Press, 1971), 220; Heinz Kohut, "Forms and Transformations of Narcissism (1966)," in *The Search for the Self*, vol. 1, ed. P. Ornstein (Madison: International Universities Press, 1978) 참조.

2

내 안의 나, 자기

셀프

우리가 사용하는 영어 단어 '셀프(self)'라는 용어는 대개 그 말의 뚜렷한 철학적 혹은 심리학적 개념을 가지고 쓰이지는 않지만, 일상생활의 다양한 상황에서 종종 사용되는 것을 볼 수 있다. 주로 다른 사람이 관여하거나 다른 사람의 도움을 받지 않고 스스로 어떤 주체적 행위를 하거나 혹은 어떤 사물의 기능이 그것 스스로 수행된다는 의미로 쓰이는 경우가 많다. 셀프와 관련하여 가장 많이 볼 수 있는 단어는 아마도 '셀프 서비스'일 것인데, 그 말의 사전적 정의는 음식점이나 슈퍼마켓 같은 곳에서의 자급식(自給式) 판매 방법을 뜻하며 최근에는 '손수 하기'라는 우리말로 순화하여 쓰기를 권장하고 있다. 우리는 종종 음식점에서 "물은 셀프" "음료수는 셀프"라는 말들이 붙어 있는 것을 본 경험이 있다. 이는 물이나 음료수는 따로 가져다주는 서비스를 하지 않으니 직접 스스로 가져다가 먹어야 한다는 셀프 서비스의 의미를 반영하고 있다.

이러한 셀프 서비스의 의미로부터 셀프의 사용은 확산되어 이제는 '셀프 주유소' '셀프 세차장' 같은 용어들도 생겨났다. 아직 그 말들의 사전적 정의는 정확하게 나타나 있지 않은 말들이지만, 셀프 주유소라 하면 자동차 연료를 주유소 직원들이 넣어 주는 것이 아니라, 연료를 사려는 사람이 직접 자동차에 주유하는 시스템을 적용하고 있는 주유소를 말하며, 자동차를 닦을 수 있는 시설을 제공하고 세차는 스스로 하도록 되어 있는 세차장을 셀프 세차장이라 부른다. 이제는 누군가 그 말들의 뜻을 정확하게 정의해 주지 않아도 우리는 음식점에서, 주유소에서, 세차장에서 대부분 그 말들의 의미를 알아듣고 그대로 셀프 서비스를 행한다.

'셀프 타이머'라는 말은 주로 카메라의 어떤 기능을 나타나는 명칭으로 쓰이는데, 일정 시간 후에 자동으로 셔터가 눌리게 되는 카메라의 장치를 가리킨다. 즉, 사람이 셔터를 누르지 않아도 카메라 혼자 스스로 셔터가 눌러지도록 기능하고 있다는 얘기다. 이 말은 셀프라는 말을 빼고 그냥 '타이머'라고도 하여 전기밥솥이나 오븐 같은 가전제품에서 미리 지정해 놓은 시간에 요리를 스스로 시작하고 마치는 기능을 수행한다는 의미로도 흔히 쓰인다. 이는 시간을 조절해 주는 기능을 스스로 수행하고 있다는 의미에서 셀프의 쓰임인 것이다.

한때, "민주주의는 셀프다!"라는 캐치프레이즈를 내건 주권닷컴이라는 블로그가 출현하기도 했다. 이 블로그는 정치, 경제, 문화, 외교, 국방 등 사회 전 영역에서 구현되어야 할 새로운 시대정신으로서 국민주권의 실현을 구호로 제시하고 있다. 여기서 "민주주의는 셀프"라는 캐치프레이즈의 뜻은 아마도 진정한 국민의 주권을 목표로 하는 주체적 민주주의를 나타내고 있는 것으로 보이는데 이 블로그에서는 그 주체적 민주주의를 "셀프 민주주의"라고 표현하고 있다. 물론 우리가 사용하는 영어 단어로서의 셀프가 실제 영어권에서 쓰이는 언어학적 용례와는 차이가 있겠지만 우리가 일상에서 이처럼 사용하는 셀프의 의미들은 행위자 자신이 스스로 수행하는 주체적 기능을 함축하고 있다.

그런데 이 셀프라는 말은 사실상 한국어의 사전적 정의로서 표준국어대사전에 "자아(自我)"로 명기되어 있다. 여기에서 자아는 심리학적 측면에서 자기 자신에 대한 의식이나 관념을 나타내는 것으로 정의되는데, 정신분석학에서는 이드(id), 초자아(superego)와 함께 성격을 구성하는 한 요소라고 나타나 있는 것으로 볼 때 "ego"를 뜻하는 것으로 보인다. 또한 철학적 측면에서 자아는 대상의 세계와 구별된 인식과 행위의 주체이며 체험 내용이 변화해도 동일성을 지속하여 작용·반응·체험·사고·의욕의 작용을 하는 의식의 통일체라고 정의되며, 이러한 의미로서의 자아는 '나'라는 명사와 동일하게 쓰인다. 때로는 자아를 '에고'라고 표현하기도 하며 이럴 때는 흔히 이기주의란 뜻으로 쓰인다. 그러나 또한 사전적 정의에 따르면 철학적으로 자아를 일컬을 때는 "자기(自己)"라는 말과 공용으로 쓰이기도 한다고 규정되어 있지만 심리학적으로는 자기라는 말에 대한 뚜렷한 정의가 포함되어 있지는 않다.

이렇게 볼 때, 셀프와 자아, 자기, 그리고 '나'라는 말들은 그 언어학적 정의와 사회문화적 용례, 그리고 추상적이고 제한적인 심리학적 개념들로부터 혼합되어 혼용되고 있음을 발견할 수 있다. 이러한 혼용 속에서 현재 심리학적으로 영어의 "ego"는 자아로, "self"는 자기로 번역되어 사용되고 있는 것이 일반적이다. 그럼에도 불구하고 심리학적 용어로서의 셀프는 아직도 자아와 자기라는 두 용어로 구분 없이 사용되기도 한다. 또는 셀프라는 말을 자기보다는 자아라고 옮기는 것이 더 익숙해 보이며 자기보다는 자아라는 용어를 더 선호하는 것처럼 보이기도 한다.

이는 아마도 한국어의 자기라는 말이 가지는 의미들이 그 쓰임들 속에서 심리학적으로 자아라는 말이 가지는 의미와는 사뭇 다르다고 느끼게 되어서 그런 것이 아닌가 싶다. 자기라는 말은 그 사람 자신을 가리키는 명사 또는 앞에서 이미 말하였거나 나온 바 있는 사람을 도로 가리키는 삼인칭 대명사로서 쓰인다. 여기에서 삼인칭 대명사로의 쓰임은 제외하고 그 사람 자신을 가리키는 명사로서의 쓰임으로 볼 때, 자기라는 말은 대개 자기방어, 자기주장, 자기관리, 자기중심, 자기과시, 자기만족 등과 같은 복합어에서 자신의 생각, 태도, 행위, 존재 등을 중요시하거나 주장하는 의미를 담고 있다. 마치 그 말들의 쓰임 안에 들어 있는 자기라는 말은 매우 자기중심적이거나 심지어는 이기적인 의미를 담고 있는 듯 느껴진다.

심리학적으로 자기 자신에 대한 의식이나 관념을 나타내는 자아라는 말은 오히려 같은 셀프라는 용어를 지칭한다고 해도 자아존중감(self-esteem), 자아실현(self-realization), 자아성찰(self-examination/reflection), 자아계발(self-enrichment) 등과 같은 쓰임에서 볼 수 있듯이 자기라는 말에서 오는 무엇인가 부정적인 느낌이 없어 보인다. 그러나 이러한 용례들은 모두 자기존중감, 자기실현, 자기성찰, 자기계발 등으로 자아를 자기로 바꾸어 사용할 수 있고, 여기에서 자기의 의미는 그 사람 자신만의 무엇을 자기중심적이거나 이기적으로 주장하는 것 같은 부정적인 의미는 전혀 없다. 이런 의미에서 자기와 자아란 말들의 쓰임에 대한 차이는 셀프에 대한 일상적 용례들을 포함하여 다분히 한국의 사회문화적 정황의 영향이 크다고 본다. 한국인들에게 있어서 자기라는 말은 자기의 이해, 자기정체성, 그리고 자기존중감 등과 관련한 자기의 문제에서조차 자칫 자기중심적이거나 이기적으로 느껴질 수 있는 문화 심리적 내용 안에서 쓰이기 때문이다.

심리학적인 용어로서의 셀프, 특별히 자기심리학에서의 셀프라는 용어는 자기로 옮겨서 사용하는 것을 전제로 하며, 자기(self)와 자아(ego)라는 용어들의 쓰임은 그 심리학적 개념에 있어서 이제 구분되는 것이 바람직하다고 본다. 그것은 한국 문화적 정황에서의 쓰임을 넘어서서 정신분석학이 발전해 온 이야기들 속에서 자아와 자기개념들의 변천 과정이 분명히 존재해 왔기 때문이며, 그 속에서 자기심리학이라는 새로운 "자기"의 심리학이 탄생했기 때문이다.

정신분석학에서의 자기개념

고전적 정신분석이론의 역사를 들여다보면 자기의 개념은 사실상 지엽적이고 함축적인 역할을 하는 것에 지나지 않았다. 프로이트의 초기 저술들에서 "das Ich(나: the I)"라고 프로이트가 쓰고 있는 독일어 용어는 오늘날 우리가 자아(ego)라고 번역되어 부르는 심리구조 혹은 심리기능을 의미하기도 했고 또는 한 사람 그 자신의 개인적 경험을 나타내거나 그 사람 인격 전체를 가리키기도 했다. 따라서 그의 초기 연구에서 프로이트는 자아(Ich: ego), 자기(Selbst: self), 사람(Person: person)의 명확한 의미 구분 없이 "das Ich"라는 용어를 다양한 의미들로 사용했다고 볼 수 있다.[1] 이후 1923년에 프로이트는 『자아와 이드(The Ego and The Id)』에서 성격의 삼중구조 모델을 발표하게 됨으로써 "Es(이드: id)" "Ich(자아: ego)" "Über-Ich(초자아: superego)"의 개념을 소개하게 된다.[2] 여기에서 "Ich"의 개념이 영어의 "ego"로 번역되었고 그것을 지금 우리가 자아라고 옮겨 부르게 된 것이며 이드, 초자아와 함께 정신기구(psychic apparatus)를 구성하는 세 가지 추상적인 심리구조물의 하나를 주로 일컫는 말이 되었다.

프로이트의 삼중구조 이론에서의 이드는 욕동(drive)으로 이루어진 무의식적 심리구조물로서 정신에너지의 근본이며 쾌락 원칙(pleasure principle)에 따라 인간이 기본적으로 가지는 본능적 욕망과 욕구들을 만족시킨다. 초자아는 의식과 무의식 속에서 사회문화적 가치와 규범에 근거한 도덕적 양심과 자아이상으로 구성되며 이드의 욕망을 평가하고 조절하는 기능을 하게 된다. 자아는 현실 원칙(reality principle)에 따라 이드의 원초적 욕구와 그것을 통제하는 초자아의 요구 사이에서 중재하고 조정하는 심리적 기능을 가진다.

이러한 자아의 기능은 의식 속에서 외적 현실에 맞게 내적 욕구를 조정하고 통합하여 결정을 내리는 역할을 하기도 하지만 무의식 안에서도 방어기제(defense mechanism)를 통해서 그 역할을 담당한다. 즉, 방어기제란 외적 현실에서 용납되지 못하는 내적 욕구들이 발생할 때 본능적 욕구와 초자아의 요구들 사이에서의 생겨나는 갈등을 자아가 해결하려는 노력으로, 갈등으로 인한 불안으로부터 균형을 되찾기 위한 무의식적인 방편이다. 프로이트는 주로 억압(repression)의 방어기제에 주목했지만, 이후 그의 딸 안나 프로이트(Anna Freud)는 자아의 방어기제에 대한 이론을 체계적으로 발전시켜 억압을 포함한 10개의 방어기제로 확장하여 연구하였다.[3]

안나 프로이트의 연구는 프로이트가 일차적으로 중요하게 생각했던 욕동의 해석으로부터 자아의 방어에 대한 해석의 중요성을 부각시킴으로 해서 자아기능의 개념은 확장되었고 이로써 자아심리학(ego psychology)이 등장하게 되었다. 자아심리학은 프로이트의 욕동구조의 이론의 틀을 유지하면서 계승하고자 했던 안나 프로이트로부터 출발하여, 자아의 자율성을 강조한

하트만(H. Hartmann), 알로우(J. Arlow), 브레너(C. Brenner), 크리스(E. Kris), 로웬스타인(R. Loewenstein), 화이트(R. White), 라파포트(D. Rapaport) 등의 학자들을 통해서 발전되어 왔다.

특별히 하트만은 자아의 자율적인 기능에 주목하면서 좀 더 넓은 의미의 자아기능을 제시하였다. 그는 자아가 반드시 이드로부터 발달한 것이라는 프로이트의 주장에 반대하여, 자아와 이드는 생애 초기 분화되지 않은 모체(undifferentiated matrix)로부터 각각 발달하는 것으로 보았다. 즉, 자아가 반드시 욕동과 외부 세계 간의 갈등을 해결하기 위해 형성되는 것이 아니라 태어날 때부터 일차적으로 자율적이고 독자적인 기능도 가지는데 이는 바로 "갈등에서 자유로운 자아의 영역(conflict-free sphere)"이다. 따라서 자아는 "보통 일상적으로 기대할 수 있는 환경(average expectable environment)"이 제공된다면, 타고난 선천적인 적응 능력을 통해서 갈등과 상관없이 자율적으로 발달된다는 것이다. 이러한 기능에는 언어, 사고, 지각, 학습, 운동 등이 포함된다.[4] 자아심리학의 출발점이라고 할 수 있는 이러한 하트만의 견해는 화이트의 연구에 이르러 자아를 독자적인 에너지를 가지는 독립적인 구조로 보게 됨으로써 처음부터 이드와는 전혀 상관없는 완전히 자율적인 자아개념을 제시하게 되었다.[5]

하트만은 자아의 자율적이고 적응적인 기능을 강조하게 되면서 프로이트가 말한 "das Ich"로부터 자아와 자기의 개념을 구분하였다. 즉, 자아란 성격의 하위 구조 중 하나인 심리구조를 의미하며, 자기는 대상과 구별되는 한 개인 자신의 전체 인격을 나타내는 것으로써 자아의 경험적이고 적응적인 측면을 강조하여 자기의 개념으로 구별하고 있다.[6] 여기에서 하트만이 구분하고 있는 자기는 심리적 구조의 개념이라기보다는 많은 부분 자기표상

(self-representation)이나 자기 이미지로서의 자기개념이다.[7] 그럼에도 불구하고 이러한 하트만의 구분은 대상표상(object-representation)에 자기표상을 대비시키고 연관시킴으로써 외부 환경과의 관계적 맥락을 강조하게 되었다. 이는 프로이트의 욕동이론 이후 많은 심리학자들로 하여금 자기의 개념에 관심을 가지게 되도록 영향을 미쳤고, 결과적으로 자아라는 심리내적인 추상적 개념을 넘어서서 대상과의 관계이론에서 중요한 관계적 개념으로서의 자기개념이 정립되기 시작하는 길을 열게 된 셈이다.

자기개념의 형성과 도입은 특별히 말러(M. Mahler)와 제이콥슨(E. Jacobson)의 이론들에 지대한 영향을 주었고 이들 연구는 자아심리학으로부터 대상관계이론으로의 발전에 다리를 놓게 되었다. 이후 클라인(M. Klein)이나 페어베인(W. R. D. Fairbairn) 같은 영국 이론가들에 의해서 대상관계이론이 본격적으로 나타나게 되었는데, 바로 이 대상관계이론에 이르러서 자아의 개념은 대상과 관계를 맺는 주체로서의 자기개념으로 확장된다. 대상관계이론에서 자아는 심리적 기능을 실질적으로 담당하는 자기 안의 하위 요소이고 오로지 자기만이 전체 인격으로서 대상(타인)과 관계를 맺는다. 현대 대상관계이론에서 말하는 자기를 요약해 보면 자기란 개인이 가지는 고유하고 일관된 인격을 총체적으로 가리킨다고 할 수 있는데, 자아가 담당하던 심리 기능적 측면을 포함해서 자아의 부분들이 관계를 맺고 있는 대상들(내적 대상들)과 그 관계에서 생기는 감정까지 모두를 포괄적으로 지칭하고 있다.[8]

주체적 경험으로서의 자기

정신분석학의 흐름 안에서 자기개념을 살펴볼 때, 프로이트가 사용한

"das Ich"의 개념은 일상적인 의미에서 쓰이는 'self'의 의미와 동시에 일상생활의 경험 안에서 그 자기를 설명하는 근원적인 심리구조와 기능으로서의 추상적인 'ego'의 의미 둘 다를 동시에 내포하고 있었다고 보인다. 그러나 이 독일어 용어가 영어의 'ego'로 번역이 되면서, 'ego'는 사실상 영어에서 'self'처럼 일상적인 표현이 아니기 때문에 영어에서 'ego'는 추상적인 구조 개념으로, 'self'는 그 'ego'의 현상적인 경험이나 표상들을 나타내는 것으로 일반적으로 분리되어 쓰이게 되었던 것이다. 그럼에도 불구하고 정신분석학적으로 대상관계이론에 이르러 구체적으로 쓰이게 된 자기(self)라는 용어 역시 추상적인 구조 개념을 나타내는데, 이는 자아가 의미하는 추상적 개념과는 조금 다른, 그 추상적 개념을 넘어서는 높은 수준(superordinate)의 추상적 개념이라 볼 수 있다. 즉, 독립된 주체로서 자기의 주관적 경험을 포괄하는 추상적 구조를 나타내는 것이다. 이러한 자기의 개념은 대상관계이론이 가지는 관계구조이론의 맥락에서 그러나 사실상 그것과는 구분되는 특질들을 가진, 코헛의 자기심리학에서 매우 독특하게 정의되고 있다.

코헛의 자기심리학에서 자기의 개념은 그의 이론과 사상의 중심을 이룬다. 그는 자신의 이론을 전개해 가면서 자기의 개념을 두 번에 걸쳐 다르게 정의하였다. 코헛의 초기 자기개념은 하트만의 자아심리학으로부터 많은 영향을 받았다. 실제로 코헛은 하트만이 자신의 연구를 인정해 준 것에 대하여 고마움을 표시하고 있지만, 사실상 그는 하트만의 견해에 대하여 문제를 제기하고 있다. 즉, 하트만이 전개한 "갈등에서 자유로운 영역"으로서의 자아의 자율적 기능은 자기개념의 도입에 중요한 공헌을 가져왔지만, 하트만의 가설은 여전히 정신기구(이드, 자아, 초자아)에 한정되어 있고 자기에 관한 것은 아니라는 것이며 이것이 결정적으로 자아심리학이 자기심리학과 다른 점이라고 하고 있다.[9] 코헛은 이처럼 프로이트의 욕동이론과 자아심리학 이론의 한계를 증명하고 그것들을 보완하는 자기의 심리학을 정립하려 노력하였다.

따라서 코헛은 그의 초기 연구에서 자기의 개념을 설정하는 데에 있어서 전통적인 프로이트의 정신기구와 자기의 개념을 구분하는 것으로부터 시작한다. 그의 첫 번째 책 『The Analysis of the Self』에서 코헛은 자기의 개념을 "정신기구의 내용(a content of a mental apparatus)"이라 정의하고 프로이트의 전통적 정신구조를 구성하는 이드, 자아, 초자아와는 다른 차원의 개념임을 밝히고 있다. 즉, 프로이트의 이드, 자아, 초자아는 정신기구의 구성요소들로서 경험과는 거리가 먼(experience-distant) 추상적 개념이지만, 자기는 경험과 가까운(experience-near) 개념으로서 프로이트의 삼중 정신구조에서처럼 정신기구의 구성요소들 중의 하나가 아닌, 정신기구의 내용을 의미하는 추상적 개념으로 본 것이다.[10] 코헛은 초기 자기개념에서 프로이트의 전통적인 정신구조이론을 넘어서려고 하였지만 그럼에도 불구하고 여전히 프로이트의 욕동모델의 연속선상에 있다고 할 수 있는데, 이런 의미에서 그는 이 초기개념을 좁은 의미의 자기개념이라 했다.

이후 코헛은 그의 후반 연구에서 초기에 프로이트의 개념과 대비하여 정의했던 좁은 의미의 자기의 개념으로부터 벗어나 보다 넓은 의미의 자기의 개념을 정립하게 되는데, 이는 바로 프로이트의 욕동모델 혹은 자아심리학과의 결별을 암암리에 함축하고 있으며 이로써 코헛의 고유한 이론으로서의 자기심리학이 확립되기 시작한다고 볼 수 있다. 코헛은 이러한 넓은 의미의 자기의 심리학은 욕동모델이나 자아심리학으로는 설명할 수 없는 복잡한 정신체계를 이해하는 데에 더 설득력을 가지는 심리학이 될 수 있다고 보았다.[11] 넓은 의미의 자기개념으로서 코헛은 『The Restoration of the Self』에서 자기를 "정신세계의 중심(the center of the psychological universe)"[12] 이라고 정의했다.

이것은 자기가 인간 본성의 핵심이며 인간이 가지는 자발적인 동기의 중심이라는 것을 의미한다. 자기는 스스로 경험하고 지각하는 것들에 대하여 주도적인 독립적 위치를 가지며, 이것은 바로 그 주체적 경험들을 통하여 시간과 공간 속에서 지속적으로 응집력 있게(cohesive) 형성되는 하나의 단위로서의 자기인 것이다.[13] 즉, 자기는 단지 정신의 행위자(agency)가 아니라 정신의 그 행위자 속에 내재하고 있는 정신적 구조물이다. 이로써 코헛의 자기개념은 좀 더 높은 수준의 정신적 구조물을 의미하고 있으며, 이는 자율적이고 응집적이며 독립적인 주체로서 변하지 않는 것으로 경험되는, 바로 정신의 중심인 구조를 나타내는데 코헛은 이를 핵자기(nuclear self)라고 하고 있다.[14]

자기의 핵: 이중축의 자기

핵자기는 자기를 이루는 정신적 구조의 중심이 되는 기본 단위로서 두 개의 축(pole)과 그 두 축을 연결하는 부분으로 이루어져 있다. 두 개의 축 중 그 하나는 과대적-과시적(grandiose-exhibitionistic) 자기의 축이며 다른 하나는 이상화된 부모의 원상(idealized parent-imago)의 축이다. 과대적-과시적 자기는 코헛이 말하고 있는 일차적 나르시시즘의 한 형태로서 유아가 생애 초기에 가지는 정상적인 자기애적(narcissistic) 자기다. 이 과대적-과시적 자기는 자신이 세상 모든 것의 중심이며 전능한 존재라고 인식한다. 이렇게 찬사와 칭찬을 얻으려는 유아의 과대성과 과시성을 부모가 공감적으로 잘 반영해 주고 수용해 주면 유아의 과대적-과시적 자기는 잘 발달하여 현실적인 목표나 건강한 포부와 자존감를 추구하는 성숙한 나르시시즘으로 변형된다. 핵자기의 한쪽 축은 바로 이러한 건강한 포부나 자존감을 추구하는 축이 된다.

핵자기의 또 하나의 축인 이상화된 부모원상은 일차적 나르시시즘의 또 하나의 형태다. 생애 초기에 유아는 자신이 이전에 가지고 있었다고 생각하는 완벽함과 전능감을 유아가 전능하다고 느끼는 부모를 이상화함으로써 경험한다. 이러한 유아의 이상화를 부모가 허용해 주고 받아들여 줘서 유아와 잘 융합해 주면, 유아의 이상화된 부모원상은 건강한 이상과 기준을 추구하는 성숙한 나르시시즘으로 변형된다. 핵자기를 구성하는 또 다른 축은 바로 이러한 건강한 이상과 기준을 추구하는 축이 된다. 이 두 축 사이를 연결하는 중간지대로서 긴장의 곡선(arc of tension)으로 되어 있는 영역이 있는데 이 부분 역시 핵자기를 구성한다. 이 영역은 건강한 포부와 이상의 두 축 사이에서 그것들을 추구하는 데에 필요한 기본적인 재능과 기술을 사용하고 발휘하도록 행동을 촉진하는 영역이다.[15]

코헛은 건강한 자기를 응집력 있는 자기의 형태로 개념화하였다. 즉, 핵자기가 응집력 있는 건강한 자기로 발달하려면 이 핵자기의 두 축은 각각 적절하게 잘 발달해야 하는데, 코헛은 이렇게 두 개의 기본적 축을 가진 자기의 구조를 이중축의 자기(bipolar self)라 했다. 따라서 건강하게 기능하는 일관성 있는 응집적 자기의 발달을 위해서는 이중축의 자기의 발달이 중요한 것이다. 이중축의 자기의 바람직한 발달은 바로 부모(자기대상)의 공감적 역할과 기능에 달려 있다. 이처럼 코헛의 자기심리학은 어떻게 자기가 응집력 있고 견고하게 자기대상경험을 통해서 잘 발달하는가에 초점을 두고 있다.

내 안의 나: 자기의 구조

코헛의 이론에서의 자기는 개인이 자기에 대하여 체험적으로 가지는 주관적 내적감각이나 주관적 경험을 의미한다. 그렇게 주체적으로 경험되는 자기는 단지 자기에 대한 일련의 주관적인 표상이나 관념 같은 것이 아니라, 자기를 이루는 중심적인 심리구조다. 즉, 마음의 내부구조로서 내 안에 있는 나, 그 자기는 근원적인 자체의 구조를 가진다. 앞서 살펴보았듯이 기본적인 핵자기로서의 자기구조(self structure)는 과대적-과시적 자기와 이상화된 부모원상의 건강한 발달을 통해서 형성된다.

그렇다면 갓 태어난 아기는 심리구조로서의 자기(초보적 자기: rudimentary self)를 가질까? 코헛에 따르면 갓 태어난 아기에게서도 자기는 처음부터 존재하고 있는 것으로 보고 그것을 가상적 자기(virtual self)라는 개념을 통하여 설명하고 있다.[16] 가상적 자기란 갓 태어난 유아의 자기 이미지인데 아기가 태어나면서 부모는 이미 유아의 자기가 있는 것처럼 반응한다. 따라서 유아의 자기는 부모의 마음속에 자리하고 있는 것으로 가정하여 부모와 맺는 상호관계에 따라서 아직 형성되지 않은 유아의 잠재적 자기의 형태가 결정된다. 이렇게 해서 생애 처음 약 두 해 동안에 유아의 자기가 이중축의 자기의 응집적인 구조를 형성하게 되면 그것이 핵자기가 된다. 다시 말하면, 핵자기란 유아가 태어나 두 살이 될 때까지 형성하게 되는 최초의 응집적 자기구조를 말하는 것이다. 갓 태어난 유아의 과대적 자기와 이상화된 부모원상에 대하여 부모가 공감적으로 반응을 해 줄 때 잠재적으로 존재하고 있는 유아의 가상적 자기가 응집적으로 잘 발달하여 생애 처음부터 자기구조를 구축해 가는 것이다.

따라서 코헛이 말하는 건강한 자기의 발달을 위해서는 튼튼한 자기구조를 구축하는 것이 가장 중요한 사안이 된다. 이러한 자기구조의 구축은 외부세계나 타인(자기대상)과의 관계 안에서 이뤄지는데, 즉 자기가 가지는 자기대상과의 경험들이 통합되어 응집력 있는 건강한 자기를 만들게 되는 것이다. 이렇게 볼 때 건강한 자기구조를 세우지 못하게 된 원인은 바로 자기구조의 결핍으로 인한 자기의 결함이다. 그러한 자기의 결함은 유아의 자기구조를 튼튼하게 세울 수 있도록 공감적으로 반응하지 못한 부모의 자기대상 기능의 심각한 결핍에 그 원인이 있다. 자기가 건강하고 견고한 자기구조를 구축하는 데에는 반드시 자기대상의 기능이 필요한 것이다. 그렇다면 코헛의 자기의 개념은 자기대상과의 모체(matrix)로서 정의될 수밖에 없으며 결국 자기대상의 개념 없이는 자기를 논할 수 없게 된다. 자기대상과의 불가분의 관계를 가지는 자기의 확장된 개념을 위해서 이제 다시 자기대상으로 그 논의의 초점을 옮겨 가야 할 필요가 있다.

주(註)

1 Frederic J. Levine and Robert Kravis, "Psychoanalytic Theories of the Self: Contrasting Clinical Approaches to the New Narcissism," in *The Book of the Self: Person, Pretext, and Process*, ed. Polly Yong-Eisendrath and James A. Hall (New York: New York University Press, 1987), 308-311.

2 Sigmund Freud, "The Ego and the Id (1923)," in *The Standard Edition of the Complete Psychological Works of Sigmund Freud*, vol. 19, ed. and tr. J. Strachey (London: Hogarth Press, 1964), 1-66.

3 Anna Freud, "The Ego and the Mechanisms of Defense (1936)," in *The Writings of Anna Freud*, vol. 2, Revised Edition (New York: International Universities Press, 1966) 참조. 안나 프로이트는 10가지 방어기제로서 억압, 반동형성(reaction formation), 퇴행(regression), 취소(undoing), 함입(introjection), 동일시(identification), 투사(projection), 자기로의 전향(turning against the self), 전도(reversal), 승화(sublimation)를 들고 있다.

4 Heinz Hartmann, *Ego Psychology and the Problem of Adaptation* (1939), trans. D. Rapaport (New York: International Universities Press, 1958), 11, 39, 102, 114-115.

5 Robert White, *Ego and Reality in Psychoanalytic Theory: A Proposal Regarding Independent Ego Energies* (New York: International Universities Press, 1963) 참조.

6 Heinz Hartmann, "Comments on the Psychoanalytic Theory of the Ego," *The Psychoanalytic Study of the Child* 5 (1950): 84-85.

7 Heinz Hartmann, "Contribution to the Metapsychology of Schizophrenia," *The Psychoanalytic Study of the Child* 8 (1953): 185 참조; Heinz Hartmann, "Notes on the Theory of Sublimation," *The Psychoanalytic Study of the Child* 10 (1955): 21 참조.

8 Jill S. Scharff and David E. Scharff, *The Primer of Object Relations Therapy* (Northvale: Jason Aronson Inc., 1997), 7.

9 Heinz Kohut, "Reflections on Advances in Self Psychology," in *Advances in Self Psychology*, ed. Arnold Goldberg (New York: International Universities Press, 1980), 543-546.

10 Heinz Kohut, *The Analysis of the Self* (Madison: International Universities

Press, 1971), xiv-xv.

11 Heinz Kohut, *The Restoration of the Self* (Madison: International Universities Press, 1977), 63-83.

12 *Ibid.*, xv.

13 *Ibid.*, 99.

14 Heinz Kohut, "On Courage (early 1970s)," in *Self Psychology and the Humanities: Reflections on a New Psychoanalytic Approach*, ed. Charles B. Strozier (New York: W. W. Norton, 1985), 10.

15 Kohut, *The Restoration of the Self*, 171-191.

16 *Ibid.*, 98-101.

3

자기의 자기대상

자기와 대상

프로이트는 인간의 정신을 생물학적인 충동과 본능을 만족시키려는 욕동개념을 중심으로 개념화하여 정신분석학의 욕동이론을 확립하였는데, 이 이론 안에서 프로이트는 인간 정신의 심리내적인 갈등에 중점적으로 초점을 두어 사회문화적 요인이나 관계적 측면은 별반 중요시하지 않았다. 이러한 프로이트의 욕동이론의 대안으로 출현한 정신분석학의 대상관계이론[1]은 인간을 본질적으로 타인과의 상호작용 속에서 관계를 추구하는 존재로 보고, 인간정신의 발달과 정신병리 안에서 인간이 태어나 삶의 초기에 타인(대상: object)과 맺는 관계에 초점을 두었다. 따라서 대상관계이론은 프로이트가 강조했던 오이디푸스 시기 이전(전 오이디푸스 시기)인 0세부터 대략 3세 사이에 유아가 맺는 최초의 대상(일반적으로 엄마)과의 관계 경험이 인간의 심리구조를 형성하는 데 중요한 영향을 미친다는 것을 강조하게 되었다.

그렇다면 대상관계이론에서 대상이란 과연 어떤 것을 지칭하는 것일까. 대상은 실제 외부세계에서의 구체적 대상, 즉 사람, 사물, 장소와 같이 구체적으로 직접 관계를 맺게 되는 외적대상(external object)과 그 대상들과의 관계를 통해서 마음속에 내적으로 형성된 관계경험의 흔적, 즉 기억, 개념, 상상이나 환상 등과 같은 내적대상(internal object) 모두를 아우르는 포괄적인 개념이다. 사람들은 외적대상들과 어떤 양태로든 관계를 맺고 살아가게 되는데, 중요한 대상들과의 관계 속에서 가진 경험들은 사람들 마음에 나름대로 흔적을 남기게 된다. 이때 관계를 맺었던 대상들과의 경험으로부터 사람들은 마음속에 그 대상들의 어떤 이미지, 즉 그 대상들의 표상(representation)을 형성하게 되는데 이것이 바로 내적대상이며, 이렇게 해서 사람들은 외적대상과 맺은 관계를 심리적으로 내면(재)화(internalization)하게 되는 것이다.

대상관계에 있어서 내적대상은 외적대상과의 관계에 기초하고 있어서 현재의 다른 외적대상과의 관계에 영향을 미치기도 하고 또한 현재의 외적대상관계의 경험으로부터 내적대상이 수정되기도 한다.[2] 이처럼 대상관계는 외적대상과 내적대상의 상호작용을 내포한다. 이런 의미에서 대상관계란 말은 사람들이 실제 대인관계 속에서 타인들과 맺는 관계를 포함하여 그 관계로부터 사람들이 맺는 내적 대상과의 관계를 가리킨다고 할 수 있다. 그러나 보다 명확한 정신분석학적 의미에서 대상관계란 단지 관계를 맺는 주체와 객체 간의 상호 대인관계를 의미하지는 않는다. 그보다는 한 개인의 자기가 (외적)대상과 맺는 관계를 통해서 가지는 내면화된 내적 경험들과 관련된 심리적 현상을 의미하며, 따라서 대상관계이론은 그 내적 대상들이 가지는 심리적인 기능에 초점을 둔다. 이런 이유로 대상관계이론은 유아가 최초의 대상(엄마)과 맺는 관계를 통해서 유아가 외부세계와의 관계를 어떻게 내면화해 가는가에 관심하는 것이다.

자기심리학은 대상관계이론에서처럼 자기가 대상과 맺는 일종의 관계를 통하여 자기의 발달과 병리에 관심하고 있다는 점에서 정신분석학의 관계모델에 속한다고 볼 수 있으며, 이런 의미에서 구체적으로 대상관계이론으로부터의 영향을 받았다고 여겨진다. 실제로 학자들 사이에서 자기심리학은 대상관계이론의 일부로 분류되기도 하는데, 대상관계이론과 자기심리학의 관계를 연구한 정신분석가 하워드 베이컬(Howard A. Bacal)에 따르면 자기심리학의 자기대상 관계 개념은 대상관계이론의 총체적 대상관계 개념의 특별한 하나의 예라고 하고 있다.[3] 그럼에도 불구하고 자기심리학은 대상관계이론과는 구별되는 관계이론이라고 할 수 있는데, 그것은 바로 대상관계이론에서 말하는 대상의 개념과 자기심리학에서 말하는 자기대상 개념의 근본적이고 미묘한 차이에서 비롯된다. 이 차이를 통해서 드러나는 자기-대상 관계와 자기-자기대상 관계의 상이성 역시 관계이론으로서의 두 이론을 구분하게 하는 주요한 요소다.

자기대상

코헛의 자기의 개념은 특별히 자기대상(selfobject)[4]과의 모체(matirx)로 정의되고 있다는 점에서 그 독특성과 중요성을 가진다. 코헛은 자기대상을 자기가 "자기의 일부로 경험하는 대상"이라고 정의하고 있다.[5] 자기대상은 마치 자기의 일부처럼 자기에게 필요한 부분으로 경험되는 대상이며 그 경험을 제공함으로써 자기의 조직을 유지해 주는 역할을 한다. 따라서 자기-자기대상 관계(self-selfobject relationship)에 있어서 자기대상은 자기에게 공감적으로 반응해 줌으로써 자기가 스스로 조직할 수 없는 자기의 경험과 자기 스스로 수행할 수 없는 심리적 기능을 자기 대신 수행하여 구체화하는 대리자의 역할을 하게 된다. 그러한 자기대상의 역할로부터 자기는 자기구조를 구축할 수 있는 심리적 자양분을 얻게 되어 자기를 경험하게 되고 자기를 유지할 수 있게 되는 것이다. 자기대상은 이런 의미에서 자기대상으로 역할을 하게 되는 심리적 기능을 가리킨다.

그러나 이후 코헛의 연구에서 볼 때, 코헛이 "자기의 일부로 경험되는 대상"이라고 정의하는 자기대상의 의미는 자기대상의 기능을 경험하는 자기의 주체적인 경험적 측면에 더 무게가 실려 있다. 다시 말해서, 자기대상이란 자기가 필요로 하는 대상의 어떤 기능들에 대한 자기의 내적 경험[6]을 뜻하는 것이다. 이런 의미에서 자기대상의 개념은 철저히 정신분석학적 개념이라 할 수 있다. 자기대상은 사회적 관계 혹은 대인관계 안에서 주변의 사물 혹은 돌보는 사람(대상) 그 자체를 지칭한다기보다는, 자기감(sense of self)을 유지하고 견고하게 하는 것과 관련하여 대상으로부터 자기에게 제공된 심리적 기능들을 내적으로 경험하는 것을 의미한다. 즉, 자기대상은 대상의 기능을 자기가 주체적으로 경험하는 국면을 지칭하는 것이다.[7]

이는 앞서 논의되었듯이 자기의 개념이 정신분석학적 구성물로서 실존하는 사람을 지칭하는 것이라기보다는 그 사람의 심리적 구조를 의미하고 있는 것과 같은 맥락이다. 이와 관련하여 자기대상을 일컫는 데에 흔히 일어나는 오류는 '부정적인 자기대상' 혹은 '나쁜 자기대상'이라는 용어를 사용하는 것에 있다. 엄밀히 말해서 그러한 용어들은 자기대상이란 말이 경험의 국면을 지칭하는 것으로 사용하기보다는 자기대상 기능을 하는 사람 자체를 일컫는 말이 되므로 사실상 잘못 사용되고 있는 용어들이다. 자기를 지탱하고 견고하게 하는 자기대상의 기능으로 경험되지 못하는 대상은 좋은 자기대상이든 나쁘거나 부정적인 자기대상이든 상관없이 단지 공감적인 자기대상이 되지 못할 뿐이다.[8] 같은 맥락에서 자기대상은 반드시 다른 사람으로부터만 경험하게 되는 것은 아니다. 자기대상으로 기능하는 다른 것들, 이를테면 책, 예술, 음악 혹은 이상이나 사상들을 통해서도 자기대상 경험은 가능할 수 있는 것이다.

이처럼 자기대상의 개념은 매우 복잡하고 때로는 모호하지만 대상관계 이론에서의 대상관계의 측면과 비교해 볼 때 그 새로운 의미가 드러난다. 앞서 베이컬이 이해했던 자기대상 관계는 그저 일반적인 대상관계의 특수한 경우일 뿐이다. 그는 자기대상 개념에 대하여 자기대상 기능을 제공하는 대상에 대한 심리내적 경험이라 봄으로써 대상 쪽에 초점을 두어 자기대상을 개념화하고, 자기대상기능을 제공하는 대상과의 관계의 중요성에 대하여 언급하고 있다.[9] 이와 비교하여 코헛이 제시하고 있는 자기대상(selfobject)의 개념은 어떤 기능을 제공하는 대상 혹은 그 대상과의 관계에 초점이 있다기보다는 그 제공된 기능을 경험하는 자기의 주체적 경험에 더 초점이 있는 것이다.

가령, 엄마 혹은 치료자가 칭찬하고 지지해 주는 공감적 반영을 통해서 아이 혹은 환자에게 자기대상의 기능을 제공할 때, 그 아이 혹은 환자에게 대상이 제공한 기능은 아주 만족스럽게 경험될 수도 있지만 거꾸로 별로 의미 없게 경험될 수도 있다. 즉, 자기대상 개념에 있어서 대상이 제공한 기능은 그것을 받아들이는 자기에게 자기의 내적 필요를 충족시키는 경험이 되어야 자기대상으로서 의미가 있는 것이지 그 대상이 어떻게 무슨 기능을 제공했는가는 상대적으로 중요하지 않게 된다. 물론 코헛 역시 자기대상 경험이 가지는 대상과의 상호적인 관계적 영향을 인식하고는 있지만, 그럼에도 불구하고 대상과 자기대상은 분명히 구분되는 두 개의 개념이라고 주장한다.

자기대상은 자기와 분리되어 있지도 않지만 그렇다고 해서 자기로부터 독립되어 있지도 않은 것으로 경험되는 대상이다.[10] 즉, 자기대상은 대상도 아니고 자기도 아니지만 자기와 대상은 서로 떨어져서 각각 존재하지 못하며 자기는 자기대상 기능에 의존되어 있다. 이처럼 자기 자신의 연장으로 개념화되고 있는 자기대상은 마치 자기와 자기 아닌 것(nonself) 혹은 외부세계 사이를 구분 짓는 자기경계(self-boundary)를 형성해 가는 역할을 한다고 볼 수 있다. 자기는 이러한 자기경계와 분리될 수도 없고 따라서 자기경계 없는 자기는 있을 수 없게 되는 것이다.[11] 이렇게 볼 때 자기대상은 분명 자기도 아니고 대상도 아니며 자기와 대상 간의 관계를 통해서 수행된, 자기를 지탱하는 기능의 주체적인 경험의 측면을 반영하는 것이라 할 수 있다.[12] 자기대상은 결국 정상적으로 건강하게 잘 기능하는 자기의 구조, 즉 응집적 자기를 세우는 데에 필수 불가결한 에너지원이라 하겠다.

이러한 자기대상의 개념을 통해서 자기심리학에서의 자기대상 관계는 자기가 맺고 있는 외적관계가 자기 응집성을 유지하기 위해서 어떻게 작용하는가에 관심하지만, 대상관계이론에서의 대상관계는 자기가 맺고 있는 내면화된 관계, 즉 자기표상과 대상표상 간의 관계를 강조한다.[13] 다시 말해서, 대상관계에서의 대상의 경험은 내적대상을 내포하는 것에 비해, 자기대상 관계에서의 자기대상 경험은 실재하는 외적대상과의 관계로부터 나온다. 따라서 대상관계에서는 정상적인 발달을 통해 일단 자기가 대상을 건강하게 잘 내면화했다면 이후부터는 그 대상과의 지속적인 연결이 없더라도 자기 안에 내면화된 대상표상과 충분히 관계하며 자기를 유지할 수 있다. 그러나 자기심리학에서 자기는 항상 외적 대상(의 경험)을 필요로 하고 있으며 그 대상은 어느 단계에서 충분히 내면화되거나 그래서 더 이상 필요 없는 그런 대상이 아니다. 자기를 세우려면 항상 외적대상이 필요하고 그 대상들과의 지속적인 자기대상 경험 속에서 자기를 강화하고 유지할 수 있는 것이다.[14]

유아가 자기의 일부분으로 경험하는 엄마(대상)

자기의 자기대상 경험을 가장 쉽게 구체화할 수 있는 좋은 예는 아마도 갓 태어난 유아가 생애 처음에 자신을 일차적으로 책임 있게 돌봐 주는 대상(일반적으로 '엄마'라고 상정하는 대상)을 경험하게 되는 일상으로부터 제시될 수 있다. 갓 태어난 유아는 혼자서 자기를 경험할 수 있는 것이 아무것도 없다. 유아는 자신을 돌봐 주는 엄마에게 모든 것을 의존할 수밖에 없으며, 유아가 필요로 하는 엄마의 기능들은 유아가 마치 자기의 일부를 경험하는 것처럼 주관적 체험 속에서 자기의 연장으로 유아에게 경험되는 것이다.

갓 태어난 유아에게는 먹고, 배설하고, 자는 것이 일상의 주요한 경험들이라 할 수 있다. 유아가 배가 고파 울 때, 즉각적으로 엄마는 유아가 울음을 그치도록 달래면서 젖이나 우유를 먹이게 되는데, 단지 젖만 물리거나 우유병을 들어 주기만 하는 것이 아니다. 이때 엄마는 유아를 먹이면서 유아를 따뜻하게 감싸안고 쓰다듬으며 유아에게 말을 건네고 눈도 다정하게 맞춘다. 젖을 먹는 아기를 정겨운 시선으로 응시하고 사랑스러운 표정과 미소를 보내면서, "우리 아가, 배가 많이 고팠구나" "정말 잘 먹네" "그렇게 맛있어?" "많이 먹고 무럭무럭 건강하게 자라렴" 등과 같은 얘기들을 자연스럽게 유아에게 건네곤 한다. 그러한 엄마의 표정과 말소리, 그리고 다정한 손의 느낌들을 감지하면서 유아는 엄마와 눈을 맞추고 매우 편안하게 젖을 먹는다.

유아는 기저귀가 차갑거나 젖어서 불쾌해도 울게 되며 역시 울음으로써 자신의 불편함을 호소한다. 그러면 엄마는 즉시 달려와 기저귀를 갈아 주고 엉덩이를 닦아 주며 로션도 발라 준다. 기저귀를 갈아 주는 일을 할 때, 엄마는 대개 기저귀에 배설한 유아의 배설물을 살피면서 엉덩이를 두들겨 칭찬을 하기도 하고 아기의 다리를 쭉 곧게 펴게 하고 다리를 주물러 주기도 한다. 소위 유아의 다리를 스트레칭시켜 주는 것이다. 그러는 동안 엄마는 여전히 유아의 몸을 사랑스럽게 만지면서 칭찬과 사랑의 말을 건넨다. "얼마나 축축했니?" "정말 변을 예쁘게 봤구나!" "아, 시원해! 시원하지?" "우리 아가, 쭉~ 쭉~ 잘 크거라" 새 기저귀의 뽀송뽀송한 기분 좋은 감각과 동시에 엄마의 다정한 손길과 말소리를 느끼면서 유아는 이내 울음을 멈추고 신이 나서 다리를 버둥거리며 자유스러움과 시원함을 한껏 만끽한다.

유아가 졸려 칭얼거릴 때나 잠이 들 때도 엄마는 그저 유아가 잠이 들기를 기다리지만은 않는다. 엄마 가슴에 유아를 잘 감싸안고 이마를 쓰다듬어 주거나 등에 업고 엉덩이를 가볍게 두드리기도 하고 혹은 유아 옆에 바짝 붙어 누워서 가만히 유아의 가슴을 토닥여 주기도 한다. 그러면서 엄마는 "자장~ 자장~ 우리 아가, 잘도 잔다~" 이렇게 자장가를 불러 주기도 하고, "정말 졸렸구나" "우리 아가, 정말 천사 같네~" "어쩜 이렇게 자는 모습이 예쁠까!"라고 다정하게 얘기한다. 유아는 엄마의 심장 소리, 자장가 그리고 엄마의 이야기 소리를 들으면서 그리고 토닥이는 엄마의 따뜻한 감각을 느끼면서 아주 평화롭게 곤히 잠에 빠져든다.

유아가 좀 더 자라게 되면 유아는 외부로부터 보고 듣고 지각하는 환경 안에서 자신의 몸의 움직임을 통해 놀이를 시작하게 된다. 물건을 잡고 빨며, 떨어뜨리고 넘어뜨리는 것, 몸을 뒤집고 기어다니고 걸음을 떼면서 유아가 만나는 모든 것들은 유아의 놀이이며, 그 놀이들을 통해서 자신이 얻을 수 있는 모든 만족스러운 경험을 가지려고 한다. 이 모든 놀이에 엄마는 유아를 안전하게 보호하면서 기쁘고도 즐겁게 반응해 준다.

아마도 일반적으로 엄마가 가지는 생래적 모성이라 표현되는 것으로서 유아에게 향하는 이러한 엄마의 자발적인 반응들은 바로 코헛이 말하는 자기대상으로서의 심리적 기능들이다. 이처럼 어린 시절에서의 자기대상을 코헛은 "부모 자기대상(parental selfobject)"[15]이라고 부르기도 했는데, 이 기능들에 의해서 유아는 자기를 경험하게 된다. 유아는 그러한 엄마의 반응을 통해 그토록 '사랑스럽고 잘 먹고, 잘 자고, 건강하게 변도 잘 보고, 자랑스럽게 잘 크는' 자기를 경험하게 되며 자기가 최고라는 만족감, 즐겁고 신이 나는 자기의 완전함, 또한 자신이 잘 보호받고 있다는 안도감을 경험하게 된다.

자기대상 기능으로부터 자신이 지지받으며 인정받고 또한 그 기능으로부터 스스로 불안을 이겨 내고 안심할 수 있게 되는 유아의 심리내적 경험들은 유아의 자기가 견고하고 건강하게 유지될 수 있는 자기구조를 세우는 데에 중추적 역할을 한다. 코헛의 연구에 의하면 유아는 태어나면서부터 자기의 구조를 가지고 있지만, 그 "주어진" 자기는 자기대상의 기능으로부터 "경험되는" 자기를 통해서만 자기구조를 구축할 수 있게 된다. 이러한 자기대상 기능들에 대하여 코헛은 크게 거울 자기대상, 이상화 자기대상, 그리고 쌍둥이 자기대상의 형태로 구분하고 있다.

거울 자기대상

코헛은 어린아이들이 작은 것들을 성취해 내면서 자신이 이룬 성취에 대하여 자랑스럽게 만족하는 경험을 가지고 싶어 하는 것이 이들의 자기의 성장에 얼마나 중요한가에 대하여 관심하였다. 특별히 유아가 이제 막 걸음을 떼면서 그렇게 걷게 된 자신이 인정받고 칭찬받기를 바라는 그 소망에 주목한다. 아이는 자신이 하는 몸짓과 행위가 얼마나 자신이 힘들게 이루어 낸 것이며 또 그것을 얼마나 멋지게 잘 해냈는지에 대해서 알리고 싶어 하고 또한 인정과 지지를 받고 싶어 한다. 이것이 바로 아이가 가지는 거울 자기대상 욕구(need)[16]라고 할 수 있는데 아이를 돌보는 부모가 대개 이 욕구를 충족시켜 주는 기능을 하게 된다. 앞서 예시된 유아의 경험에서처럼 유아를 거울처럼 반영하고 지지하고 인정해 주는 엄마의 눈 맞춤, 목소리, 따뜻함, 다정한 손길, 즐거운 웃음 등의 경험과 더불어 유아의 몸짓을 통한 모든 놀이에 대하여 그것에 놀라며 감탄하고 칭찬해 주는 엄마의 반응은 거울 자기대상(mirroring selfobject) 기능의 전형적인 예다.

코헛은 거울 자기대상을 아이가 가지는 타고난 생동감과 대단함 그리고 완전함을 지지하고 반영해 주는 자기대상이라고 하고 있다.[17] 이는 바로 아이가 자신이 대단하고 완벽하다고 느낄 수 있도록 아이가 가지는 과대성과 과시성에 공감적으로 반응해 주는 부모의 기능이다. 이러한 거울 자기대상의 경험은 유아의 핵 자기구조 안에서 한 축을 구성하고 있는 과대적-과시적 자기를 잘 발달시켜서 나중에 건강한 포부와 현실적인 자존감을 가질 수 있는 자기구조를 구축하게 한다.[18]

이상화 자기대상

아이는 강하고 힘 있는 대상과의 융합을 통해서 취약한 자신을 보호하고 불안한 느낌을 줄이고 싶어 하는데 이를 코헛은 이상화 자기대상

(idealized selfobject) 욕구라고 하고 있다. 아이가 자기 부모의 이상화된 이미지를 사용하여 스스로 자기를 강화하고 활력 있게 만드는 것은 아이가 경험하는 이상화 자기대상 기능의 대표적인 예라고 할 수 있다. 가령, 아이들은 자신의 엄마 혹은 아빠를 가장 멋지고 힘 있는 대상으로 생각하고 그러한 대상이 자신을 모든 어려움에서 구해 주고 완벽하게 보호해 줄 것이라고 기대한다.

아이는 대개 자기 부모를 힘이 있고 강한 존재로 받아들인다. 자신이 할 수 없는 것을 부모는 무엇이든지 거뜬히 해내는 '전능한' 존재다. 배가 고플 때 먹을 것도 요술처럼 만들어 내고, 자신의 몸을 실은 거대한 기계를 움직이게도 하고(자동차를 운전하고), 돈을 지불해서 자기가 필요한 것을 살 수 있도록 하기도 한다. 몸을 움직이고 싶을 때 자신이 타고 있는 유모차를 밀어 주며 자신이 절대로 부를 수 없는 자장가도 불러 주고 허전할 때 자신을 아주 기분 좋게 안아 주기도 한다. 이렇게 모든 것을 할 수 있는 부모를 아이는 흠모하고 이상화하면서 부모의 그 전능함과 자신을 동일시하는 경험을 통해서 자기의 완전함을 경험한다. 즉, 자기 부모를 강하고 완벽하게 느끼며 그런 부모가 늘 자신 가까이에서 든든하게 존재한다고 느끼면 아이는 스스로를 강하고 안전하게 느끼게 되며 그러한 경험으로부터 자신의 이상 혹은 가치의 기준이 자라나게 된다.

코헛은 이처럼 아이가 이상화할 수 있는 이상화 자기대상을 "침착하고 흠 없이 완벽하며 전능한 이미지"로서 그 대상과 융합할 수 있는 자기대상으로 정의하고 있다.[19] 이러한 이상화 자기대상의 경험은 유아의 핵 자기구조 안에서 또 하나의 축을 구성하고 있는 이상화된 부모의 원상을 잘 발달시키는 중요한 역할을 하게 되며 이로써 나중에 자신의 건강한 이상을 추구하며

자랄 수 있는 자기구조를 형성하게 한다.[20]

쌍둥이 자기대상

자기대상 개념은 코헛이 자기의 구조가 취약하다고 판단되는 환자들을 치료했던 경험으로부터 반영된 것인데, 치료자인 자신에게 보였던 환자들의 독특한 형태의 전이(narcissistic transference)들을 코헛은 거울 전이(mirroring transference)와 이상화 전이(idealizing transference)라고 개념화하면서 이 전이들로부터 두 가지 자기대상의 개념들을 추론하게 되었다. 처음 1966년의 연구로부터 코헛은 앞서 설명한 두 가지 종류의 자기대상, 즉 거울 자기대상과 이상화 자기대상이 있다고 보았지만, 1984년에 이르러 또 다른 형태의 전이인 제2자아 전이 혹은 쌍둥이 전이(alter-ego/twinship transference)의 개념을 발전시키게 됨으로써 앞서 두 자기대상들에 덧붙여 쌍둥이 자기대상의 개념을 하나 더 추가하였다.[21]

아이는 자신을 반영하고 인정해 주며 늘 보호해 주는 부모와 본질적으로 유사하거나 동일하다고 느끼고 싶어 하는 쌍둥이 자기대상(twinship selfobject) 욕구를 가진다. 이것은 과대적-과시적 자기가 발달하면서 나타나는 자기대상 욕구의 하나인데, 자신을 지지하는 부모와 자기가 다르지 않다는 것을 확인받음으로써 자기를 확인하려는 경험이다. 이는, 가령 아이가 화장하는 엄마 옆에서 엄마 화장품을 가지고 놀면서 얼굴에 엄마 립스틱을 칠해 보거나 혹은 면도하는 아빠 옆에서 아빠의 면도하는 행동을 흉내 낸다든가 하는 것에서 그 예를 찾을 수 있다. 또한 아이가 점점 커 가면서 친구들과 같은 옷을 입고 싶어 한다든가, 같은 놀이를 좋아하는 친구를 만나고 싶어

하기도 한다.

코헛은 이러한 경험을 일컬어 말없이 그저 함께 있어 주면서 본질적으로 자기와 닮아 있는 것으로 경험되거나 자기와 일치시키려는 필요의 대상이 되어 주는 쌍둥이 자기대상의 기능으로 설명하고 있다. 부엌에서 요리하는 엄마 옆에서 가만히 소꿉놀이를 하던 아이의 경험, 지하실에서 일하는 아빠 옆에서 묵묵히 연장들을 가지고 놀던 아이의 경험은 놀랍게도 쌍둥이 자기대상 기능의 경험들이다. 그저 말없이 옆에 있어만 주는 것으로, 그리고 같은 모습이나 같은 일을 '흉내' 내고 있도록 허용하는 것만으로도 아이에게 제공할 수 있게 되는 이 자기대상 기능은 아이에게 자기의 안도감과 소속감 그리고 참여감을 경험하게 한다. 이러한 쌍둥이 자기대상의 경험은 핵자기를 구성하는 두 축 사이의 중간 영역에서 타고난 자신의 재능과 기술들을 보완하고 강화하게 한다.[22]

평생 필요로 하는 자기의 자기대상

코헛은 기본적인 자기대상 욕구를 가지는 어린 시절과 또는 그 욕구가 잘 충족되지 못했을 때 생기는 자기의 병리와 관련된 치료적 상황에서뿐만이 아니라, 보통 성인의 삶의 일상생활 전반에서 역시 자기대상의 개념을 확대 적용할 수 있는 가능성을 시사하고 있다.[23] 반드시 병리적이지 않은 보통의 건강한 사람도 응집적이고 견고한 자기를 지탱하고 유지하도록 돕는 자기대상을 가지고 살게 되어 있으며, 따라서 우리는 모두 자기대상의 경험—우리가 기쁘게 인정받고 반영 받는 경험, 우리가 이상화하는 이들과의 융합을 통해 힘을 제공받는 경험, 그리고 우리와 본질적으로 닮아 있는 다른 사

람들의 말 없는 현존의 경험—을 태어나서 죽을 때까지 평생 필요로 한다.[24]

사실, 코헛은 그의 처음 연구에서 인간 발달의 목표는 타인들로부터 분리되어 독립하는 것으로 개념화했던 것으로 보인다. 즉, 성숙한 자기란 자기대상을 필요로 하는 욕구로부터 자유로운 자기이며 이제 자기와 관계를 맺는 타인들은 자기대상이 아니라 자기와 분리된 대상으로서 실제적 대상(true object)이라고 했다.[25] 그러나 후에 코헛이 가지는 성숙과 자율에 대한 이해는 독립이 아니라 성숙한 의존으로서의 자율로 바뀌게 된다. 코헛은 자기가 자기대상으로부터 독립한다는 것은 불가능하다고 보고 있으며, 실제로 견고한 자기의 발달은 자기대상으로부터 자기가 독립하게 되었는지 여부가 아니라 자기-자기대상 관계의 질의 변화에서 확인할 수 있는 것으로 보고 있다.[26]

코헛은 이렇게 공감적 자기대상이 생애 초기에서뿐만이 아니라 생애 전체를 통해서 필요하다고 보았는데, 이는 응집적 자기의 구조가 한번 형성되었다고 해서 그것으로 완성되는 것이 아니라 지속해서 유지되어야 할 필요가 있기 때문이다. 따라서 자기의 구조가 일단 튼튼하게 구축되었다고 해서 자기에게 자기대상이 더 이상 필요 없게 되는 것이 아니라, 튼튼해진 자기는 자기대상을 보다 더 자유롭게 선택할 수 있게 되고 튼튼해진 자기를 유지하기 위해 자기대상을 사용할 수 있는 능력이 더 향상되는 것이다. 이처럼 코헛은 태어나서 죽을 때까지 필요로 하는 자기대상의 중요성을 강조하면서, 결국 분석가가 할 수 있는 성공적인 치료란 자기대상으로부터 자기를 독립할 수 있도록 하는 것이 아니라 자기로 하여금 보다 건강하고 적절한 자기대상을 선택할 수 있도록 해서 평생 지속되는 자기대상 욕구를 위해 자기대상들을 잘 사용할 수 있도록 돕는 것이라고 말한다.[27]

우리는 일상을 살아가면서 자기의 구조를 구축하고 잘 지탱하기 위해서 알게 모르게 흔히 다른 사람, 사물, 동물, 장소 혹은 사상 등을 자기의 일부처럼 사용한다. 자기가 좀 더 견고하게 구축이 되고 성숙하게 되면 자기대상에 대한 욕구는 사실상 조금씩 줄어들고 또한 그러한 욕구는 상대적으로 좀 더 수월하게 충족될 수 있다. 그러면서 세상은 점점 더 만족스럽게 인식되고 그러한 세상은 충만하고 기쁜 자기의 일부로 경험된다. 코헛의 이론에 의거해 볼 때, 가장 성숙한 사람에게는 세상의 모든 것이 그 자기의 자기대상이 된다. 이는 평생 자기가 필요로 하는 자기대상을 자유롭게 선택해서 건강하게 사용할 수 있는 능력을 아마도 그/그녀가 가장 많게 가지게 되기 때문일 것이다.

주(註)

1 일반적으로 대상관계이론이라고 할 때 영국 대상관계이론을 가리키는데, 이 이론은 유아가 태어나 처음 맺는 엄마와의 관계로부터 치료자와 내담자의 관계를 연구함으로써 발달되었다. 주로 영국 분석가들—페어베인(W. R. D. Fairbairn), 위니컷(D. Winnicott), 건트립(H. Guntrip), 발린트(M. Balint), 클라인(M. Klein) 등—로 이루어진 그룹으로부터 발전되었기 때문에 영국 대상관계이론이라고 불린다.

2 Jill S. Scharff and David E. Scharff, *The Primer of Object Relations Therapy* (Northvale: Jason Aronson Inc., 1997), 5.

3 Howard A. Bacal, "Notes on the Relationship between Object Relations Theory and Self Psychology," in *The Evolution of Self Psychology*, Progress in Self Psychology, vol. 7, ed. Arnold Goldberg (Hillsdale: The Analytic Press, 1991), 37; Howard A. Bacal and Kenneth M. Newman, *Theories of Object Relations: Bridges to Self Psychology* (New York: Columbia University Press, 1990) 참조.

4 코헛은 처음에 자기대상을 "self-object"이라고 이름 붙였으나 이후 1978년에 하이픈 "-"을 빼고 "selfobject"이라는 새로운 용어를 사용하기로 어니스트 울프(Ernest Wolf)와 함께 결정하였다. 그것은 자기대상이 제공하는 심리적 기능과 자기와의 불가분의 관계를 타나내는 보다 구체적인 자기-자기대상 관계의 의미를 자기대상 개념 안에서 강조하게 되었기 때문이다. Heinz Kohut, "Four Basic Concepts in Self Psychology (1979)," in *The Search for the Self*, vol. 4, ed. P. Ornstein (Madison: International Universities Press, 1991), 456-457.

5 Heinz Kohut, *The Analysis of the Self* (Madison: International Universities Press, 1971), xiv.

6 Heinz Kohut, "Selected Problems in Self Psychological Theory (1980)," in *The Search for the Self*, vol. 4, ed. P. Ornstein (Madison: International Universities Press, 1991), 494.

7 Heinz Kohut, "Letters 1980," in *The Search for the Self*, vol. 4, ed. P. Ornstein (Madison: International Universities Press, 1991), 670-674; Heinz Kohut, *How Does Analysis Cure?* ed. Arnold Goldberg (Chicago: The University of Chicago Press, 1984), 49-50.

8 Robert D. Stolorow, "On Experiencing an Object: A Multidimensional Perspective," in *Progress in Self Psychology*, vol. 2, ed. Arnold Goldberg (New York: The Guilford Press, 1986), 276, n. 2. 그럼에도 불구하고 코헛은 "병인적 자기대상(pathogenic selfobject)"이라는 용어를 한 번 사용하기도 했다. (Kohut,

How Does Analysis Cure? 6.)

9 Howard A. Bacal, "The elements of a Corrective Selfobject Experience," *Psychoanalytic Inquiry* 1, no. 3 (1990): 366; Howard A. Bacal, "Does an Object Relations Theory Exist in Self Psychology?" *Psychoanalytic Inquiry 10*, no. 3 (1990): 202.

10 Kohut, *The Analysis of the Self*, 3.

11 Russell Meares, "On Boundary Formation," in *Frontiers in Self Psychology*, Progress in Self Psychology, vol. 3, ed. Arnold Goldberg (Hillsdale: The Analytic Press, 1988) 참조.

12 Ernest S. Wolf, *Treating the Self: Elements of Clinical Self Psychology* (New York: The Guilford Press, 1988), 184.

13 Glen O. Gabbard, *Psychodynamic Psychiatry in Clinical Practice*, Fourth Edition (Washington, DC: American Psychiatric Publishing, Inc., 2005), 47-48.

14 최의헌, "Kohut의 자기 이해: 자아심리학과 대상관계 이론과의 연관성,"「한국기독교상담학회지」2(2001): 109-110.

15 Kohut, *How Does Analysis Cure?* 220, n. 11.

16 Heinz Kohut, *The Restoration of the Self* (Madison: International Universities Press, 1977), 187-188, n. 8.

17 Heinz Kohut and Ernest S. Wolf, "The Disorders of the Self and Their Treatment: An Outline (1978)," in *The Search for the Self*, vol. 3, ed. P. Ornstein (Madison: International Universities Press, 1990), 361-362.

18 Kohut, *The Analysis of the Self*, 107.

19 Kohut and Wolf, "The Disorders of the Self and Their Treatment: An Outline (1978)," 361-362.

20 Kohut, *The Analysis of the Self*, 45.

21 코헛은 거울 전이를 세 가지의 형태로 하위 구분하였는데, 바로 원초적 융합(archaic merger), 제2자아 전이 혹은 쌍둥이 전이, 그리고 좁은 의미에서의 거울 전이다. (Kohut, *The Analysis of the Self*, 114.) 이 세 가지 형태의 거울 전이 중에서 코헛은 좁은 의미의 거울 전이를 거울 전이의 가장 명확한 형태로 보았다. 코헛은 이후 연구에서 이 세 가지 형태 중 제2자아 전이 혹은 쌍둥이 전이를 더 이상 거울 전이의 하위 형태들 중 하나로 놓지 않고 독립적으로 구분하여 주요한 전이의 두 형태인 이상화 전이와 거울 전이에 덧붙여 세 형태의 주요 전이에 포함시켰다. (Kohut, *How Does Analysis Cure?* 192-193.) 자기애적 전이(narcissistic

transference)의 이 세 가지 형태의 전이들에 대해서는 나중에 좀 더 상세하게 논의될 것이다.

22 Kohut, *How Does Analysis Cure?,* 194-207.

23 Heinz Kohut, "Reflections on Advances in Self Psychology," in *Advances in Self Psychology*, ed. Arnold Goldberg (New York: International Universities Press, 1980), 494-495.

24 Kohut, *How Does Analysis Cure?,* 52.

25 Kohut, *The Analysis of the Self*, 51.

26 Kohut, *How Does Analysis Cure?* 47, 218, n. 2.

27 *Ibid.*, 77.

제2부

나 그리고 자기세움

Illustration by Jina Chang

SELF PSYCHOLOGY OF HEINZ KOHUT

4

자기의 구축

응집적 자기로의 발달

코헛의 자기심리학에서 강조되고 있는 응집력 있고 견고한 자기는 태어날 때 이미 주어진 자기구조를 튼튼하게 구축(construction)할 수 있게 하는 자기대상 기능의 경험들 속에서 발달한다.[1] 코헛이 말하는 자기의 발달은 정상적인 발달 단계로서 인간 모두가 가지고 있는 나르시시즘(이후부터 편의상 '자기애'라 옮겨서 쓰겠다)과 관련하여 일차적 자기애의 형태들로부터 응집적 자기(cohesive self)로 구축되는 자기의 심리적 삶의 여정이다. 이러한 자기의 자기애적 발달은 자기의 기본적인 핵 구조(이중축의 구조) 안에서 이루어지는데, 즉 일차적 자기애의 두 형태인 과대적 자기(grandiose self)와 이상화된 부모원상(idealized parent-imago)의 발달이다.[2]

이 두 자기애의 형태는 생애 초기부터 공존하여 존재하며 유아가 마술 같은 전능감을 가지는 것으로 경험했던 본래의 가장 완벽하고 행복했던 상태를 지키려는 유아의 무의식적 노력이다. 생애 초기에 유아의 심리적 상태는 나-너의 분화가 이루어져 있지 않기 때문에 유아는 엄마를 자기의 일부(자기대상)로 경험하게 된다. 이는 유아가 경험하는 방해받지 않는 평형

(equilibrium) 상태이며 이것이 바로 일차적 자기애의 상태다. 그러나 이러한 일차적 자기애의 평형이 어쩔 수 없는 상황에서 엄마의 보살핌의 불가피한 부족으로 인해 깨지게 되면 유아는 믿고 있었던 엄마에게 실망이나 불완전성, 혹은 한계들을 경험하게 된다. 유아의 심리구조는 이제 그 상실감과 공허감을 채우기 위해서 과대적 자기와 이상화된 부모원상을 형성함으로써 이전의 그 완벽함의 느낌을 대신하려고 한다.

자기의 자기애적 발달에서 그 첫 번째는 바로 일차적 자기애의 한 형태인 과대적 자기의 발달이다. 유아는 상실한 과거의 그 완벽하고 행복한 느낌의 일부라도 되찾아 보고자 자기의 과대적 혹은 과시적 이미지를 자신에게 부여한다. "I am perfect"라고 느끼는 이 과대적 자기는 자신이 모든 것의 중심이며 전능한 존재라고 인식하는 유아기의 정상적인 자기다.[3] 이러한 유아의 자기애적 환상을 부모가 공감적으로 잘 반영해 주고 인정과 수용, 그리고 칭찬을 해 줌으로써 거울 자기대상의 기능을 제공할 때, 그것은 유아의 과대적 자기가 잘 발달할 수 있는 최적(optimal)의 발달 환경이 될 수 있다.

흔히 어린아이들은 부모로부터 자신이 최고가 되는 반응을 경험하는 것을 기뻐한다. 부모의 돌봄 속에서 아이는 자신이 가장 최고의 우선권을 가지며, 부모와의 놀이 안에서도 아이는 대부분 자신이 주인공(그것도 아주 영웅적이고 힘이 세거나 매우 정의로운)이 되고 자신의 움직임을 통한 작은 성취에서도 아이는 세계 최고의 챔피언, 화가, 피아니스트가 된다. 이처럼 부모가 유아의 과대적이고 과시적인 욕구들을 영웅으로, 챔피언으로, 세계적인 예술가로 기분 좋게 반영해 주고 기쁘게 인정해 줄 때, 유아의 과대적 자기의 자기애적 욕구는 내적 심리구조로 변형되어 현실적인 목표나 건강한 포부, 그리고 자존감을 조절할 수 있는 능력을 가지게 된다.[4] 이것이 바로 코헛이 말하고 있는 자기구조(이중축의 구조)의 한 축인 과대적-과시적 축의 발달이며 미숙한 일차적 자기애로부터 건강한 포부와 목표를 추구하는 성숙한 자기애로의 변형을 보여 준다.

자기의 자기애 발달에서 두 번째는 일차적 자기애의 또 다른 하나의 형태인 이상화된 부모원상의 발달이다. 생애 초기의 자기애적 전능함의 본래의 상태를 지키고자 유아는 이전의 그 완벽함과 전능함을 유아가 믿을 수 있고 전능하다고 느끼는 자기대상에게 건네주게 된다. 이것이 바로 이상화된 부모원상인데 "You are perfect, but I am part of you"라는 심리기제를 통해서 유아의 자기애적 욕구가 나타난다.[5] 어린아이들은 부모를 완벽하다고 이상화함으로써 자신의 완전함을 느끼고 싶어 한다. 즉, 부모의 완전함과 전능함에 의지함으로 자신의 불안을 줄이고 안심하려 하는 것이다.

그러한 유아의 자기애적 욕구를 위해 이상화되는 것을 허용하고 실제 유아의 이상화를 즐기며 기꺼이 유아와 융합해 주는 것이 바로 공감적인 이상화 자기대상의 기능이다. 이로써 유아는 최적의 발달 조건하에서 점차 건강한 이상과 가치기준을 가지게 되며, 스스로를 달래 주고 위로하는 능력과 자기애로 인한 긴장을 견딜 수 있는 내적 심리구조를 가지게 된다.[6] 이것은 자기구조의 또 하나의 축인 이상화된 부모원상의 축의 발달이며 이러한 발달에서 역시 일차적 자기애로부터 건강한 이상과 기준을 추구하는 성숙한 자기애로의 변형을 나타내 준다. 결국 응집적인 핵자기를 잘 구축하기 위해서는 자기구조를 이루고 있는 이중축의 자기를 건강하게 잘 발달시키는 것이 관건이 되는데, 여기에는 자기대상의 공감적 기능이 중심적인 역할을 한다. 자기대상의 역할이 응집적인 핵자기의 발달에 최적으로 기여하려면 자기대상의 기능이 최적의 발달 환경을 제공해야 하는데, 이를 위해서는 최적의 발달 조건이 필요하다. 즉, 그 최적의 발달 환경을 구성하는 최적의 발달 조건으로서 코헛은 특별히 최적의 좌절(optimal frustration)을 통한 변형적 내면화(transmuting internalization)를 들고 있다.[7]

공감적 반응과 최적의 좌절

응집력 있는 자기의 발달을 위해서는 자기대상의 공감적 반응이 필수적인데, 그 공감적 반응은 좀 더 정확히 말하면 시기적절한(phase-appropriate)하게 잘 선택된 공감적 반응이어야 한다. 즉, 유아는 엄마가 제공하는 자기대상의 기능들을 경험하게 될 때 그 공감적 반응이 유아의 나이나 상황에 가장 적절하게 유아의 자기애적 욕구를 충족시키는 경험이 되어야 하는 것이다. 아무리 엄마가 자기대상으로 훌륭하게 역할을 한다고 해도 그것이 유아의 발달적 시기와 맞지 않거나 채워지기를 바라는 유아의 욕구에 적절하게 맞물리지 않으면, 그것은 자기대상의 최적의 공감적 기능으로 유아에게 경험되지 않는다. 따라서 유아에게 가장 적절한, 너무 과도하거나 너무 모자라지도 않는 엄마의 자기대상 기능이 요구되지만 그렇게 기능해야 하는 엄마의 공감적 반응이 사실상 언제나 완벽할 수는 없다. 현실적으로 어쩔 수 없는 엄마의 자기대상 기능의 한계가 조금씩 드러날 수밖에 없고, 그러한 불가피한 공감적 반응들의 실패를 유아는 경험하게 된다.

그러나 이러한 실패들이 유아에게 절대적으로 해로운 것은 아니다. 코헛에 따르면 자기의 정상적이고 최적의 발달을 위해서 유아는 심리적으로 받아들일 만한 수준의 좌절을 경험할 필요가 있다고 하는데, 이것이 바로 최적의 좌절(optimal frustration)[8]이라는 경험이다. 이는 자기대상으로서의 부모가 주는 외상적이지 않은(non-traumatic) 공감적 반응의 실패에서 경험되는데, 바로 자기대상의 공감적 반응의 어쩔 수 없는 경미하고도 시기적절한 실패에서 비롯되는 것이다.[9] 이것은 유아가 즉각적으로 원했던 자기대상의 완벽한 공감적 반응으로부터 살짝 벗어난 경험이거나 그 공감적 반응이 잠시 지연된 경험일 수 있다.

가령, 유아가 배가 고파 울 때 유아는 불안한 상태에서 자신의 욕구가 즉시 채워지기를 기대한다. 생애 초기에는 아마도 그러한 유아의 욕구들이 비교적 즉각적으로 채워질 수 있었겠지만, 시간이 지나면서 유아는 먹을 것을 기다리는 불안의 시간들을 점차 경험하게 된다. 그러나 엄마가 즉각적으로 젖을 물려 주거나 우유를 준비해서 먹이는 데에는 얼마간의 시간이 걸리는데 그동안 들리는 엄마의 달래는 목소리, 엄마가 자신을 들어 올려 안아주게 되는 감각 등을 느끼게 되면서 유아가 경험하는 불안은 아주 경미한 것으로 점점 견딜 만한 것이 되고, 드디어 먹을 것이 주어졌을 때 그 불안, 즉 유아가 잠시 경험했던 심리적인 좌절은 사라지게 된다. 이제 유아는 점차적으로 먹을 것이 올 때까지 어느 정도 기다릴 수 있게 되고 그때 가지게 되는 불안은 견딜 만한 것이 된다.

그러한 유아의 최적의 좌절의 경험이 가능하게 되는 것에는 바로 공감적 자기대상의 적절한 반응이 전제되어 있다. 엄마는 이미 유아와 기본적으로 충분한 공감적 유대를 형성하고 있고 또한 유아가 기다리는 동안 유아가 덜 불안할 수 있도록 몸짓과 목소리 혹은 눈빛을 통한 공감적 접촉을 건넨다. 그리고 마침내 먹을 것이 왔을 때 유아는 다시금 엄마의 공감적 반응을(약간은 불완전하거나 잠시 지연되었지만) 확인하고 안심하게 됨으로써 유아가 잠시 가졌었던 심리적 좌절은 외상적인 좌절이 되지 않는 것이다. 즉, 유아가 점차 경험하게 되는 심리적 불안들이 최적의 좌절이 되기 위해서는 먼저 우선적으로 기본적인 공감적 조율이 자기-자기대상 관계 안에서 형성되어야 하며, 경미한 좌절의 경험과 다시금 확인하는 공감의 경험이 반복되면서 유아는 조금씩 현실을 내면화하기 시작하게 된다.

따라서 이러한 최적의 좌절의 경험 속에서 유아는 자신의 현실적 한계나 과대적 환상과 과시적 욕구에 대한 포기를 받아들이는 것을 배우며 자신이 이상화했던 자기대상에 대한 현실적 한계를 인정하게 된다. 결국 시기적절하게 잘 선택된 엄마의 최적의 공감적 반응은 유아에게 시기적절한 최적의 좌절을 제공할 수 있는 조건이 되며 그렇게 유아에게 경험된 최적의 좌절은 자기구조의 구축에 매우 중심적인 역할을 한다.

그렇다면 엄마는 유아를 위한 최적의 발달 환경을 위해서 유아에게 공감적 반응을 제공하였다가 어느 시점에 되어서는 시기적절하게 좌절을 주어야 한다는 얘기인가. 즉, 최적의 발달 환경에 필수적인 최적의 발달 조건들을 충족시키기 위해서 최적의 공감적 반응으로 기능했던 엄마가 어느 순간부터는 태도를 바꾸어 의도적으로 조금씩 좌절을 주기 시작해야 한다는 뜻일까. 그렇다면 최적의 반응과 최적의 좌절은 서로 배타적인 것이며 최적의 좌절만이 최적의 발달 조건에 필수가 되는 것일까. 이러한 딜레마 속에서 결국은 최적의 좌절에 있어 대체 무엇이 '최적'인가에 대한 질문이 제기될 수 있는데 이에 대하여 코헛은 딱히 이렇다 하게 정확한 개념으로 답을 주고 있지는 않다.[10]

그러나 코헛은 좌절이라는 것이 그 자체로 최적일 수 있다는 의미에서 '최적'이라는 말을 사용한 것은 아니다. 그보다는 심리적으로 견딜 수 있을 만한 좌절이라는 의미에서 최적의 좌절이라는 용어를 사용하게 된 것이며,

그렇게 좌절이 견딜 만한 것으로 경험되는 데에는 반드시 최적의 공감적 반응의 경험이 이미 전제되어 있기 때문에 최적이라는 말을 사용했던 것으로 보인다. 다시 말하면, 코헛이 말하는 최적의 좌절이란 심리적 발달 과정 안에서 어쩔 수 없이 당연히 일어나는 것이라기보다는 자기대상의 시기적절하게 잘 선택된 공감적 반응으로부터 나오는 것이라고 보는 것이다. 따라서 그렇게 일어나는 좌절은 그 자체가 최적이라는 것이 아니라, 바로 자기구조를 구축해 나가는 발달 과정 안에서 '최적'의 조건이 된다는 뜻이다.

이처럼 코헛이 처음에 도입하게 된 최적의 좌절은 발달적인 맥락에서 자기구조를 구축하게 되는 과정에 필수적인 요소로서 강조된 것이다. 사실상 코헛은 최적의 좌절이 일어났다는 것 그 자체에 관심했다기보다는 최적의 좌절에 의해서 내적으로 경험된 것들과 관련한 발달적 개념에 초점을 두고 있다.[11] 즉, 최적의 좌절의 경험을 통해서 자기의 심리구조는 어떻게 발달되어 구축되며, 그 과정에서 최적의 좌절의 경험은 어떤 역할을 하는가라는 점에서 코헛이 최적의 좌절을 도입하게 된 본래 의미를 찾아야 하는 것으로 보인다.

이런 의미에서 그 최적의 좌절의 경험은 자기대상으로 기능하는 엄마가 고의적으로 주게 된다는 뜻은 아니다. 여기에서 우리는 '준다' 혹은 '제공한다'라는 의미에 대하여 좀 더 주의를 기울일 필요가 있다. 코헛의 '최적'이란 개념은 자기대상으로서의 엄마가 무엇을 의도적으로 직접 '한다'는 행위의 의미와 그다지 밀접하게 관련이 있는 것은 아니다. 그보다는 그의 이론에서 자기구조를 세우는 데에 중요한 자기대상의 공감적 기능이 강조되면서 최적의 공감뿐만이 아니라, 최적의 좌절 역시 자기대상의 공감적 역할을 하는 엄마가 '주는' 것으로 대개는 표현된 것이다.

앞서 들은 예에서처럼 유아가 배고파서 울 때, 유아가 젖이나 우유를 먹게 되는 데까지는 어느 정도 기다려야 하는 '좌절'을 조금씩 경험하게 되는데, 여기에서 최적의 좌절을 유아에게 경험하게 하기 위해서 일부러 좌절을 주려는 엄마의 의도적인 행위는 들어 있지 않다. 더군다나 배가 고파서 심하게 우는 유아를 일부러 '적절하지 않은' 기간 동안 '적절하지 않은' 방법으로 방치하면서 고의적으로 '좌절'을 주려는 엄마의 경우가 설마 유아의 발달에 도움이 될 리가 있겠는가. 물론 실제 그런 상황이 지속적으로 아주 심각한 경우에는 유아에게 외상적 좌절(traumatic frustration)의 경험이 되며, 그것은 자기병리의 원인이 된다. 그러나 최적의 좌절이란 유아의 자기애적 욕구에 대하여 최적의 공감적 반응을 주지 못하게 되는 어쩔 수 없는 엄마의 한계로부터 발생하는 좌절을 뜻하는 것이며, 그것은 유아가 받아들일 수 있는 정도의 범위에서 적절한 공감적 반응의 실패다. 그러한 실패가 유아의 발달에 외상이 되지 않는 것은 바로 유아를 참고 기다릴 수 있게 하며 안심시키게 하는 엄마의 공감적 반응의 경험이 전제되어 있기 때문이다.

코헛은 엄마가 유아에게 전폭적이고 완벽한 공감적 반응의 경험을 충분히 제공했다면, 경미한 수준의 좌절뿐만이 아니라 약간의 좀 더 심각한 수준의 심리적 좌절의 경험이라도 유아에게 그리 해롭지 않을 수도 있게 된다는 가능성을 제시한다.[12] 최적의 좌절에 있어서 그만큼 자기대상의 공감적 기능은 무엇보다도 우선적으로 중요한 것이다. 그러한 의미에서 좌절을 '준다'는 표현은 좌절의 행위적 주체로서의 자기대상에 대한 기술이라기보다는 좌절이 최적으로 경험될 수 있도록 기능하는 자기대상의 공감적 역할에 강조점을 둔 표현이라 할 수 있겠다.

변형적 내면화

최적의 좌절은 자기구조를 세우는 내면화의 발달 과정에 중요한 요소로서 변형적 내면화(transmuting internalization)를 일으키게 하는 조건이 된다. 최적의 좌절의 단계를 거치지 않으면 변형적 내면화는 절대로 일어나지 않게 되는 것이다. 즉, 최적의 좌절은 변형적 내면화의 과정을 통해서 새로운 심리구조를 세우게 되는 매우 중요한 동기가 된다. 자기대상의 시기적절한 공감적 반응의 실패를 통해서 유아는 자기대상에게 점진적으로 실망을 경험하고 되고, 자기대상의 기능들은 변형적 내면화를 통해서 유아에게 점차적으로 현실적으로 된다. 따라서 최적의 좌절은 점진적으로 시기적절하게 변형적 내면화를 일어나게 하여 부모가 없어도 이제는 부모가 해 주던 자기대상의 기능—거울처럼 반영해 주기, 안심하도록 위로해 주고 긴장을 줄여 주기, 함께 있어 줌으로 자신감을 강화해 주기 등—을 스스로 수행할 수 있게 되는 것이다.[13]

예컨대, 유아의 어린 시절에 엄마는 유아를 재우기 위해서 유아를 안고 토닥여 주거나 자장가를 불러 주기도 하고 혹은 동화책을 읽어 주기도 한다. 그 시절의 유아는 잠이 들 때 그러한 엄마의 자기대상의 기능을 필요로 했다. 그러나 유아가 성장하면서 자신이 잠들 때 필요로 하던 그 엄마의 기능은 이제 자기 스스로도 감당할 수 있게 하는 자기의 심리구조로 변형되어 혼자서도 잘 잠들 수 있게 되는 것이다. 응집력 있는 자기의 구축은 바로 이러한 변형적 내면화의 과정, 즉 이전에 자기를 위해 자기대상이 수행하던 심리기능이 내면화되어 점차적으로 자기가 그러한 기능들을 혼자서 수행할 수 있게 되는 과정을 통해 이루어진다. 다시 말하면, 어린 시절에 유아가 경험했던 자기대상의 기능이 자기의 자율적인 심리구조로 조금씩 변형되어 이제는 그 기능들을 스스로 담당할 수 있게 되는 응집력 있는 자기의 구조가 구축되는 것이다.

코헛은 변형적 내면화의 과정을 우리가 필요로 하는 단백질이 생물학적으로 섭취되고 소화되는 과정을 비유로 들어 설명하고 있다.[14] 우리는 우리의 몸을 구성하기 위한 필수적인 영양소로서 단백질을 필요로 한다. 우리의 몸에 필요한 단백질을 섭취하기 위해서 우리는 가령 쇠고기나 계란을 먹는다. 그러나 우리가 섭취하는 쇠고기나 계란의 단백질의 분자는 사실 우리 몸을 구성하는 단백질과는 다른 물질이지만 우리 몸의 단백질의 형성을 위해서 우리는 다른 단백질을 받아들인다. 우리가 쇠고기나 계란을 씹고, 삼키고, 소화시키는 동안 그 쇠고기나 계란은 그것들을 구성하는 분자 요소들로 잘게 분해가 되어 아주 천천히 우리의 몸에 맞는 단백질로 조정되고, 그렇게 하여 우리 몸의 단백질로 재구성된다. 쇠고기나 계란이 우리 몸에 들어와 섭취되고 소화되었을 때 그것들은 더 이상 쇠고기나 계란 단백질로 남아 있는 것이 아니라 우리 몸의 단백질로 변형되는 것이다.

이처럼 변형적 내면화라는 것은 외부로부터 받아들인 단백질이 아주 점차적으로 우리의 몸 내부로 받아들여져서 우리 몸의 단백질로 변형되고 그것이 우리의 몸을 지탱하고 튼튼하게 하는 영양소로 쓰이게 되는 것처럼, 자기대상의 기능이 자기의 내부구조로 받아들여져서 자기가 필요한 기능으로 조금씩, 조금씩 변형되어 적응되는 것을 말한다. 그러한 과정을 통하여 자기구조가 구축되며 튼튼한 자기를 세울 수 있게 되는 것이다.

우리가 필요로 하는 단백질의 섭취는 쇠고기나 계란을 한 번 먹는 것으로 완전해지지 않는다. 일단 쇠고기나 계란의 단백질을 통해서 우리 몸에 필요한 단백질을 얻기는 했지만, 우리는 여전히 그렇게 형성된 우리 몸의 구조를 유지하기 위해서 지속적으로 단백질의 섭취를 필요로 한다. 마찬가지로 자기의 구조가 한번 구축되었다 하더라도 생애 전반에 걸쳐 여전히 우리는 자기대상의 기능들을 필요로 하며, 그 기능들의 변형적 내면화를 통해 자기 구조를 건강하게 유지하고 다시금 튼튼하게 강화할 수 있게 되는 것이다.

보상구조

그런데 이처럼 최적의 발달 환경 안에서 건강하고 응집력 있는 자기가 발달하는 데에는 두 번의 기회가 주어진다. 이것이 바로 코헛의 이론에서 자기의 구축과 관련하여 매우 특별하게 희망적으로 제시되고 있는 이중축 자기의 발달 안에서의 보상구조(compensatory structures in the development of the bipolar self)다. 즉, 자기구조의 한쪽 영역에 발달적 결함이 생겼을 때 다른 한쪽 영역의 발달의 강화를 통해 그 결함을 보상함으로써 자기의 기능이 회복될 수 있고 따라서 응집적 자기의 형성이 가능하다는 것이다.[15] 결국 자기의 병리는 이 두 번의 발달 기회를 모두 잃었을 때에만 발생하게 된다고 볼 수 있다.

유아기 초기에 자기의 두 축, 즉 포부와 이상의 축들은 동시에 나란히 발달한다는 것을 전제로 하지만, 그러나 코헛은 보통 대부분의 경우 과대적 자기는 태어나서 대략 2세부터 4세가 될 때까지 포부의 축으로 먼저 발달하여 통합되며 이상의 축은 그 이후에 6세까지 동안의 발달로 얻어지는 것으로 보고 있다.[16] 또한 많은 경우에 있어 그러한 발달의 움직임은 특히 남아의 경우 거울 자기대상의 기능을 하는 엄마로부터 이상화 자기대상의 기능을 하는 아빠에게로 옮겨 가는 것이 일반적이며, 여아의 경우 이런 다른 자기대상 욕구들이 같은 한 부/모로 향해 있기도 하다. 그러나 이런 발달 노선이 언제나 반드시 동일한 연속선을 가지는 것은 아니며 발달 순서와 자기대상의 역할이 바뀌기도 한다.[17] 이렇게 볼 때, 가장 빈번하게 일어날 수 있는 보상적 시도는 포부의 영역에서 생긴 결함이 이상의 추구를 통해 높아지게 된 자존감에 의해 보상되는 것인데 그렇지만 그 반대의 보상적 경우 역시 가능할 수 있는 것이다.[18]

자기구조의 한쪽 영역에서 일차적 결함이 생기는 가장 주된 원인은 자기대상의 공감적 반응의 지속적인 심각한 결핍 때문이다. 이럴 때 공감적 반응을 받지 못한 한쪽 부모의 자기대상 기능으로부터 결핍된 자기를 보충하고 회복하려는 시도가 대개는 다른 한쪽의 부모로부터의 강화된 공감적 반응에서 이루어진다. 즉, 아주 간단히 말해서 엄마의 자기대상 기능이 유아의 응집력 있는 핵자기를 구축하게 하는 것이 실패했다면 이제는 아빠가 대신 그 일을 성공적으로 해낼 수도 있다는 것이다. 그러나 이것은 반드시 부모 양쪽의 엄마와 아빠가 자기대상으로서 실존적으로 필요하다는 뜻은 아니다. 일반적으로 남은 한쪽의 부모가 그 보상적 기능을 담당할 수 있듯이 그러한 기능을 담당할 수 있는 다른 중요한 사람들, 가령 형제나 자매, 친구, 할머니나 할아버지, 혹은 친척이나 선생님 역시 보상구조에서의 자기대상의 역할을 담당할 수 있다. 이로써 결핍되었던 자기의 어느 한 영역은 회복이 이루어지게 되며 그러한 보상구조를 통해서 자기구조는 다시 형성되기 시작할 수 있게 되는 것이다.

이러한 자기발달의 보상구조에 있어서 코헛은 두 번의 보상구조 경험의 기회를 말하고 있다. 앞서 설명한 유아의 핵자기 발달 과정에서의 보상구조가 바로 그 보상구조의 첫 번째 기회라 할 수 있는데, 이는 전 생애주기를 통해서 자기의 정상적인 발달 과정의 각 단계나 시기에서 가질 수 있다. 또한 자기발달의 보상구조는 흔히 치료적인 맥락(자기의 병리와 관련하여 치료자와 환자 혹은 상담자와 내담자)으로 확장될 수 있는데, 자기를 견고하게 세울 수 있는 기회를 한 번 더 가지게 되는 것이다. 이것이 바로 코헛이 말하는 보상구조의 두 번째 기회라고 할 수 있다.[19]

반드시 치료적 맥락이 아니더라도 전 생애에 걸친 발달적 맥락에서 볼 때, 성인기의 응집적 자기의 지속적인 발달에서 역시 보상구조의 기회를 가질 수 있다. 성인기에 경험할 수 있는 보상적인 자기대상은 현재의 자기가 가지고 있는 실제적인 (아마도 결핍된) 자기대상 욕구를 채워 줄 수 있는 기능을 한다. 즉, 그 자기대상의 기능들을 통해 들어 주고 이해해 주고 인정해 주기를 바라는 욕구를 반영받음으로써 자신을 확인하며, 이상화하고 싶은 욕구가 받아들여짐으로써 불안을 줄이고, 혹은 누군가와 유사하다는 느낌과 함께 소속되어 있다고 느끼고 싶은 욕구가 충족됨으로써 자신감과 힘을 얻게 된다. 이러한 자기대상 관계는 유년기나 청소년기에 만날 수 있는 교사, 멘토 혹은 그룹 리더 등과의 관계를 통해서 일어날 수 있으며, 성인기의 동료, 선배, 혹은 직장 상사 등과의 관계를 통해서도 일어날 수 있다. 이러한 관계는 자기의 자기구조를 다시금 지속적으로 튼튼히 다지는 기능을 한다.

코헛의 독특한 보상구조 이론은 이처럼 인간의 자기가 기본적으로 보상구조를 가지고 있으며 (발달적 맥락과 치료적 맥락에서) 그 보상구조를 통해서 우리는 평생에 걸쳐 자기를 잘 구축하여 건강하게 유지시킬 수 있다는 잠재적 가능성의 희망을 우리에게 안겨 주고 있다. 이는 또한 정신적 건강과 성숙에 대한 전통적이고 이론적인 관념의 테두리로부터 우리를 벗어나게 하는 놀라운 자유를 더해 주기도 한다. 전통적인 이론이나 규범으로는 설명되지 않는 많은 이의 심리적 건강과 성숙은 결국 응집력 있는 자기, 구조적으로 온전한 자기를 향한 자기의 보상구조 안에서 설명이 가능하지 않을까.

주(註)

1 대니엘 스턴(Daniel N. Stern)은 영아를 관찰하면서 5가지 자기감(sense of self)의 발달 과정을 경험적으로 연구함으로써 자기대상의 경험과 직결된 자기의 발달과 관련하여 코헛의 이론을 보다 더 구체화했다. Daniel N. Stern, *The Interpersonal World of the Infant* (New York: Basic Books, 1985).

2 Heinz Kohut, "The Psychoanalytic Treatment of Narcissistic Personality Disorders: Outline of a Systematic Approach (1968)," in *The Search for the Self*, vol. 1, ed. P. Ornstein (Madison: International Universities Press, 1978), 477. 코헛이 개념화하고 있는 "과대적 자기"라는 용어는 처음에는 그의 논문 「Forms and Transformations of Narcissism」(1966)에서 "자기애적 자기(narcissistic self)"로 쓰였다.

3 Heinz Kohut, *The Analysis of the Self* (Madison: International Universities Press, 1971), 27.

4 *Ibid.*, 107.

5 *Ibid.*, 27.

6 *Ibid.*, 64.

7 *Ibid.*, 49-50.

8 코헛은 자신의 첫 번째 책인 *The Analysis of the Self*에서 최적의 좌절이라는 개념을 소개하고 있는데, 그 이듬해 그가 쓴 글 안에서는 최적의 좌절이라는 용어가 처음 사용되었던 출처를 번펠드(S. Bernfeld)의 책 『Sisyphos, order die Grenzen der Erziehung』(1928)으로 밝히고 그 용어에 대한 자신의 개념화에 대해서 설명하고 있다. Heinz Kohut, "Letters (September 12, 1972 and September 23, 1972),"in *The Search for the Self*, vol. 2, ed. P. Ornstein (Madison: International Universities Press, 1978), 867-869.

9 Heinz Kohut, *The Restoration of the Self* (Madison: International Universities Press, 1977), 86-87.

10 베이컬은 바로 이러한 "최적"이라는 의미에 대하여 문제를 제기한다. 즉, "최적의 충족(optimal gratification)"이냐 최적의 좌절이냐의 딜레마와 관련해 볼 때, 최적의 좌절이란 개념은 오히려 "최적의 반응성(optimal responsiveness)"이란 개념으로 바꾸어 고려해야 한다고 제안하고 있다. 여기에서 베이컬이 말하는 최적의 반응성이란 환자를 치료하는 임상적 맥락에서 제안된 개념으로, 어떤 특정한 환자의 병리를 치료할 때 그 치료적 상황에 분석가가 가장 적절하게 반응하는 것을 뜻한

다. Howard A. Bacal, "Optimal Responsiveness and the Therapeutic Process," in *Progress in Self Psychology*, vol. 1, ed. Arnold Goldberg (New York: The Guilford Press, 1985), 202.

11 Allen M. Siegel, "The Optimal Conversation: A Concern About Current Trends Within Self Psychology," in *Pluralism in Self Psychology*, Progress in Self Psychology, vol. 15, ed. Arnold Goldberg (Hillsdale: The Analytic Press, 1999), 65-70.

12 Kohut, *The Restoration of the Self*, 87.

13 Kohut, *The Analysis of the Self*, 50.

14 David M. Moss, "Narcissism, Empathy and the Fragmentation of Self: An Interview with Heinz Kohut," *Pilgrimage* 4, no. 1 (1976): 34.

15 코헛은 처음에는 자기구조를 이루는 두 축을 중심으로 이중축의 자기를 제시했으나 이후에 쌍둥이 자기대상의 개념을 추가함으로써 사실상 자기를 이루는 세 영역(반영된 포부, 이상화된 목표, 타인들과의 같다는 소속감)들로 자기의 구축을 설명하고 있다. 따라서 자기를 이루는 어떤 한 영역의 발달에 일차적 결핍이 생기게 되면 그것은 자기를 구성하는 세 영역들 중 다른 하나를 강화하여 발달시킴으로써 그 결핍을 보상할 수 있게 된다. 이렇게 볼 때 응집적 자기를 구축하는 데에는 사실상 세 번의 기회가 있는 것이라고 볼 수 있다.

16 Kohut, *The Restoration of the Self*, 179.

17 *Ibid.*, 185.

18 *Ibid.*, 4.

19 치료적 맥락에서의 보상구조는 자기애적 전이(narcissistic transference)와 관련하여 나중에 좀 더 논의될 것이다.

5

자기의 결핍: 자기애성 성격장애

자기구조의 발달결핍으로 인한 자기의 결함

앞서 논의되었던 응집적 자기의 정상적인 자기애적 발달에 있어서 자기를 구축해 나가는 과정에 구조적 결핍(deficit)이 생기면 자기는 그 발달 과정에서 결함(defect)을 가지게 된다. 즉, 자기의 결핍이란 정확히 말해서 자기구조의 결핍으로 인한 자기의 결함을 뜻한다. 자기가 발달되는 과정에서 만일 부모의 공감적 보살핌의 지속적이고도 과도한 실패로 인해 유아가 최적의 발달 조건을 가지지 못하면 심각한 자기애적 외상(narcissistic trauma)을 경험하게 되고, 그 결과 유아의 과대적 자기와 이상화된 부모원상은 그것들이 건강하게 잘 발달될 기회를 잃게 된다. 이것은 대개 자기대상의 공감적 기능 결여로 인한 것인데, 주로 부모 혹은 돌보는 이의 공감적이지 않은 성품 탓이거나 혹은 그들만의 해결되지 않은 정신적 외상(특별히 자기애적 상처)의 결과일 가능성이 높다.

가령, 만일 거울 자기대상이 스스로의 원초적 과대성(archaic grandiosity)에 고착되어 있다면, 다시 말해서 거울 자기대상의 역할을 하는 이가 자신의 어린 시절 잘 발달되지 못한 과대적 자기의 자기애적 상처를 가지고 있다면, 그 자기대상은 유아의 자기애적 욕구를 충분하고도 적절하게 반영해 줄 수가 없게 된다. 그러면 유아의 과대적-과시적인 자기애적 욕구는 심각하게 좌절되고, 그 미숙한 과대적 욕구들은 현실 경험을 통해 점차적으로 포기되거나 수정(나는 그렇게 완벽하지도 대단하지도 않다고)되지 않은 채로 억압되어 변형적 내면화를 경험하지 못하게 된다.[1] 따라서 유아의 과대적 자기는 건강한 포부와 현실적인 자존감을 추구하는 성숙한 자기애로 발달되지 못한 채 어느 지점에서 자기애적 발달이 멈추어 버린 상태가 되고 만다.

또한 만일 유아가 갑자기 이상화 자기대상을 상실하거나 이상화 자기대상으로부터 외상적인 실망을 경험하게 되면, 이상화된 부모원상 역시 붕괴되고 이상화 경험이 박탈되어 최적의 내면화는 일어나지 않는다. 그렇게 되면 이상화된 부모원상은 그것에 대한 현실적 한계를 경험할 수 있는 기회를 놓쳐 버리게 되는데, 즉 현실의 경험을 통해 점차적으로 변형(내가 이상화하는 부모도 그렇게 완벽하거나 전능하지도 않으며 한계가 있다고)되지 않고 그대로 억압되거나 환상 속에서 그 이상화 원상은 계속 유지된다.[2] 따라서 유아의 이상화된 부모원상은 건강한 이상을 추구하고 스스로 긴장을 조절할 수 있는 성숙한 자기애로 변형되기도 전에 초기의 이상화 원상에 지속해서 의존하려는 상태로 그 발달이 정지하게 된다.

물론 코헛의 자기발달 보상구조에 의하면 과대적 자기나 이상화된 부모원상의 발달에 있어서 그 어느 한쪽에 일차적 결함이 생기면 다른 한쪽의 발달의 강화를 통해서 그 결함을 보상하려는 시도가 이루어진다. 그러나 이러한 보상적 시도마저 다른 한쪽 자기대상의 공감적 반응의 실패로 인해서 성공하지 못하게 되면, 그래서 결국 자기가 완전한 구조로 잘 구축되기도 전에 자기구조의 두 영역 모두에 발달적 결함이 생기면, 유아의 자기애적 욕구는 그것이 표현되기보다는 그것에 대한 방어로 나타나게 된다. 이렇게 될 때 유아의 완전한 자기의 발달은 심각하게 지장을 받게 되고 유아는 원초적 자기애에 고착된다. 결국, 이러한 발달의 장애는 유아가 경험했던 자기대상의 기능들이 유아가 성장하면서 스스로 수행할 수 있는 자기구조로, 점차 변형되는 내재화 과정에 심각한 결핍을 가져온다. 이러한 자기구조의 결핍 안에서 자기는 자기의 결함, 즉 자기애적 상처를 가지게 되며 이는 결과적으로 자기병리의 원인이 되는 것이다.

과대적 자기가 건강하게 발달할 기회를 잃게 되면 대체로 자신의 신체건강을 지나치게 걱정하게 되는 건강염려증(hypochondria)이 생기거나 자기에게 몰두하는 자기의식이 과도해지고 수치심과 함께 당황감 등이 강화된다. 또한 표현되지 못한 과대적 자기에 대한 비현실적인 환상에 사로잡히게 되어 삶의 기쁨을 느끼지 못하고 허무함과 좌절, 낮은 자존감을 경험하게 된다.[3] 이처럼 과대적 자기의 발달에 장애가 생기게 되어 그 자기애적 욕구가 표현되지 못하고 좌절되면, 과대적 자기는 부정되거나 억압되어 현실적 자기와 통합되지 않은 채 남아 있게 된다. 코헛에 의하면, 이것은 부정과 억압이라는 방어기제에 의해서 과대적 자기가 두 가지로 분리 혹은 분열됨을 말한다.

과대적 자기가 방어적으로 부정되면 과대적 자기의 거만하고 과시적인 부분들이 현실적 자기로부터 분리되어 공존하게 된다. 이것이 코헛이 말하는 수직적 분리(vertical split)다. 현실 경험을 통해 수정되지 않은 과대적 자기는 수직적 분리에 의해 현실적인 자기로부터 차단되어 있으나 의식 속에는 남아 있어, 그 증세는 일관성을 가지지 못하고 있거나 허황되어 보이고 허풍을 떨며 지나치게 독단적으로 과대적인 주장을 하는 것으로 드러난다. 이때 실제 자신이 느끼는 현실적 자기는 무기력감이나 허무감을 경험하게 된다.

또한 과대적 자기가 수평적 분리(horizontal split)를 통해서 방어적으로 억압되면 줄어든 자신감, 막연한 우울감, 의욕상실, 주도성 결여와 같은 전반적인 자기애적 결핍 증상으로 나타난다. 이렇게 수직적 분리와 수평적 분리를 통해서 부정되거나 억압된 과대적 자기의 자기애적 욕구는 결국 낮은 자존감이나 수치심 혹은 건강염려증과 함께 막연한 무의식적 우울증으로 나타나게 되는 것이다.[4]

이상화된 부모원상이 잘 발달할 기회를 놓치게 되면 유아는 원초적 자기대상에 고착된 채 평생 자기의 자기대상을 갈망하고 추구하면서 그를 대체할 만한 다른 대상들에 의존하게 된다. 이것은 사실 대상 자체에 대한 갈망과 의존이라기보다는 그 대상의 기능을 통하여 유아기에 잘 구축하지 못했던 결핍된 자기구조 안에서 자기의 결함을 메우려는 시도다. 유아기에 이상화된 부모원상과 관련한 외상을 경험한 사람들은 부모 혹은 양육자의 공감적 기능, 다시 말하면 자기를 진정시키고 긴장을 조절할 수 있도록 하는 이상화 자기대상의 기능의 결여로 인한 자기의 결함을 메우기 위해 마약과 같은 중독성 물질을 사용하는 중독자가 되는 경우가 종종 있다.

자기의 내적구조에 결핍된 달램과 진정의 효과를 마약에서 찾는 것이기 때문에 그들이 사용하는 중독성 물질은 그들이 갈망하는 자기대상의 실제 대체물이라기보다는 결핍된 자기구조 안에 있는 자기결함의 대체물이다. 또한 이상화된 부모원상과 관련한 외상은 자기애적 욕구를 성 도착적 환상이나 행동으로 표현하게 되는 경향이 있는데, 이러한 경향들 역시 자기애적 상처로 인한 결함이 있는 자기를 안정시키려는 시도다. 또 한편으로 이러한 외상을 가진 사람들은 끊임없이 외부의 이상적인 대상들을 찾아 헤매게 되는데, 이들은 그 대상들을 이상화함으로써 자기구조의 결핍으로 인해 스스로 부여하지 못하는 인정과 지도력을 얻고 싶어 하는 것이다.[5]

자기의 병리

코헛에게 있어서 자기의 병리(psychopathology of the self)는 이처럼 자기의 핵을 이루는 두 축의 자기, 즉 과대적 자기의 축과 이상화된 부모원상의 축의 자기가 양쪽 모두 잘 발달할 기회를 잃어버린 것에서 비롯된다.[6] 이로써 발생하는 자기의 결함은 자기대상의 공감적 반응의 심각한 실패에서 기인하며, 그 실패는 대개 자기대상의 자기애적 결함에서 온다. 더 나아가 코헛은 이러한 자기발달의 정지로 인한 자기의 장애가 모든 정신병리의 근원이라고 보고 있는 바, 결국 정신병리의 발생에 있어서 자기의 결함에 결정적인 영향을 주는 자기대상의 기능과 역할에 중요한 비중을 두고 있다. 이러한 견지에서 코헛은 자기의 병리를 크게 이차적 장애와 일차적 장애로 분류하고, 그중 일차적 장애를 다시 다섯 가지로 하위 구분해서 설명하고 있다.[7]

자기의 이차적 장애(secondary disturbances of the self)는 자기의 구조가 손상되지 않은 확고한 상태로, 삶을 경험하면서 생기는 자기의 반응들(분노, 절망, 희망)이 여기에 속한다. 즉, 경험되는 삶의 상황에 따라 자존감이 높아지거나 낮아지기도 하고, 승리감과 기쁨을 느끼기도 하지만, 때로는 좌절에 직면해서 낙심과 분노를 경험하기도 한다. 이러한 자기의 반응들은 그 자체로는 병리적인 것이 아니지만, 그러나 코헛은 이러한 반응들 역시 자기구조의 건강한 포부와 목표를 설명해 주는 자기심리학의 틀 안에서만 이해될 수 있다고 보고 있다. 그런데 실제적으로 자기의 병리와 관련한 코헛의 관심은 이차적 장애에 있는 것이 아니라 자기의 발달적 장애와 관련한 일차적 장애의 분류에 있다.

코헛은 자기의 일차적 장애(primary disturbances of the self)를 정신증(psychosis), 경계선 상태(borderline state), 분열적 성격과 편집적 성격(schizoid and paranoid personality), 자기애성 성격장애(narcissistic personality disorder), 자기애성 행동장애(narcissistic behavior disorder)의 다섯 가지 병리들로 구분하고 있다. 코헛은 이러한 다섯 가지의 병리들을 자기를 형성하고 있는 응집력과 자기를 유지할 수 있는 능력의 정도에 따라 다시 두 개의 그룹으로 구분하고 있다. 즉, 정신증, 경계선 상태, 그리고 분열적 성격과 편집적 성격의 세 가지 병리들과 나머지 두 개의 자기애성 장애들로의 구분이다.

앞선 세 가지의 병리들에 대하여 코헛은 이 병리들이 부분적으로 다소간 효과적인 자기의 방어구조들을 세우고 있다 하더라도 이 병리들은 대부분 상대적으로 취약한 자기구조를 나타내는 것으로, 영구적이고 만성적인 자기해체와 자기쇠약, 그리고 심각한 자기왜곡을 나타낸다고 보고 있다. 따라서 이 세 가지 형태의 정신병리는 자기의 장애 정도가 심각하여 분석가와 환자 사이에서 진행되는 해석과 분석 작업에 의한 치료가 원칙적으로 불가능하다는 것이다. 그러나 나중 두 가지의 자기애성 장애들은 이와 대조적으로 구체적인 핵자기의 형태가 초기 발달 단계에서 확립되어 있다. 그래서 이들 장애에서는 환자가 분석가와의 안정적인 전이를 형성할 수 있을 만큼은 어느 정도 자기의 응집력이 유지되므로 분석과 치료가 가능하다고 코헛은 설명한다.

자기의 구조적 결핍과 그 치료 가능성에 관하여 자기의 병리에 관심을 두었던 코헛은 자기심리학의 틀 안에서 자기애성 장애를 자기애성 성격장애와 자기애성 행동장애로 서술하고 있다. 이 두 가지의 자기애성 장애들은 자기해체와 자기쇠약 그리고 자기왜곡이 나타나는 것에서는 분석과 치료가 불가능한 앞선 세 가지의 병리들과 같은 맥락을 가지는 자기의 장애이나, 이 두 가지의 자기애성 장애에서 나타나는 자기 장애의 증상들에서는 단지 일시적으로 약해져 있거나 왜곡되어 있는 자기가 드러날 뿐이다. 따라서 적절한 분석과 치료를 통해서 극복이 가능해진다.

자기애성 성격장애와 행동장애는 그 발생 원인에 있어서는 본질적으로 동일하지만, 자기애성 성격장애는 자기애적 결함이 내적(autoplastic) 증상으로 표현되는 경우이고, 자기애성 행동장애는 그것이 외적(alloplastic) 증상으로 나타나는 경우다. 즉, 자기애성 성격장애에서는 무기력하고 사소한 것들에 대하여 과민반응을 보이거나 자신의 신체에 대한 건강염려증, 수치심 혹은 우울증과 같은 정신적인 증상들이 나타나고, 자기애성 행동장애에서는 성도착이나 중독증 혹은 반사회적인 비행과 같은 행동으로 나타나는 것이다. 또한 주물애착이나 섭식장애 역시 코헛은 중독의 연장선상에서 자기애성 행동장애에 포함시켰다.

그러나 이처럼 증상들이 나타나는 차이에도 불구하고 이 두 유형의 증상들은 모두 약하고 결함이 있는 자기의 표현들인 것이며, 따라서 자기가 잘 발달하지 못한 구조적 결핍을 메우고 회복하려는 방어적 시도들인 것이다. 이러한 가설을 중심으로 자기심리학을 정립하는 데에 기반이 된 자기애성 성격장애의 범주에 코헛은 관심을 기울였고, 자기애성 성격장애에 대한 코헛의 임상적 분석은 그것의 치료에 지대한 영향을 미쳤다.

자기애성 성격장애

1) DSM의 진단적 이해

성격장애의 한 유형인 자기애성 성격장애를 진단하는 것이 있어서 우리는 일반적으로 현대 정신의학의 정신장애 진단기준을 참고하게 된다. 현재 가장 일반적으로 사용되고 있는 정신장애의 분류체계는 세계보건기구(WHO)의 ICD-10(International Classification of Diseases-10th edition)과 미국정신의학회(APA)의 DSM(Diagnostic and Statistical Manual of Mental Disorders)인데, 그중에서 DSM은 세계적으로 가장 많은 임상전문가와 연구자들이 사용하는 공식적인 정신장애 분류체계라 할 수 있고, 현재 사용되고 있는 이것의 가장 최근 개정판은 DSM-5-TR이다. DSM-5-TR에서는 성격장애를 열 가지의 유형으로 구분하고 있으며, 이 유형들을 설명하는 유사성에 따라 세 가지 군(clusters)에 속한 것으로 분류하고 있다.

즉, A군 성격장애는 흔히 유별나거나 엉뚱해 보이는 기이한 특성을 나타내는 성격장애군으로서 편집성(paranoid), 조현성(schizoid), 조현형(schizotypal) 성격장애가 있다. B군 성격장애는 감정적이고 극적이며 변덕스러움을 특징으로 하는 유형으로서 반사회성(antisocial), 경계성(borderline), 연극성(histrionic), 자기애성(narcissistic) 성격장애가 해당된다. C군 성격장애는 흔히 불안해 보이고 겁이 많은 특성을 보이는 성격장애군으로써 회피성(avoidant), 의존성(dependent), 강박성(obsessive-compulsive) 성격장애가 이에 속한다.[8] 이러한 성격장애들은 어릴 때부터 오랜 기간 지속되어 온 성격적 특성들로 인해 적응상의 어려움을 나타내게 되는 경우를 말한다. 자기애성 성격장애는 이러한 성격장애 중 B군에 속하는 성격장애이며, 그 특징적 진단기준들에 해당되어야 한다.

자기애성 성격장애의 특징은 '자기애(narcissism)'라는 이름에서 일반적으로 우리가 생각하는 것처럼 마치 지나친 것으로 보이는 자기사랑 혹은 자기도취, 나아가 지나친 자기중심성 그리고 왜곡된 자기존중감 등을 들 수 있고, 그러한 특성들로 인해 타인과 더불어 삶을 함께 살아가는 것과 관련한 사회적 부적응성을 나타낸다. DSM-5-TR의 진단기준[9]에 기술되어 있는 자기애성 성격장애의 주요 증상들은 자신의 중요성에 대한 과대성, 칭찬에 대한 욕구, 공감의 결여 등이 광범위하게 나타나는 양상으로 성인기 초기에서 시작되어 다양한 상황에서 아홉 가지의 진단기준들 중 다섯 가지 혹은 그 이상의 특성들이 나타나는 것으로 되어 있다.

그 진단적 특성들을 좀 더 자세히 살펴보면, 이들은 첫째, 자신의 중요성에 대한 과장된 느낌을 가지고 있다(진단기준 1). 이들은 항상 자기 능력을 과대평가하고 뒷받침할 만한 성취가 없을 때도 자신의 업적을 과장하기도 하며 교만하다. 따라서 자신의 업적에 대하여 타인들로부터 기대하던 칭찬이 곧바로 나오지 않을 때는 놀라며, 타인의 공헌에 대해서는 과소평가한다. 둘째로, 이 장애가 있는 사람들은 끝이 없는 성공에 대한 공상과 권력, 탁월함, 아름다움 또는 이상적인 사랑에 대한 환상에 자주 사로잡혀 있다(진단기준 2). 이들은 오래전에 이미 지나가 버린 찬사와 특권을 상기하면서 자신들을 유명 인사나 특권층과 비교하기를 좋아한다.

셋째, 이들은 자신이 특별하다거나 독특하다고 믿고 특별한 사람이나 상류층의 사람들만이 자신을 이해할 수 있고 또 그런 사람들이나 그런 기관에서만 어울려야 한다고 믿는다(진단기준 3). 그렇기 때문에 자신들이 사귀는 사람들은 독특하고, 완벽하고, 엄청난 재능이 있는 사람이라고 생각하면서,

자신들이 사귀는 인물들을 이상화시키고, 그런 인물들과 사귀는 자신은 특별한 사람이라고 생각함으로 자존감을 높인다. 네 번째로 이들은 일반적으로 과도한 찬사를 요구한다(진단기준 4). 자신들이 얼마나 일을 잘하고 있으며 타인들에게 얼마나 호감을 주고 있는가에 관심하는데, 이러한 생각은 항상 관심과 찬사를 요구하는 방식으로 나타난다. 따라서 이들의 자존감은 일반적으로 매우 약하다고 볼 수 있다.

다섯째의 진단적 특징으로 이 장애가 있는 사람들은 자신이 특별한 대우를 받을 만한 이유가 없는데도 특별 대우나 복종을 불합리하게 바라고 기대하는 특권 의식을 가진다(진단기준 5). 그래서 마땅히 받아야 한다고 기대했던 만족할 만한 대우를 받지 못하면 공격을 당했다고 왜곡해서 받아들이고 분노를 경험하게 된다. 여섯째로 이러한 특권 의식을 가지고 있는 이들은 타인들의 요구나 소망을 무시하게 되어 의식적으로 알게 모르게 타인들과의 대인관계가 착취적이 되는 결과로 나타난다(진단기준 6). 즉, 자기 자신의 목적을 달성하는 것을 위해 타인들 이용하게 된다.

일곱째, 이들은 공감 능력이 결여되어 있어서 타인들의 감정이나 욕구, 주관적인 경험과 느낌을 이해하려 하거나 확인하려 하지 않는다(진단기준 7). 이들은 타인들의 관심이 오직 자신의 행복에만 집중되어 있다고 생각하고 자신들의 언행이 타인에게 상처를 줄 수도 있다는 사실에 무관심하다. 여덟째, 이들은 흔히 타인들을 자주 부러워하거나 타인들이 자신을 시기하고 있다고 믿는다(진단기준 8). 이들은 타인들의 성공이나 업적 혹은 재산에 대해 시기하고 혹평을 하는데, 이는 그들의 업적과 특권이 사실은 자신들에게 더 맞는다고 생각하기 때문이다. 마지막 진단적 특징으로, 자기애성 성격장애를 가진 이들은 거만하고 방자한 행동이나 태도를 보인다(진단기준 9). 이들은 오만하며 윗사람에게 아첨하고 아랫사람에게 함부로 하는 경향을 가지고 있는 것으로 나타난다.

자기애성 성격장애를 가진 사람들은 사실상 자존감에 있어서 매우 약하기 때문에 비판이나 실패로 인한 상처에 매우 민감하고, 비난은 이들에게 자존감의 손상과 공허감을 주게 된다. 따라서 이들은 거만하게 행동하고 분노하게 되며 자신들의 특권 의식은 강하지만 타인에 대한 감수성이 무시되므로 이들의 대인관계는 전형적으로 손상되어 있다. 이들이 가지는 자만심이 강한 야망과 신념으로 높은 목표를 달성할 수도 있으나, 실패나 비난에 잘 견디지 못하는 성향 때문에 비난받거나 실패할 만한 가능성이 있는 상황을 피하게 되어 일의 기능이 저하되기도 한다.

2) 유형적 이해: 연속선상의 양쪽 극단에 있는 두 형태의 자기애성 성격

자기애성 성격장애는 위와 같은 DSM-5-TR의 진단적 특성들을 기준으로 분류되기도 하지만 또 한편으로는 경험적으로 개인적·사회적 상호 관계에서 자기애성 성격장애를 가진 사람들에게 두드러지게 나타나는 상호작용의 양상에 따라 자기애성 성격의 하위 유형들이 구분되기도 한다. 폴 윙크(Paul Wink)가 실시한 경험적 연구는 여섯 개의 MMPI 자기애 척도(Six MMPI Narcissism Scales)의 분석을 통하여 과대성-과시성(grandiosity-exhibitionism)의 요소와 취약성-과민성(vulnerability-sensitivity)의 요소가 각각 두 가지의 다른 형태의 자기애, 즉 드러난(overt) 자기애와 은밀한(covert) 자기애에 관련한다는 것을 밝혀냄으로써 자기애의 두 유형을 구별하였다.[10]

윙크의 이러한 자기애의 구분에 따르면, 드러난 형태의 자기애는 자기애적 과대성(narcissistic grandiosity)으로 인해 자기를 과시하거나 자기의 중요성을 드러내는 양상이 매우 직접적으로 나타나며, 타인들의 주목과 관심을 받는 것에 집중하는 양상으로 드러난다. 즉, 이 유형의 드러난 자기애는 앞서 살펴보았던 DSM-5-TR의 진단기준이 제시하고 있는 자기애성 성격장애의 특성을 그대로 반영하고 있다.

그러나 윙크가 구분하고 있는 또 하나의 유형인 은밀한 자기애는 드러난 자기애의 특성들에서처럼 객관적으로 잘 알아볼 수 있을 만큼 표면적으로는 드러나 있지는 않으나, 내면 깊숙이 자리하고 있는 무의식적인 자기애적 과대성으로 하여 낮은 자기 신뢰도나 자기주도성의 결여, 또는 우울함과 소심함으로 나타나는 경우를 말한다. 은밀한 자기애를 가진 이들은 외부의 반응에 매우 예민하고 또 그 반응을 염려하며 어떤 일을 주도하는 데에 있어서 자신이 없고 주저하며 불안해한다. 또한 지나치게 자신의 감정을 억제 하고 방어적이며 쉽게 상처를 받는 탓에 외부로부터 수치를 경험할 만하거나 자존감에 상처를 입을 만한 상황은 아예 피하려는 경향을 보인다. 이들이 보이는 이러한 양상은 이들 스스로 자신은 "상처받아서는 안 되고, 거절당해서도 안 되며, 못하는 것이 있어서는 안 되고 밉보여서는 안 되는 사람"[11]이라는 내면에 뿌리 깊게 자리 잡은 자기애가 은밀하게(covertly) 드러나는 것으로 이해될 수 있다.

자기애성 성격을 이렇게 두 개의 하위 유형으로 구분하려는 시도는 글렌 개버드(Glen O. Gabbard)의 연구에서 역시 나타나는데, 그는 앞서 DSM-5-TR에서 기술하고 있는 자기애성 성격장애의 진단기준과 부합하는 드러난 형태의 자기애를 무감각형(oblivious) 자기애로, 은밀한 형태의 자기애를 과민형(hypervigilant) 자기애로 각각 구분하고 이 두 가지 유형의 자기애성 성격장애의 특징들을 서로 대비하여 기술하고 있다.[12] 첫 번째, 무감각형 자기애의 특성이 타인의 반응에 무관심하여 자신이 타인에게 어떤 영향을 미치는데 관심이 없는 것이라면, 과민형 자기애는 타인의 반응에 매우 민감하여 타인이 자신에게 어떻게 대하는지에 대하여 예민한 것이라고 할 수 있다. 두 번째, 무감각형 자기애의 특성은 잘난 체하고 자신들을 드러내며 공격적인 특성이 있다면, 과민형 자기애 성격을 가진 이들은 스스로를 억제하며 숨기려하고 부끄러워하며 자신들을 내세우지 않으려 한다.

세 번째, 무감각형 자기애의 특성이 스스로에게 도취되어 있는 것이라면, 과민형 자기애에서는 자신보다 타인에게 주의를 기울인다. 네 번째, 무감각형은 관심의 초점이 되기를 요구하는 반면, 과민형은 관심의 초점이 되는 것을 피한다. 다섯 번째, 무감각형 자기애에서는 송신기만 있고 수신기는 없다고 표현할 수 있을 정도로 자신을 내세워 말하려고만 할 뿐 들으려고 하지 않는다면, 과민형 자기애에서는 심지어 경멸이나 비난의 증거를 찾기 위해서까지 타인의 말에 주의 깊게 귀를 기울인다고 볼 수 있다. 마지막으로 무감각형 자기애를 가진 이들은 타인에 의해 상처를 받았다는 느낌이 유난히 둔감하다고 볼 수 있지만, 과민형 자기애를 가진 이들은 쉽게 상처를 받고 쉽게 수치를 느끼며 모욕감을 느낀다고 할 수 있다.

개버드는 그가 제시하고 있는 두 유형의 자기애성 성격장애의 특성들에 대한 이러한 구분을 통하여 DSM-5-TR의 진단기준들이 자기애성 성격장애의 연속선상의 한 부분인 드러난 무감각형 자기애만을 자기애성 장애라고 제시하고 다른 한쪽 부분인 과민형 자기애가 드러내는 자기애성 장애의 양상은 가려내지 못하고 있음을 지적하고 있다. 즉, DSM의 정신장애 분류는 장애의 원인이 아니라 증상의 기술적 특징에 근거해서 이루어졌기 때문에 외형적이고 표면적으로 나타나는 증상에 의해 장애를 구분하며 분류한다. 따라서 자기애라는 장애의 같은 원인을 가지고 있다 하더라도 드러난 혹은 무감각형 자기애성 성격의 특성들은 그것들이 표면적으로 뚜렷하게 분별될 만큼 드러나는 증상들을 외형적으로 보이고 있지만, 은밀한 혹은 과민형 자기애성 성격의 특성들은 쉽게 눈에 띄지 않고 때때로 다른 성격장애들의 특성과 부분적으로 혼동될 만큼 표면적으로 자기애성 성격이라고 진단하고 평가하기가 어렵기 때문에 DSM에서는 드러난, 무감각형 자기애만이 자기애성 성격장애로서 진단적으로 분류되어 있다고 볼 수 있는 것이다.

사실 은밀한, 과민형 자기애성 성격의 특성들은 다른 성격장애들의 특성들, 특히 회피성 성격장애의 특성들[13]과 부분적으로 중첩되고 있다고 느껴지며, 만일 과민형 자기애성 성격장애의 특성들이 DSM-5-TR에서 진단적으로 분류된다면 가장 유사하다고 볼 수 있는 부분이 회피성 성격장애에 제시된 진단적 특성들의 일부가 아닐까라는 생각을 하게 된다. 이러한 나의 생각을 반영하고 있는 켈리 디킨슨(Kelly A. Dickinson)과 아론 핀커스(Aaron L. Pincus)의 연구[14]는 자기애성 성격에 대한 윙크와 개버드의 구분을 토대로 두 가지 유형의 자기애성 성격을 과대적(grandiose) 자기애와 취약한(vulnerable) 자기애로 구분하고, 은밀한 과민형 자기애, 즉 취약한 자기애와 회피성 성격장애의 특성들의 유사성을 들어 자기애성 성격장애의 진단적 딜레마를 지적하였다. 즉, 자기애성 장애의 이러한 두 유형을 인지하지 않음으로써 취약한 유형의 자기애는 진단적으로 확인되지 않은 자기애성 병리가 될 위험이 있거나 또는 회피성 성격장애 같은 다른 성격장애로 잘못 진단될 수 있는 문제가 있다는 것이다.

가령, 회피성 성격장애의 특성들에 있어서 회피성 성격장애를 가진 이들은 무엇보다도 타인과 가까운 관계로 발전되는 것에 대하여 부끄럽고 두려워하며, 대인관계 안에서 모욕을 받거나 거절당하거나 당황하게 될까 봐 두려워서 관계를 피한다. 취약한 자기애 역시 유사한 특성을 가지는데, 취약한 자기애성 성격을 가진 이들도 중요한 대인관계에서 불안함을 나타내며 관계를 회피한다. 그러나 디킨슨과 핀커스가 주목하기를, 회피성 성격장애를 가진 이들의 전형적인 회피가 사회관계에서 '타인'으로부터 자신이 거절당할 것 같거나 사회적으로 '타인'에게 자신이 부적절한 영향을 미칠 것 같은 두려움에서 오는 반면, 취약한 자기애성 성격을 가진 이들이 보여 주는 관계 회피는 타인들의 기대에 못 미치는 것 때문에 얻게 되는 실망과 수치로부터 '자신'을 보호하기 위한 것이라고 강조한다. 즉, 이들에게 두려움은 회피성 인물들처럼 단지 '타인'들이 자신들을 좋아해 주는지 아닌지, 자신들을 받아들여 줄지, 아닐지만의 문제가 아니라, '자신'들이 칭찬을 받지 못할까 봐 두려운 것이며, 나아가 그럴 경우 그 실망과 수치를 참지 못하고 '자신'들이 엄청난 상처와 분노까지 경험할까 봐 두려운 것이다.

그렇다면 결국 자기애성 성격장애의 진단적 딜레마를 해결하기 위해서는 두 형태의 자기애의 구분을 인정하고, 진단기준으로 아직 기술되고 있지 않은 은밀한, 과민형 혹은 취약한 자기애를 회피성 성격장애와 같은 다른 성격장애로부터 구분할 수 있는 기준을 세우는 것이다. 가령, 취약한 자기애를 회피성 성격장애로부터 구분하는 기준을 세우기 위해서는 두 장애에 유사하게 나타나는 회피의 밑바닥에 각각 그 회피를 불러일으키는 어떤 욕구와 두려움이 잠재해 있는가를 확인하는 일이 필요할 것이다. 그것은 궁극적으로 취약한 자기애성 성격의 원인을 규명하는 일이 되는데, 이는 분명 드러난, 무감각형 혹은 과대적 자기애성 성격과 그 병리적 원인을 공유한다는 것을 전제로 하고 있다. 따라서 취약한 자기애성 성격장애에 대한 진단적 기준을 세우는 일은, 결국 두 형태의 자기애가 공유하고 있는 자기애성 성격장애의 원인을 확인하고, 병리적 자기애로 인한 고통과 수치를 방어하거나 자존감을 유지하고 조절하는 시도와 방법이 그 두 형태의 자기애성 성격에서 어떻게 다른 양상으로 나타나는가를 구분하는 일이다.

3) 코헛의 자기애성 성격장애

코헛의 자기심리학 이론의 틀 안에서 자기애성 성격장애를 유발하는 자기병리의 원인은 자기의 발달 과정에서 특히 유아기에 자기애가 충분히 발달될 기회를 잃어버린 탓에 건강한 이중축의 자기구조를 구축할 수 없었던 발달의 결핍 때문이다. 이로 인해 생긴 자기의 결함은 유아기의 과대적 자기와 이상화된 부모원상의 자기애적 욕구에 충분한 사랑과 공감으로 적절하게 응답해 줘야 할 거울 자기대상과 이상화 자기대상의 기능의 외상적 결핍에서 기인한다. 그렇다면 자기애성 성격장애에서 겉으로 드러나는 증상들은 모두 자기구조의 결핍으로 인한 자기의 결함에서 비롯되어 나타나게 된 것이라 할 수 있다. 즉, 발달 과정에서 채우지 못한 자기구조의 결핍으로 인한 자기의 자기애적 상처를 보호하기 위해 양쪽 극단(드러난 자기애와 은밀한 자기애)의 방어적 증상들로 자기의 성격을 드러내게 된다고 할 수 있다.

이러한 양상은 자기애성 성격장애에서 나타나는 방어기제에 대한 코헛의 임상적 관찰에 잘 나타나 있다. 앞서 논의되었듯이, 코헛에 의하면 과대적 자기가 건강한 발달에 방해를 받아 그 자기애적 욕구가 좌절되면, 부정과 억압이라는 방어기제에 의해 야기되는 정신의 두 가지의 분리를 통해서 과대적 자기는 현실적 자기와 통합되지 않은 채 남아 있게 된다. 첫 번째의 분리는 부정의 방어기제인데, 즉 수직적 분리(vertical split)를 통해 이루어지고, 두 번째 분리는 수평적 분리(horizontal split)로서 억압의 방어기제다.[15]

이렇게 볼 때 자기애성 성격장애의 DSM-5-TR의 진단기준을 포함하여 앞서 논의되었던 두 가지 유형으로 나타나는 자기애성 성격장애의 양상들은 손상된 자기애로 하여 가지게 된 고통과 수치심으로부터 자존감을 유지하고 자기의 결함을 메우고 회복하기 위해 자기를 방어하고 보호하려는 필사적인 노력인 것이다. 그것이 한쪽 극단에서는 부정의 방어기제로 하여, 외향적으로 과시적인 행동을 하거나 잘난 척하며 자기가 항상 타인으로부터의 칭찬과 관심의 중심에 있어야 하는 과대적 양상으로 나타나고, 또 한쪽 극단에서는 억압의 방어기제를 통해서 자신이 없고 우울하며 소심하고 불안한 과민형 양상으로 나타나게 되는 것이다.

코헛은 이처럼 양극단으로 드러나는 자기애의 증상들을 정신의 두 가지 분리를 통한 자기의 부정과 억압의 방어구조 안에서 분석함으로써 자기애성 성격장애의 두 유형에 대한 인식과 그 공통된 자기병리의 원인을 확인하고 있다. 그러나 코헛은 수평적 분리로 인한 억압의 방어를 통해서 겉으로 드러나는 증상들은 수직적 분리로 인해 드러나는 과대적이고 과시적 양상보다 훨씬 눈에 잘 띄지 않으며 종종 확인하기가 어려워서 간과되기 쉽다는 것을 지적하고 있다. 즉, 코헛 역시 드러난 자기애의 방어적 양상보다 은밀한 자기애의 방어적 양상이 더 알아보기 어렵다는 것을 강조한다. 그럼에도 불구하고 코헛은 관찰과 분석을 통해서 드러난 자기애의 과시적 방어 증상들을 전혀 발견할 수 없는 경우조차도 은밀한 자기애가 대부분의 자기애성 성격장애 안에 자리 잡고 있다는 것을 밝히고 있다.[16]

코헛의 이러한 임상적 연구는 은밀한 자기애가 그 성격의 밑바닥에 깊이 억압되어 자리 잡고 있어서 자기의 결함은 비교적 조용하게 잘 드러나지 않는 형태로 나타나게 되지만 자기애성 성격장애 안에 항상 현존하는 형태임을 말해 준다. 따라서 드러난 자기애의 형태보다 더 확인하기 어렵다고 해서 자기애성 성격장애에서 간과될 수는 없다는 것을 보여 주고 있다. 이러한 의미에서 특별히 코헛은 드러나지 않는 은밀한, 과민형 자기애의 양상들의 관찰과 분석에 상대적으로 더 많은 주의와 관심을 기울였다고 볼 수 있다. 코헛이 울프와 함께 서술한 자기병리의 몇 가지 임상적 증후들에 대한 고찰은 이러한 드러나지 않는 자기애성 성격의 세밀한 분석을 잘 보여 주고 있다.[17]

그 증후들로서 충분히 자극되지 못한 자기(understimulated self)는 어린 시절에 충분히 반영받는 자기대상 경험이 지속적으로 꾸준히 이루어지지 않은 경우에 생긴다. 이들은 살아 있는 생동감이 부족하고 권태를 느낀다. 자극을 추구하기 위해서 이들은 자기의 몸을 흔들거나 자해함으로써 죽어 있는 것 같은 공허한 느낌을 없애려 하거나 때로는 복잡한 성생활, 도박 혹은 중독과 같은 행위들을 통해서 자기를 자극하려 한다. 그러나 반대로 너무 과도하게 자극된 자기(overstimulated self)는 어린 시절 자기대상으로부터 공감적이지 않은 지나친 반응을 받았거나 혹은 시기적절한 반응을 받지 못한 자기다. 이들은 비현실적인 환상으로 하여 고통스러운 긴장과 불안을 나타내며, 자신들의 성공에 대한 두려움 때문에 창조적이고 생산적인 일을 회피한다.

또한 조각난 자기(fragmenting self)는 어린 시절 자기대상으로부터의 심각한 공감적 반응의 전체적인 결핍으로 인하여 자기감에 대한 통합이 잘 이루어지지 않은 자기다. 이들에게서는 흐트러진 옷차림과 자세, 초조함과 불안, 신체 건강염려증 등이 나타나고, 이들 스스로 자기가 산산조각이 나는 것으로 느끼거나 자기연속성 혹은 자기응집성의 상실을 경험한다. 이와는 대조적으로 과도하게 부담을 진 자기(overburdened self)는 어린 시절 전능한 자기대상과 융합할 기회 자체도 가지지 못한 자기다. 그래서 스스로 자기를 달래 주거나 자기를 진정시킬 수 있는 능력을 전혀 얻지 못한 자기다. 이들은 자신들의 감정이나 불안을 잘 나타내지도 못하며 세상을 적대적이거나 위험한 것으로 경험한다.

이처럼 코헛이 분석한 자기병리의 증후들은 대부분 드러난 자기애의 양상과는 전체적으로 거리가 있어 보인다. 이러한 증후들은 사실 얼핏 관찰하여서는 겉으로 뚜렷하게 드러나지도 않으며, 또 드러난다고 하더라도 일반적으로 DSM-5-TR에 준하여 구별되고 있는 자기애성 성격장애로 판별되기도 쉽지 않다. 그럼에도 불구하고 코헛이 제시하고 있는 수직적 분열과 수평적 분열의 방어적 양상들에 의거해 볼 때, 이러한 증후들로 인해 나타나는 자기애성 성격의 증상과 원인을 확인할 수 있게 된다.

결함이 있는 비극적 자기의 돌봄

코헛은 자기의 병리를 논하면서 자기애적 결함을 가지게 되는 인간의 속성에 대해서 서술하고 있는데, 그것은 바로 인간이 가지는 관계적 삶 가운데서 그 관계로부터 자기가 추구하는 자기의 건강한 구축에 실패한 비극적 인간(tragic man)을 말한다. 코헛이 볼 때 프로이트의 고전적인 심리학적 관점에서 묘사될 수 있는 인간은 쾌락의 원칙에 따라 쾌락을 추구하는 욕동을 만족시키려 하지만 환경적인 압력과 특히 내적 갈등으로 해서 그렇게 할 수

없는 죄책감에 짓눌린 인간(guilty man)이다.[18]

프로이트의 정신병리의 원인은 과거에 해결하지 못한 심리내적 갈등으로 인하여 죄책감에 시달리는 것에서 온다. 그러나 코헛의 자기심리학은 쾌락의 원칙을 넘어서서 인간에게는 주체적으로 창조적이고 성공적인 삶을 살 수 있는 응집력 있는 자기구조가 존재한다는 것을 전제하고 있다. 코헛이 말하는 자기의 병리는 그러한 자기구조를 추구함에도 불구하고 자기대상과의 관계적 실패로부터 결함이 있는 자기존재를 어쩔 수 없이 경험하게 되고 또 그러한 고갈된 자기(depleted self)를 채우고 회복시키려는 비극적 인간의 분투를 표현하고 있다.[19]

이러한 비극적 자기(tragic self)를 위한 돌봄의 열쇠가 되는 것은 코헛의 자기심리학에서 거듭 강조하다시피 바로 치료자 혹은 돌보는 이의 공감적인 자기대상의 기능이다. 이는 자기애적 상처를 가진 이들의 과대적 자기를 공감적으로 이해하고 인정해 주며 지지해 주는 돌보는 자의 거울 자기대상의 기능과 그들이 이상화하려는 대상으로서 그들에게 충분히 융합할 수 있는 기회를 주는 돌보는 자의 이상화 자기대상의 기능의 중요성을 반영하고 있다. 이러한 자기대상 기능들은 자기의 관계적 삶의 실패로부터 그 회복을 가져다 준다. 따라서 돌보는 이는 자기애적 상처를 가진 이들과의 공감적인 관계적 삶을 통해서 그들의 손상된 자기가 회복되어 다시 건강한 자기구조를 구축하는 데에 절대적으로 필요한 그들의 자기대상이 되어 줄 수 있어야 하는 것이다.

이러한 충분한 자기대상의 역할들을 제공하기 위해서는 무엇보다도 공감적 수용과 이해가 먼저 선행되어야 한다. 즉, 앞서 살펴보았듯이 드러난 자기애뿐만이 아니라 겉으로 잘 드러나지 않는 은밀한 자기애의 모습들까지 포괄하는 자기애성 성격의 양상들에 대한 세심한 주의와 이해가 우선적으로 필요하다. 소심하고 우울하며 자신의 주장을 잘 펴지도 못하고 상처받을 것 같은 관계는 미리 회피하는 이러한 은밀한 자기애성 성격을 가진 이들을 잘 알아보고 이해할 수 있는 보다 전문적인 임상적 지평이 요구되는 것이다. 물론 은밀한 자기애는 전문적 지식이 없으면 표면적으로 잘 구별되기도 쉽지 않고 심지어는 매우 과묵하며 겸손하고 배려 있는 사람으로 비치기 쉽다. 게다가 다른 성격장애에서도 은밀한 자기애의 특성들이 발견될 수 있으므로 이들을 위한 돌봄의 지침을 구체적으로 정하기에는 어려움이 따른다. 그럼에도 불구하고 우선 양극단으로 나타나는 자기애의 범위에 대한 인식 자체를 넓힘으로써 드러난 자기애의 양상들뿐만이 아니라 그 다른 한쪽 극단에 있는 잘 드러나지 않는 자기애의 양상들도 돌봄과 치유의 대상이 된다는 것을 인식해야 할 필요가 있다.

또한 그 양극단으로 나타나는 자기애성 성격의 양상들이 과대적-과시적 성향이든 아니면 소심하고 회피하는 성향이든 간에, 나타나고 있는 양극단의 양상들 그 자체가 결핍된 자기구조로 인해 자기애적 상처를 보호하고 메우려는 방어적 성격들의 표현이라는 점을 기억해야 한다. 가령, 자기애성 성격에서 드러나는 지나친 자기중심적 태도와 과도하게 표현되는 자신의 과대성과 과시성은 실제 자신의 텅 빈 공허감과 무력감, 그리고 낮은 자존감을 채우기 위해서, 다시 말하면 결핍으로 인한 자기의 결함을 메우기 위해서 방어적으로 나타나는 표현들인 것이다. 만일 돌보는 이들이 의식하게 되는 자기애성 성격을 가진 이들의 표면적인 양상들 그 자체만을 보고 단지 부정적으로 인식하거나 심지어는 비난하고 부인한다든지, 그래서 즉각적으로 그것들을 섣부르게 해석하고 교정하려 한다면, 이는 자기애적 상처를 가진 이들에게 또 다른 자기애적 상처를 주는 것이 되고 말 위험이 있다. 따라서 이들을 돌보는 것에 있어서 중요하게 관심해야 하는 것은 그 방어적 표현들 자체에 대한 피상적 관찰과 이해가 아니라, 그것들이 그렇게 방어적으로 나타나게 될 수밖에 없게 되는 그들이 가지는 자기애적 상처의 원인이다.

코헛에게 있어서 자기애적 상처는 유아기의 미숙하고 어린 자기가 부모 혹은 양육자로부터 따뜻한 공감과 사랑(공감적인 자기대상 기능)을 지속적이고도 충분히 받지 못함으로 인한 것이다. 그러한 발달적 결핍은 약하고 깨지기 쉬운 결함이 있는 자기로 귀결된다. 이렇게 볼 때, 우리가 흔히 일반적으로 알고 있는 '자기애'의 자기도취적이거나 심지어는 배타적이고 이기적인 성향들로 보이는 양상들은 사실은 지나친 자기사랑이 아닌 심각한 자기의 결함으로 인하여 방어적으로 표현되는 태도들이라고 이해될 수 있다. 그러므로 이제껏 논의되었던 코헛의 자기심리학은 재조정된 자기애의 개념과 자기애성 성격장애에서의 자기결핍에 대한 병인의 함축을 통해서, 자기만을 드러내며 자기의 유익만을 위하는 것으로 보이는 인간의 이기성이나 자기중심성이 아닌, 결함 있는 자기의 심리적 장애와 싸우는 인간의 비극적 속성을 새롭게 드러내 준다.

일반적으로 정상 성격이라고 하는 것과 성격장애라고 할 수 있는 것을 정확하게 구분해 내기란 쉽지 않은 것처럼, 실제로 건강한 자기애와 병리적 자기애를 진단적으로 구분하는 것 역시 쉬운 일은 아니다. 성격이란 일반적으로 사람들이 가지는 비교적 지속적으로 일관되게 나타나는 특징적인 태도나 행동 패턴이라고 할 수 있는데, 그렇다면 성격장애란 이러한 성격의 패턴이 편향적으로 경직되고 융통성이 결여되어 자신이나 타인에게 많은 불편을 주며 가정생활이나 사회생활에 지장을 초래하는 상태라고 할 수 있다.[20] 이러한 구분에도 불구하고 다른 정신장애들과는 달리 성격장애는 정상 성격으로부터 그것을 구분하는 정확한 경계선을 찾을 수는 없는데, 이는 정상 성격과 성격장애가 어떤 하나의 연속선상에 놓여 있다고 보기 때문이다.[21] 따라서 이와 유사하게 정상적 자기애와 병리적 자기애 역시 하나의 연속선상에서 이해하는 것이 가능하다. 즉, 스스로를 사랑하며 자신을 가치 있는 존재로 존중하고 자신의 권리를 잘 지키는 건강한 자기애의 양상들과, 이러한 양상들이 비현실적 과대성으로 나타나는 병리적 자기애는 서로 정확한 경계 없이 연속선상에서 공존하고 있다.

그러나 이렇게 하나의 연속선상에서 이해되는 자기애의 어떤 양상들이 병리적으로 구분되는 극단적인 형태를 띤다 하더라도, 자기애는 원래 인간이 가지는 보편적이고 건강한 속성이라는 코헛의 견해는 여기에 겉으로 나타나는 병리적 자기애의 양상들 그 자체가 문제가 아니라 이러한 양상들로 나타나는 자기애적 상처로부터 공감적 관계를 통해 다시금 건강한 자기애를 회복시킬 수 있다는 희망을 가지게 한다. 이런 의미에서 공감적인 자기대상의 기능과 역할을 상호적으로 담당함으로써 자기애적 상처를 가진 이들, 즉 결함이 있는 자기를 가진 이들을 포함하여 더 넓게는 일상생활에서 만나는 자기의 상처들을 서로 이해하고 돌보는 것이 우리의 삶 속에서 필요해진다. 이는 돌보는 이의 공감과 사랑을 통한 자기대상 역할로 인해서 다시금 튼튼한 자기구조를 형성하도록 도울 수 있다는 돌봄의 소망을 갖게 해 준다.

주(註)

1 Heinz Kohut, "The Psychoanalytic Treatment of Narcissistic Personality Disorders: Outline of a Systematic Approach (1968)," in *The Search for the Self*, vol. 1, ed. P. Ornstein (Madison: International Universities Press, 1978), 478.

2 Heinz Kohut, *The Analysis of the Self* (Madison: International Universities Press, 1971), 28.

3 *Ibid.*, 144.

4 *Ibid.*, 176-186.

5 *Ibid.*, 45-49.

6 코헛이 나중에 추가하게 된 쌍둥이 자기대상의 기능을 포함하게 될 때 코헛이 말하는 자기발달의 보상구조에 의거해서 정확히 말하면 자기의 병리는 세 가지 자기대상의 기능들 중에서 적어도 두 가지 기능들의 외상적 실패로 인해서 자기구조의 세 영역 중 적어도 두 가지 영역의 발달이 잘 이뤄지지 않은 것에서 비롯된다고 할 수 있다. Heinz Kohut, *How Does Analysis Cure?* ed. Arnold Goldberg (Chicago: The University of Chicago Press, 1984), 205.

7 Heinz Kohut, *The Restoration of the Self* (Madison: International Universities Press, 1977), 191-193.

8 American Psychiatric Association, 『DSM-5-TR, 정신질환의 진단 및 통계 편람』 제5판 수정판, 권준수 외 옮김 (서울: 학지사, 2023), 805-851.

9 *Ibid.*, 835.

10 Paul Wink, "Two Faces of Narcissism," *Journal of Personality and Social Psychology* 61, no. 4 (1991): 590-597.

11 권석만, 한수정, 『자기애성 성격장애』(서울: 학지사, 2000), 53.

12 Glen O. Gabbard, *Psychodynamic Psychiatry in Clinical Practice*, Fourth Edition (Washington, DC: American Psychiatric Publishing, Inc., 2005), 486-488.

13 DSM-5-TR에서 제시하고 있는 회피성 성격장애의 진단기준에 의하면, 회피성 성격장애는 사회적 관계에서의 억제나 부적절감, 그리고 부정적 평가에 대한 과민성 등이 성인 초기에 시작되어 다양한 상황에서 다음 중 네 가지 이상으로 나타나는 것을 말한다: 1. 비난, 거부, 혹은 거절에 대한 두려움 때문에 중요한 대인관계를 필요로 하는 직업 활동을 피하게 된다. 2. 자신을 좋아하는 사람이라고 확신이 들지 않으면 관계를 맺으려 하지 않는다. 3. 수치를 당하거나 놀림을 당하게 되는 것이 두려

워 친밀한 관계에서조차 자신을 억제한다. 4. 사회적인 상황에서 비난당하거나 거절당한다는 생각에 사로잡혀 있다. 5. 자신이 부적절하다고 느끼기 때문에 새로운 대인관계에서 소극적이다. 6. 자신을 사회적으로 부적절하고 개인적으로 매력이 없으며 타인보다 열등하다고 생각한다. 7. 당황해 하는 것을 들키게 될까 봐 개인적인 위험을 감수한다거나 어떤 새로운 활동도 시작하는 것을 매우 꺼린다. (American Psychiatric Association, 『DSM-5-TR, 정신질환의 진단 및 통계 편람』, 840.)

14 Kelly A. Dickinson and Aaron L. Pincus, "Interpersonal Analysis of Grandiose and Vulnerable Narcissism," *Journal of Personality Disorders* 17, no. 3 (2003): 188-207.

15 Kohut, *The Analysis of the Self*, 176-178.

16 *Ibid.*, 240-241.

17 Heinz Kohut and Ernest S. Wolf, "The Disorders of the Self and Their Treatment: An Outline(1978)," in *The Search for the Self*, vol. 3, ed. P. Ornstein (Madison: International Universities Press, 1990), 370-375.

18 Kohut, *The Restoration of the Self*, 132-133.

19 *Ibid.*, 243.

20 American Psychiatric Association, 『DSM-5-TR, 정신질환의 진단 및 통계 편람』, 807.

21 권석만, 한수정, 『자기애성 성격장애』, 64.

6

수치심

자기의식적 감정

인간이 가지는 보편적 감정으로서의 수치심(shame)은 그 정서적 성격과 경험을 규명하는 것에 있어서 다양한 심리학적 연구의 주제가 되어 왔다. 특별히 수치심을 자기에 대한 내성(introspection)과 관련한 정서로서 다른 정서들과는 뚜렷이 구별되는 자기의식적(self-conscious) 감정으로 규명하는 경향의 정신분석적 연구들이 진행되었다. 마이클 루이스(Michael Lewis)는 수치심을 자기 전체에 대한 자기의 평가와 관련한 감정이라고 보고 있다.[1] 즉, 수치심이 일어날 때 자기에 의한 자기의 평가는 수치심을 유발하게 된 자기의 행동뿐만이 아니라 자기 자신의 정체성과 자기존재감 전체에까지 미치게 되는 것으로 총체적 자기(total self)에 초점을 두게 된다. 이러한 관점으로 볼 때 수치심은 자기 전체에 관심하는 특성을 지니는 감정으로서 자기 자체의 결함들을 자각하는 총체적 자기의 인식을 반영한다. 이처럼 자기의식과 관련한 감정으로서 수치심을 보는 경향은 헬렌 린드(Helen M. Lynd)[2]와 헬렌 루이스(Helen B. Lewis)[3]의 연구에 역시 잘 나타나 있다.

수치심을 자기의 심리적 경험에 초점을 두고 있는 연구는 특별히 코헛의 자기심리학 안에 잘 드러나 있는데, 그는 자기의 심리학을 정립함으로써 수치심이 자기에게 미치는 영향을 자기의 자기애적 발달 구조 안에서 강조하였다. 코헛의 이론에서 수치심은 응집적 자기의 건강한 발달을 위해 충족되어야 할 자기애적 욕구와 관련한 총체적 자기구조에 중요한 자리를 차지한다. 즉, 코헛에게 있어서 수치심의 경험은 자기가 자기대상과 맺고 있는 관계의 역동성에 달려 있으며 이러한 역동성은 생애 전체를 통해서 총체적 자기의 발달에 중요한 영향을 미친다. 자기와 관련된 심리내적 경험에 초점을 맞추는 수치심에 대한 코헛의 연구는 무엇보다도 자기의 상처를 반영하고 있는 수치심의 보다 근원적인 자기-자기대상 관계의 심리 역동적 이해를 제공하고 있다는 점에서 수치심 경험에 대한 심리학적 이해에 그 유용성을 더하여 주고 있다.

수치심의 심리적 경험을 총체적 자기와 관련한 감정으로 논의하는 것에 있어서는, 먼저 게르하르트 피어스(Gerhart Piers)와 밀튼 싱어(Milton B. Singer)의 수치심에 대한 초기의 연구로 거슬러 올라가 볼 필요가 있다. 그들의 연구에서 피어스는 수치심을 죄책감(guilt)과 대비하여 개념화했는데, 그는 수치심과 죄책감이 각각의 다른 심리내적 패턴과 경험으로 구분됨에도 불구하고 종종 서로 교차되어 일컬어지는 것을 지적하고 이 둘을 분명하게 구분할 수 있는 정의를 제안했다. 피어스는 죄책감을 자아(ego)와 초자아(superego) 사이의 내적인 긴장에서 생기는 것으로 자신이 어떤 규범을 어기는 행위로 인해 양심으로부터 생기는 처벌에 대한 두려움에 대한 반응이라 하고 있다. 반면에 수치심은 자아와 자아이상(ego ideal) 사이에서 생기는 내적인 긴장의 결과로서, 자신이 자아이상에 다다를 수 없는 자신의 실패감 혹은 부적절함으로부터 비롯된다. 이는 바로 자기의 결함에 대한 반응이며 따

라서 그러한 결함이 있는 자기가 거절당하거나 버림받을 것에 대한 두려움이 내재화되어 있다.[4]

린트는 피어스가 개념화한 수치심에 대하여 그 개념적 정의를 더 발전시켰다. 린트 역시 수치심과 죄책감의 개념적 구분을 강조하고 특별히 수치심의 연구가 대체적으로 죄책감의 하위 연구로 진행되어 왔음을 지적하면서 수치심의 구분된 개념적 정의의 필요성을 강조했다. 린트는 수치심의 경험에 총체적 자기를 관련시키고 이러한 경험을 자기정체감을 이해하는 중요한 요소로서 제시했는데, 즉 자기인식(self-awareness)을 자기정체성과 관련하여 수치심의 경험에 중심적인 것으로 보고 있다.[5]

이러한 린트의 연구에 영향을 받은 루이스는 수치심과 죄책감의 구분을 '자기 대 행동(self vs. behavior)'의 관점에서 명시하고 있다.[6] 즉, 수치심은 자기에 관한 것이며 죄책감은 자기의 행동과 관련된다. 수치심과 죄책감은 둘 다 부정적인 자기평가와 관련한 감정들이지만, 수치심에서는 '자기'가 부정적 평가의 중심적인 대상인 반면 죄책감에서는 부정적 평가의 대상이 자기가 아니라 자기가 했거나 하지 않았던 '행동'인 것이다. 가령, 수치심의 경험은 "나는 나 자신(myself)에 대해서 수치를 느낀다"는 것이고, 죄책감의 경험은 "나는 내가 행한 어떤 것(something)에 죄책감을 가지고 있다"는 것이다. 따라서 수치심은 죄책감보다 더 직접적으로 자기와 관련된 것이며 부정적인 자기평가와 관련한 자기의식을 고조시키게 되는 감정인 것이다.[7]

린트는 또한 수치심을 자기의 개인적이고 불안정한 측면들이 드러나는(exposure) 경험이라고 본다. 이러한 드러남은 타인들에게 드러나는 경험일 수도 있지만 타인들이 관련되었든 아니든 간에 그것은 언제나 자기 자신의 눈에 드러나게 되는 경험을 말한다.[8] 이와 같은 관점은 앤드루 모리슨

(Andrew P. Morrison)의 수치심에 대한 견해에서도 나타나는데, 그는 수치심을 자기 자신의 눈을 통해서 보게 되는 자기에 대해 가지는 혐오스러운 느낌이라고 본다.[9] 물론 자기를 바라보는 자신의 이러한 시각은 자신에 대한 타인들의 평가를 자신이 어떻게 생각하고 있는가에 따라 결정된다고 할 수도 있겠지만, 그러나 어쨌든 이러한 수치심의 경험은 결국 자기 자신의 눈을 통해서 드러난 자기를 바라다보는 경험이며 이 드러남의 경험은 자기 자신에 대한 평가를 통해서 예기치 않게 경험된다. 이처럼 수치심은 전체 자기에 대한 핵심적 경험이며, 그 자기는 수치심 안에서 다름 아닌 자신의 눈에 드러나게 되는 것이다.

수치심은 그렇게 총체적 자기에 영향을 미치기 때문에 쉽사리 없어지거나 제거되지 않는다. 죄책감은 전체 자기로부터 떼어낼 수 있는 자기의 한 부분, 즉 자기의 특정한 행동과 연관되므로 자기로부터 그 행동만 분리해 내거나 또한 그 행동에 대하여 속죄함으로써 죄책감을 해결할 수도 있을 것이다. 그러나 수치심은 린트가 기술하고 있듯이 전체 자기의 정체성과 관련된 감정이므로 거기에 무엇을 더하거나 빼 버림으로써 수정할 수도 없고 지워 버릴 수도 없으며, 또 어떤 보상을 통해서 해결할 수도 없게 되는 것이다.[10]

자기대상에 대한 굶주림

코헛은 자기의식적 감정으로서의 수치심을 자기의 발달 구조를 통해서 설명하고 있는데 바로 코헛의 이론과 사상의 중심을 이루는 자기의 구조적 개념은 자기의 자기애적 발달을 통해 제시된다. 즉, 자기심리학은 자기를 이루는 자기애적 욕구의 건강한 발달을 통하여 응집력 있는 자기구조

(self structure)가 구축된다는 것을 강조하고 그 구조들을 세우기 위해서 반드시 필요한 자기대상(selfobject)과의 공감적 관계의 중요성을 부각시켰다. 따라서 코헛은 그러한 자기애적 자기의 발달 구조를 바탕으로 수치심을 자기애적 욕구가 잘 충족되지 못했을 때 경험하는 것으로, 자기대상의 공감적 기능의 실패로부터 기인한다고 보고 있다. 특별히 코헛은 과대적 자기에 대한 인정과 지지가 결핍되었을 때 결과하는 자기의 고통스러운 경험으로서의 수치심에 주목한다.[11] 즉, 과대적 자기는 자기의 과대적이고 과시적 욕구를 반영해 줄 수 있는 자기대상을 필요로 하는데, 자기대상이 그 자기애적 욕구에 공감적으로 반응하지 못할 때 과대적 자기의 욕구는 해결되지 못하여 자기 구조의 결핍이 생기며, 결과적으로 자기의 결함이라는 자기애로부터의 상처를 통해서 수치심이 경험될 수 있다는 것이다.

코헛이 관심을 두었던 자기애성 성격장애의 임상적 분석에 의하면 자기구조의 결핍으로 인한 자기의 결함은 자기애적 상처를 반영하는 성격적 특성으로 나타나는데, 코헛과 울프는 이를 일상생활에서 흔히 발견될 수 있는 특정한 자기애적 욕구에 굶주린 성격들로 표현하고 있다.[12] 즉, 거울 자기대상으로부터 반영을 잘 받지 못한 사람들은 반영에 굶주린 성격(mirror-hungry personalities)으로 나타나는데, 이들은 자신들을 지지하고 인정해 주는 거울 반응을 해 줌으로써 자신들의 고갈된 자기를 채워 줄 자기대상을 갈망한다. 이들은 그래서 자신들을 과시하게 되고 타인의 주목을 받으려고 하지만, 이는 결국 자신들에게 내면의 무가치감과 자존감의 결여를 느끼게 하는 자기의 결함을 애써 덮으려는 방어적 노력인 것이다.

이상에 굶주린 성격(ideal-hungry personalities)을 가진 이들은 이상화 자기대상 욕구가 잘 충족되지 못한 사람들이라 할 수 있다. 이들은 자신들이 이상화할 수 있는 자기대상과 관계를 맺고 있을 때에만 자신들이 가치가 있다고 경험하기 때문에 특권, 권력, 아름다움, 지성, 혹은 도덕 수준에서 이상화할 수 있는 자기대상을 갈구한다. 그러나 자신의 결함으로부터 오는 내적 공허함은 이러한 대상들로 쉽게 채워지지 않기 때문에 결과적으로 또다시 이상화 자기대상을 찾아 끊임없이 헤매게 된다.

또한 쌍둥이 자기대상의 경험이 충분히 채워지지 않은 이들에게는 외모나 의견 또는 가치관 등이 자신들과 같다고 경험되는 자기대상과의 관계를 필요로 하는 제2자아 성격(alter-ego-personalities)이 나타날 수 있다. 이들은 이러한 관계를 통해서 자기의 존재와 현실을 확인하는 것이다. 그러나 역시 이러한 쌍둥이 자기대상 관계를 통해서도 그들이 가지는 내적 공허함이 영원히 채워지지는 않는다. 즉, 앞서 제시된 반영과 이상에 굶주린 성격들을 포함하여 이 모두의 자기애성 성격들이 끊임없이 찾아 바꾸게 되는 대상들로도 자기애적 상처로 인한 자기의 결함을 메울 수는 없기 때문이다.

이러한 자기애성 성격의 특성들 모두에 있어서 각각의 자기애적 상처로 인해 대표적으로 나타나게 되는 반응 중의 하나는 바로 수치심이다. 코헛은 자기애적 장애로부터 나타나게 되는 두 가지 증상으로 특별히 수치심과 자기애적 격노(narcissistic rage)를 들고 있다.[13] 그는 수치심을 자기애적 장애에 있어서 매우 중심적인 정서라 보고 자기애적 격노와 함께 자기애적 상처에 대한 가장 강한 반응으로 보고 있다.

자기결함의 결과

그런데 코헛이 수치심을 주로 과대적 자기가 인정과 지지를 잘 받지 못했을 때 결과적으로 나타나는 반응이라고 보고 있는 데 비하여 그는 자기의 이상화된 부모원상의 발달 측면에서는 굳이 특정하게 수치심을 언급하지는 않았다. 그럼에도 불구하고 사실상 코헛은 수치심에 관한 그의 초기 논문에서 수치심과 자아이상의 관계를 논했으며 자아가 자기애적 요구에 대해 적절한 조절을 하지 못했을 때 수치심이 일어난다고 보았다.[14] 그러나 이후 그의 연구에서 코헛은 자아이상이라는 개념을 포기하였고 수치심을 자아이상의 실패가 아닌 자기대상의 실패로 인한 자기의 결함과 관련시켰다. 이는 아마도 코헛이 우선적으로 관심했던 과제가 자기의 심리적 기능의 이해와 회복이기 때문이었을 것으로 보인다. 따라서 코헛이 자신의 수치심 이론에서 이상적 자기(ideal self)와 관련하여 이상화된 부모원상의 발달적 결핍에 관해서 특정하게 언급하지 않았다 하더라도 수치심에 대한 코헛의 초점은 자기와 이상화 자기대상 간의 관계에 있어서 역시 자기대상 기능에 대한 자기의 내적 경험의 결핍을 전제하고 있는 것이다.

코헛이 말하는 자기애의 두 형태는 유아가 생애 초기에 가졌고 경험했던 완전하고 행복한 상태를 유지하고 회복하고자 하는 욕구에서 비롯된다. 그 첫 번째가 과대적 자기를 통해서 자기의 완벽함과 위대함이 지지받기를 필요로 하는 것이고, 두 번째가 부모의 원상을 이상화함으로서 자기의 완벽함과 위대함을 완벽한 대상에게 부여하여 융합하는 것을 통해 자기의 완벽함을 회복하려하는 것이다. 수치심이 자기애의 본래적 상태로의 회복을 위한 자기애적 욕구가 거절되거나 반영되지 못함에서 비롯되는 자기애적 상처, 즉 자기의 결함에 대한 주체적인 자기감(sense of the self)에서 나오는 것이라면, 과대적 자기의 욕구뿐만이 아니라 이상화 욕구에 대한 실패의 경험에서도 수치심이 일어날 수 있게 되는 것이다.

코헛의 수치심 연구와 관련하여 수치심과 자기애에 대해서 역시 관심을 가졌던 모리슨은 이상적 자기의 발달이 수치심 경험에 있어서 매우 중요하다고 보았다. 모리슨은 수치심이 과대적 자기의 필요와 관련한 반응으로만 나타나는 코헛의 도식에 대해서 동의하지 않았고, 수치심이 이상적 자기의 실패와도 역시 연관이 있다고 주목했다.[15] 모리슨의 이러한 주장은 코헛의 발달이론에서 말하고 있는 이중축 자기의 발달의 보상적 구조(compensatory structure)에 의거한다. 코헛에 따르면, 유아의 건강하고 응집력 있는 자기가 발달되는 데에는 두 번의 기회가 주어진다고 하고 있다. 즉, 만일 자기구조를 이루고 있는 한 축의 자기의 발달에 지장을 받아서 그 축의 자기가 성공적으로 발달되지 않으면, 나머지 다른 한 축의 발달을 강화함으로써 먼저 축에서 자기의 약함과 결함을 보상하려는 시도가 일어난다는 것이다.[16]

자기의 회복을 위한 코헛의 이러한 이론적 틀 안에서 첫 번째 발달의 기회는 대체로 아이의 과시적-과대적 자기를 공감적으로 반영해 주는 (일반적으로 엄마의) 거울 자기대상 기능으로 먼저 나타난다. 그다음 두 번째 기회는 아이의 이상화를 허용해 주고 기꺼이 그것과 융합하는 (일반적으로 아빠의) 이상화 자기대상 기능으로 나중에 발달된다.[17] 첫 번째 만나는 발달 과정에서 과대적 자기가 거울 자기대상의 공감적 실패로 인해서 잘 발달되지 않으면 이번에는 이상화 자기대상의 공감적 반응에 의해서 과대적 자기의 실패를 잘 견딜 수 있는 발달의 형태와 구조가 제공될 수 있다. 즉, 간단히 말해서 엄마(부/모 혹은 일차적 돌봄을 제공하는 대상)의 자기대상 기능이 유아의 응집력 있는 핵자기를 구축하게 하는 것이 실패했다면, 이제는 아빠(부/모 혹은 일차적 돌봄을 제공하는 또 다른 대상)가 대신 그 일을 성공적으로 해낼 수도 있다는 말이다. 자기발달의 보상적 구조는 이렇게 해서 이루어지며, 결국 자기

발달의 실패는 두 가지 자기대상 모두의 공감적 실패를 통해서 두 번의 발달 기회 모두를 잃었을 때 결과하는 것이다.

이러한 맥락에서 수치심은 자기실패에 대한 두 번째 반응으로서 자기발달의 보상구조의 실패에서 기인한다고 모리슨은 주장한다.[18] 코헛의 도식대로 첫 번째 과대적 자기의 실패가 두 번째 이상적 자기를 발달시킴으로써 보상된다면 이상적 자기의 추구를 통해서 과대적 자기의 실패로 인하여 가지게 된 자기의 결함이 향상될 수 있는 것이다. 따라서 수치심은 자기의 보상구조 안에서 두 번째의 이상화 자기의 실패로 결과하게 되며 이는 첫 번째와 두 번째의 자기대상 모두의 실패로 인한 자기대상 욕구를 내포하고 있다. 이런 의미에서 모리슨은 수치심이 이상적 목표를 이루는데 실패한 것에 대한 반응, 즉 이상적 자기에서의 결함에 대한 반응이라고 보고 있는 것이다.[19]

그러나 코헛의 보상구조 안에서 그 두 번의 발달 경험이 반드시 순차적이고 연속적으로 이루어진다는 것을 전제하고 있지는 않다는 점으로 미루어 볼 때, 코헛의 경우처럼 수치심을 과대적 자기에 관련해서만 이해할 수는 없다고 해서 모리슨의 논의에서처럼 수치심이 반드시 이상화 자기의 실패에서 나온다고 단정 짓기도 어렵다. 따라서 내가 보기에 수치심은 거울 자기대상과 이상화 자기대상 각각이거나 혹은 둘 다의 공감적 실패와 관련하며 결과적으로 과대적 자기와 이상화 자기 각각 혹은 둘 다의 실패 역시 자기결함을 수치심 안에서 경험하게 한다고 볼 수 있다.

덧붙여 코헛의 보상구조를 통한 수치심의 논의에 있어서 우리는 코헛이 처음 개념화했던 이중축 자기발달의 보상적 구조 안에 놓여 있는 두 축의 자기의 개념의 확장에 대하여 다시 고찰해 볼 필요가 있다. 코헛은 처음에는 자기구조를 이루는 두 축을 중심으로 (이 두 축 사이를 연결하는 중간 영역과 함께) 이중축의 자기를 제시했으나, 이후에 쌍둥이 자기대상의 개념을 추가함으로써 자기를 이루는 보다 구체적인 세 영역(반영된 포부, 이상화된 목표, 타인들과의 같다는 소속감)들로 자기의 구축을 설명하고 있다. 코헛이 나중에 추가하게 된 쌍둥이 자기대상의 기능을 포함하게 될 때 코헛이 말하는 자기발달의 보상구조에 의거해서 정확히 말하면, 응집적 자기를 구축하는 데에는 사실상 세 번의 기회가 있는 것이라고 볼 수 있다. 즉, 자기를 이루는 어떤 한 영역의 발달에 일차적 결핍이 생기게 되면, 그것은 자기를 구성하는 다른 두 영역 중 어느 하나를 강화하여 발달시킴으로써 그 결핍을 보상할 수 있게 되는 것이다.

이렇게 볼 때 자기애적 장애는 세 가지 자기대상의 기능 중에서 적어도 두 가지 기능의 외상적 실패로 인해서 자기구조의 세 영역 중 적어도 두 영역의 발달이 잘 이루어지지 않은 것에서 비롯된다고 할 수 있다.[20] 즉, 과대적 자기의 영역에서의 발달적 결핍은 이상화 자기대상 혹은 쌍둥이 자기대상의 기능을 통해서 보상될 수 있고 또한 이상화된 부모원상의 발달적 결핍은 거울 자기대상이나 쌍둥이 자기대상의 기능을 통해서 역시 보상될 수 있는 것이다. 따라서 수치심과 관련하여 코헛이 주로 관심한 과대적 자기의 발달적 결핍과 모리슨이 초점을 둔 이상적 자기의 실패를 넘어서서, 수치심 안에서 경험되는 자기구조의 결핍으로 인한 자기의 결함은 충족되지 못한 자기의 거울 자기대상 욕구, 이상화 자기대상 욕구, 쌍둥이 자기대상 욕구 모두와 관련이 있게 된다.

수치심은 첫째, 자신을 알아 주고 이해해 주고 인정받기를 바라는 과대적 자기의 자기애적 욕구의 좌절로 인한 자기애적 상처에서 온다. 거울 자기대상으로 기능하는 부모가 자신이 대단하고 완벽하다고 느끼는 유아의 과대성과 과시성을 거울처럼 공감적으로 반영해 주고 지지해 주지 못하게 되면, 유아는 자신의 욕구에 대한 좌절과 실패를 통해 표현되지 못한 과대적 자기에게 몰두하는 과도한 자기의식에 비현실적으로 사로잡히게 되어 낮은 자존감과 함께 수치심이 경험되는 것이다.[21]

둘째로 수치심은 대상을 이상화함으로써 안심하고 보호받고 싶은 이상화 자기대상의 욕구가 잘 충족되지 못했을 때 비롯되는 자기애적 상처로부터 생길 수 있다. 유아는 자신이 흠모하고 이상화하는 부모의 전능함과 자신을 동일시하는 경험을 통해서 자기의 완전함을 경험하고 싶어 하는데 부모가 그러한 이상화 자기대상의 공감적 역할로 잘 기능해 주지 못할 때, 유아는 자신의 이상과 가치의 기준이 되는 대상으로부터의 좌절과 소외를 경험함으로써 스스로 자기의 긴장을 조절하지 못하고 안정시킬 수 없는 자신의 무력감 안에서 자존감은 상실되고 수치심을 가지게 되는 것이다.[22]

셋째로 수치심은 또한 자신을 지지하고 이해해 주는 대상과 본질적으로 유사하다는 느낌을 통해 자신을 확인하고 싶어 하는 유아의 쌍둥이 자기애적 욕구가 거부되고 무시되어 자기애적 상처로 고통당하게 될 때 경험될 수 있다. 유아가 부모를 자기와 닮아 있거나 자기와 일치시키려는 대상으로 경험하기 원하는 욕구를 부모가 쌍둥이 자기대상의 기능을 통해서 공감적으로 허용해 주고 채워 주지 못하면 유아는 자기의 안도감이나 소속감 혹은 참여감을 얻지 못하게 되고 이로 인해 가지는 불안감과 자신의 부적절함은 수치심으로 남게 된다.[23] 이처럼 각각의 자기애적 상처를 가진 이들은 수치심에 있어서 특별히 취약한데, 이는 바로 수치심이 자기애적 자기의 심리내적 결함으로부터 경험되기 때문이다. 이러한 수치심의 경험은 응집력 있는 자기의 발달을 방해하고 건강한 자존감의 형성에 부정적인 영향을 미치게 되는 것이다.

수치심의 방어적 현상들

수치심은 약하고 깨어지기 쉬운 자기 자신의 무가치함과 부적절함의 표현이며 주로 낮은 자존감이나 우울감 등으로 나타나지만, 수치심은 또한 그러한 무가치함과 부적절함에 대한 자기 자신의 수치스러운 느낌을 피하거나 줄이기 위해서 흔히 다른 행동의 현상들을 통해서 드러나기도 한다. 즉, 수치심의 방어로 나타나는 현상들에 대하여는 거셴 카우프만[24]과 존 브래드쇼(Gershen Kaufman& John Bradshaw)의 연구[25]에서 구체적으로 언급되고 있는데, 그중에서 대표적인 것들을 꼽는다면 격노(rage), 완벽주의(perfectionism), 교만(arrogance), 경멸(contempt), 권력과 통제를 추구하는 것(striving for power and control), 비판과 책망(criticism and blame), 타인을 기쁘게 하거나 타인에게 친절을 베풀기(people-pleasing and being nice) 등을 들 수 있다. 즉, 이런 행동들은 자신의 수치심을 가리기 위해 타인에게 자신을 과시하거나 자신을 좀 더 잘 보이려 하며 또한 타인에게 자신의 수치심을 전가시키려는 것이라 볼 수 있다.

이는 모두 자기가 자신의 수치감을 직면하는 고통을 피하기 위해서 그리고 자신이 느끼는 수치심을 조금이라도 줄여 보고자 하는 수치심에 대한 방어 전략들이다. 다시 말해서, 이는 수치심을 느끼는 것 안에서 가지는 자기의 결함을 보호하고 보상하려는 것에서 비롯된 현상들인 것이다. 즉, 겉으로 드러나는 방어적 행동들 안에는 수치심이 숨겨져 있는 것이고 그로 인해서 수치스러운 자기로부터 소외된 자기의 상처가 깊이 가려져 있는 것이다.

따라서 수치심을 자기의 결함이라는 측면으로부터 이해하는 것은 자기의 결함을 메우기 위해 나타나는 수치심의 방어적 표현들에 역시 관심을 기울여야 하는 것이 된다. 결국, 수치심을 돌보는 것에 있어서는 특별한 이유 없는 적대적인 태도, 타인을 무시하고 통제하려는 태도, 타인들을 비난하며 타인에게 책임을 돌리는 행동, 혹은 무조건 타인들의 비위를 맞추고 잘해 주려는 현상들 속에 혹시라도 숨어 있을 수치심, 즉 가려진 자기애적 상처들을 들여다볼 수 있는 이해의 지평이 요구되는 것이다.

수치심의 돌봄

그렇다면 결국 수치심의 돌봄은 자기애적 결함이 있는 자기의 상처를 돌보는 것이 되며 이러한 돌봄은 공감적인 자기대상의 기능에 달려 있다. 즉, 수치심의 돌봄을 위해서 무엇보다도 중요한 것은 공감적이고 믿을 만한 자기-자기대상 관계 안에서 자기대상이 되어 주는 일이다. 그러나 공감적인 이해와 반영을 통해서 수치심의 상처를 수용할 수 있으려면 먼저 수치심으로 드러나는 자기애적 상처를 가슴 깊이 이해하는 일이다. 즉, 다시 말하면 수치심을 자기구조의 결핍으로 인한 자기의 결함에서 비롯된다는 관점에서 이해하려는 노력이 중요한 것이다. 이러한 이해가 선행될 때 수치심 안의 자기애적 상처를 감추고 결핍된 자기의 구조를 메우려는 노력으로 나타나는 수치심의 방어적 현상을 이해할 수 있게 된다.

수치심으로 고통받는 이들이 가진 자기의 상처에 대한 깊은 이해와 함께 이들에게 경험되는 돌보는 이의 자기대상 기능은 약하고 깨어지기 쉬운 자기를 가진 그들에게 자기구조를 다시금 튼튼하게 세울 수 있는 기회를 제공할 수 있게 된다. 자기대상으로 기능하는 돌보는 이의 공감적 역할을 통해 그들은 이전에 결핍된 어느 영역의 자기의 구조를 회복할 수 있으며, 따라서 수치심 안에서 결함으로 가졌던 자기의 상처들이 치유되고 온전한 자기를 다시 새롭게 구축할 수 있게 되는 것이다. 그 결과 그들은 수치심에서 벗어나 새롭게 구축된 자기를 견고하게 유지하기 위해서 일상을 살아가면서 자기대상을 자유롭게 선택할 수 있고 건강하게 사용할 수 있는 능력을 가질 수 있게 된다.

그런데 돌봄이란 언제나 그것을 필요로 하는 매우 구체적 현장에서 이루어진다는 점을 감안할 때 한국의 사회문화적 상황에서 기능할 수 있는 자기대상 역할에 대하여 보다 구체적으로 생각해 볼 필요가 있게 된다. 그렇다면 특별히 한국인의 자기가 경험하는 수치심의 독특한 문화적 요소들 역시 배제할 수가 없다. 한국인은 타인들의 의견이나 사회적 가치와 이상 또는 공유된 목표에 특히 민감하다. 그것은 한국인에게 주체로서의 자기됨은 자기 그 자체의 자율적이고 독립적인 자기의 주도성으로 이루어지는 것이 아니라 자기를 둘러싸고 있는 관계와 위치 안에서 객체적으로 인식되기 때문이다.

따라서 한국인의 수치심은 대개 사회적 기준과 이상에 따라서 타인이 자신을 어떻게 생각할 것인지에 기준하여 자기 자신에게 가지는 부정적 평가에서 비롯되는 경우가 많다. 그래서 한국인들에게 수치심은 아주 친근한 가까운 관계 안에서 중요한 역할을 하는데, 왜냐하면 가깝게 관계를 맺는 사람들 사이에서 가지는 의무와 책임에 대한 자기의 실패에서 수치심이 생길 수 있기 때문이며, 그 결과 그 관계들로부터 배제당할 위협을 느끼기 때문이다. 이러한 수치심 경험은 특별히 한국의 '체면' 구조에서 잘 나타나고 있는데, 즉 체면을 잃는다는 것은 수치심 경험의 본질적인 것이 된다.[26] 이는 곧 자신의 자기애적 자기가 잘 반영되기를 바라는 욕구가 타인들의 눈을 통한 객관적 현실에서 잘 받아들여지지 않는 모순을 수치심 안에서 경험하는 것과 같다. 따라서 수치심을 느끼지 않기 위해서는 체면을 유지하거나 지키는 것이 한국인에게는 중요한 것이 되고 타인들이 자기에 대해서 어떻게 생각하는지 또 어떻게 자기가 타인들의 관심과 기대에 부응할지가 중요한 관심이 된다. 결국, 체면 안에서 자기를 다양한 상황에 잘 맞추고 사회적 화합을 위해서 자기의 의견을 공적으로 일치하게 하려는 경향을 가지는 것은 수치심을 피하는 하나의 방어적 방법인 것이다.

이렇게 볼 때 한국 문화에서 나타나는 체면유지의 현상이 사실상 수치심으로부터 자기를 보호하려는 방어적 노력일 수 있다는 공감적 이해는 한국인의 자기가 필요로 하는 자기대상 기능의 문화적 요청이기도 하다. 그러므로 수치심의 돌봄과 치유를 위해서는 한국문화 안에서의 보다 구체적인 자기대상의 공감적 기능과 자기대상 환경(selfobject milieu)이 한국 사회 안에서 한국인들이 맺는 건강한 관계들을 통하여 잘 형성되도록 요구되는 것이다.

주(註)

1 Michael Lewis, *Shame: The Exposed Self* (New York: The Free Press, 1992), 71.

2 Helen M. Lynd, *On Shame and the Search for Identity* (New York: Harcourt, Brace and World, Inc., 1958).

3 Helen B. Lewis, *Shame and Guilt in Neurosis* (New York: International Universities Press, 1971).

4 Gerhart Piers and Milton B. Singer, *Shame and Guilt: A Psychoanalytic and a Cultural Study* (Springfield: Charles C. Thomas, 1953; Reprint, New York: W. W. Norton, 1971), 15-16, 23-24, 97.

5 Lynd, *On Shame and the Search for Identity*, 19-20.

6 이러한 린트의 자기 대 행동의 관점은 준 탱니와 론다 디어링(June Tangney & Ronda Dearing)의 수치심과 죄책감의 경험적 연구를 통해서 보다 구체적으로 발전되었다. June P. Tangney and R. L. Dearing, *Shame and Guilt* (New York: The Guilford Press, 2002).

7 Lewis, *Shame and Guilt in Neurosis*, 30.

8 Lynd, *On Shame and the Search for Identity*, 27-28.

9 Andrew P. Morrison, *The Culture of Shame* (Northvale: Jason Aronson Inc., 1998), 13.

10 Lynd, *On Shame and the Search for Identity*, 50.

11 Heinz Kohut, "Thought on Narcissism and Narcissistic Rage (1972)," in *The Search for the Self*, vol. 2, ed. P. Ornstein (Madison: International Universities Press, 1978), 656.

12 Heinz Kohut and Ernest S. Wolf, "The Disorders of the Self and Their Treatment: An Outline(1978)," in *The Search for the Self*, vol. 3, ed. P. Ornstein (Madison: International Universities Press, 1990), 421-422.

13 Kohut, "Thought on Narcissism and Narcissistic Rage (1972)," 637.

14 Heinz Kohut, "Forms and Transformations of Narcissism (1966)," in *The Search for the Self*, vol. 1, ed. P. Ornstein (Madison: International Universities Press, 1978), 441.

15 Andrew P. Morrison, "Shame, Ideal Self, and Narcissism," in *Essential Papers*

on Narcissism, ed. Andrew P. Morrison (New York: New York University Press, 1986), 348-371; *Shame: The Underside of Narcissism* (Hillsdale: Analytic Press, 1989).

16 Heinz Kohut, *The Restoration of the Self* (Madison: International Universities Press, 1977), 185-186.

17 *Ibid.*, 179, 186.

18 Morrison, "Shame, Ideal Self, and Narcissism," 364.

19 Morrison, *Shame: The Underside of Narcissism*, 36.

20 Heinz Kohut, *How Does Analysis Cure?* ed. Arnold Goldberg (Chicago: The University of Chicago Press, 1984), 205.

21 Heinz Kohut, *The Analysis of the Self* (Madison: International Universities Press, 1971), 144.

22 코헛은 남자친구와의 집착적인 관계 속에 있었던 한 여학생의 사례 안에서 남자친구에 대한 의존과 추구를 통해 끊임없이 이상화 자기대상을 갈망하는 자기애적 상처의 결과를 자존감의 결여와 수치심으로 기술하고 있다. Heinz Kohut, "Addictive Need for an Admiring Other in Regulation of Self-Esteem," in *The Kohut Seminars on Self Psychology and Psychotherapy with Adolescents and Young Adults*, ed. Miriam Elson (New York: W. W. Norton & Company, 1987), 113-132.

23 Kohut, *How Does Analysis Cure?* 195-200.

24 Gershen Kaufman, *Shame: The Power of Caring*, Revised ed. (Cambridge: Schenkman Publishing Company, Inc., 1985), 71-87.

25 John Bradshaw, *Healing the Shame that Binds You* (Deerfield Beach: Health Communications, Inc., 1988), 88-95.

26 최상진, 김기범, "체면의 심리적 구조,"『한국심리학회지: 사회 및 성격』14(2000): 185-202.

제3부

나 그리고 자기아픔

Illustration by Jina Chang

SELF PSYCHOLOGY OF HEINZ KOHUT

7

자기애적 격노

참을 수 없는, 풀리지 않는 화

우리는 화(anger)를 낸다. 하라는 공부는 안 하고 TV만 보거나 컴퓨터 게임만 하는 자녀들 때문에 부모는 화가 나고, 아이들은 자신들이 원하는 것은 해 주지도 않으면서 자신들이 느끼기에 별것도 아닌 것을 가지고 소리를 높이고 매를 드는 부모 때문에 화가 난다. 하기야 혼을 내고 매를 드는 부모에게도 화가 나는 것은 매한가지다. 새벽부터 밤늦게까지 일해서 비싼 사교육비를 지불하고 자나 깨나 자식 걱정에 가슴 졸이는데도 불구하고 결국에는 참다 참다 매까지 들게 만든 자녀들에게 부모는 화가 치민다. 아내가 끓인 찌개가 너무 짜서 화가 나고, 상여금의 일부를 의논도 하지 않고 써 버린 남편 때문에 아내는 화가 난다. 회사 상사의 굴욕적인 처우에 화가 나고, 친구가 오해해서 화가 나고, 나와 생각이 다른 동료와의 다툼으로 화가 난다. 매표소 앞에 길게 늘어선 줄 사이로 새치기하는 얄미운 사람 때문에 화가 나고, 믿었던 애인에게 배반당해서 화가 나고, 그리고 새 옷에 흙탕물을 튀기고 가 버린 운전 기사 때문에 화가 난다.

우리는 이처럼 화가 나고 화를 낸다. 때때로 혹은 지나치게 자주 화를

낼 때도 있지만 여하튼 언제나 우리가 화를 내는 것에는 대부분 화를 내는 이유가 있다. 그 이유가 엄청난 것이든 아니면 사소한 것이든 자신은 화를 '낼 만하기에' 화가 나는 것이다. 화는 사전적 정의에 의하면 몹시 못마땅하거나 언짢아서 나는 성냄으로써 어떤 불만이나 불평에 대한 감정적인 반응이다. 즉, 화를 낸다는 것은 무엇인가 못마땅하고 마음을 언짢게 만든 어떤 이유들 때문에 그것에 대한 불만이나 불평이 성내는 것을 통해 감정적인 표현으로 드러나는 것이다. 따라서 화를 내는 것은 그 빈도와 정도의 차이에 따라 다르겠지만 아무튼 화가 나는 당사자에게는 '정당'한 것이며 그 당위성은 자신을 화나게 만든 어떤 외부적 요인의 부당성에 근거한다. 물론 화가 나게 하는 외적 요인의 부당성에 대한 당사자의 판단이 정당한지 정당하지 않은지는 가려져야 한다 하더라도, 그것은 대부분 그 외적 요인이 자신에게 부당하다는 판단을 근거로 이미 화가 나 버린 연후의 일이 된다.

그러나 이러한 이유들로 인한 화는 그 이유들이 당사자에 의해서든 아니면 외부로부터든 어쨌든 해결되어서 지나가거나 소멸되면 대개는 누그러지거나 풀리게 된다. 그것은 화가 나게 한 상대로부터 사과를 받았거나 상대의 명백한 잘못이 교정되었기 때문일 수도 있고, 상대의 부당함에 대한 당사자 자신의 오류가 발견되었기 때문일 수도 있으며, 혹은 상대의 부당함을 당사자가 그저 잊어버림으로 지나가거나 용서했기 때문일 수도 있다. 물론 화가 풀릴 때까지 걸리는 기간과 정도의 차이는 역시 있을 것이지만 말이다.

요컨대, 우리가 화가 났다거나 혹은 화를 낸다고 할 때 일반적으로 그 화는 애초에 화가 났던 그 고조된 감정의 상태로부터는 (최소한 어느 정도의 차이를 감안해도) 소위 풀린다는 것을 전제하고 있다. 그러므로 화를 낸다는 것은 본래의 자신에게 고유한 정당성을 지키려는 방어적 감정으로서 화가 나는 외적 이유들이나 화를 내는 정도와 빈도가 너무 지나치지만 않는다면 화가 나는 감정을 표출한다는 것은 사실 그 자체로 건강하고 자연스러운 것이다. 그러나 만일 어떤 상대 때문에 혹은 어느 상황 때문에 생긴 화가 시간이 지나도 풀리지 않고 끊임없이 지속된다면 어떻게 될까. 아니 실은 풀렸다고 생각했는데 어떤 다른 화가 나는 상황에서 지금 화가 나게 된 사건이나 이유와는 관계없이 이전에 화가 났던 일련의 것들을 자신도 모르게 참을 수 없이 모조리 한꺼번에 쏟아 내게 된다면 이는 대체 어떻게 된 일일까.

어느 드라마에 등장한 엄마와 아들의 이야기이다. 사춘기에 접어든 아들은 늦게 들어왔다고 혼을 내는 엄마에 대한 반항심으로 자기 방문을 쾅 닫고 들어가 버렸고, 엄마는 그러한 무례한 아들의 행동에 대하여 화를 내었다. 거칠게 닫힌 아들의 방 바깥에서 아들의 무례함에 대하여 혼을 내다가 이번에는 방문 안으로 엄마가 들어섰다. 그렇게 엄마에게 대들고 반항하는 애가 무슨 공부를 하겠냐며, 커서 뭐가 되겠냐며 다그쳤다. 그냥 좀 엄마의 잔소리가 지나친 것 같아 듣기가 싫어서 그랬다며 아들은 일단 잘못했다고 엄마에게 사과를 했다. 그리고 이제 그렇게 하지 않을 테니 그만 방에서 좀 나가 달라고 했다. 그러나 엄마의 화는 누그러지지 않았다. 남편 복 없는 사람은 자식 복도 없다고, 너도 네 아빠랑 똑같은 사람이라고 아들을 비난하기 시작했다. 시집와서 이날 이때까지 자식 하나 보고 살아왔는데 결국은 내가 자식에게도 무시당하는 이런 꼴을 보자고 참고 산 것이냐며 정말로 죽고 싶다면서 엄마는 종내 방바닥에 주저앉아 대성통곡을 하기 시작했다. 이 엄마의 이런 엄청난 화를 부른 정말 이유는 무엇이었을까.

또한 이런 경우는 어떤가. 가령, 길거리에서 마주치게 된 친구가 자신을 본체만체도 안 하고 지나가는 것을 보았고 그래서 무슨 일일까 싶어 그 친구에게 전화를 했는데 받지도 않았다. 기분이 너무 나쁘고 화가 나서 나중에 그 친구에게 물어보았더니, 그 친구는 그때 정말로 다른 데 정신이 팔려 자신을 보지 못하였고 전화기는 깜빡 잊고 집에 두고 나왔다고 한다. 그렇다면 그 친구의 해명을 통해서 오해는 풀리게 된 것이며, 이제 자신이 화가 났었던 원인은 해결된 셈이다. 그럼에도 불구하고 자신은 그 친구가 자기를 무시해서 일부러 피했다는 생각을 지금까지 지울 수 없으며, 생각해 보면 함께 식사를 할 때나 쇼핑을 할 때도 은근슬쩍 자기를 폄하하고 모욕하는 말투나 태도가 있었다는 확신이 드는 것이다. 그것만 생각하면 마음속 저편부터 밀려오는 분노를 참을 수 없다. 그래서 그 친구를 볼 때마다 화가 나며 어떻게 해서라도 그 친구에게 복수하고 싶은 마음뿐이다. 그/그녀 자신에게 그 친구에 대한 또 다른 오해가 생겨 불거진 것일까.

우리에게 어쩌면 그리 생소하지는 않을 이러한 예들에서 보이는 것은 아마도 화가 나는 외적 요인의 범위를 넘어선 어떤 분노, 즉 달리 어떻게 처리되지 않는 참을 수 없는 화, 상황에 맞지 않는 혹은 지나치게 억제되었던 공격성의 감춰진 표출, 그래도 없어지지 않는 마음속 깊은 곳의 뜨거운 분노다. 그것은 지극히 사소하거나 임의적인 외부 요인에 의해서 촉발되고 그로부터 걷잡을 수 없이 터져 나오게 된 것이다. 이는 아주 오래전 내가 기억할 수 없는 내 마음속 가장 깊숙한 곳에 자리하고 있는 나의 상처 때문은 아닐까 싶다. 도무지 삭혀지지 않았던 그 알 수 없는 아픔에 대한 분노, 그것은 아마도 그 아픔을 가진 나에게 화를 내고 있는, 상처받고 나약한 나 자신의 가장 힘센 표현이 아닐까.

상처받은 자기의 격노

자기의 상처에 대한 반응으로서의 분노는 코헛의 자기심리학에서 자기애적 격노(narcissistic rage)로 설명된다. 코헛은 자기의 장애와 관련하여 자기애적 상처로 인해 대표적으로 나타나게 되는 두 가지 반응으로 앞서 논의된 수치심(shame)과 더불어 특별히 자기애적 격노를 들고 있다.[1] 코헛에 의하면 자기애적 성격을 가진 사람들은 대체로 수치심을 경험하게 되는 경향이 있는데, 이는 수치심이 주로 과대적 자기의 자기애적 욕구에 대한 공감적인 지지와 인정의 결핍에서 비롯되기 때문이다. 즉, 과대적 자기의 과대적이고 과시적인 욕구를 반영해 줘야 할 자기대상의 공감적 기능의 실패로부터 자기애적 상처가 생기고, 그로 인해 결과하는 자기구조의 결핍으로 인한 자기의 결함이 수치심으로 경험되는 것이다.[2]

수치심은 어떤 상황에서 스스로 자신을 정말 형편없고 부적절하며 가치 없게 느끼는 되는 자기의 결함에 대한 인식에서 비롯되는데, 이러한 자기 결함에 대한 인식은 그처럼 보잘것없는 자신이 거절당하거나 무시당할 것에 대한 공포를 수반한다. 그래서 자기애적 상처를 가지고 있는 이들은 자기의 상처에 대한 그 고통스러운 실패의 현실을 지워 버리기 위해서 종종 분노를 드러내게 된다.[3] 이는 되돌릴 수 없는 자기의 부적절함과 자기의 형편없고 보잘것없음에 대한 격노, 즉 자기의 결함에 대한 격노인데, 이것이 바로 자기애적 격노인 것이다.

코헛에 따르면, 자기애적 격노는 이상화 자기의 위대함, 전능함에 대한 자기애적 욕구가 자기대상으로부터 공감적으로 반영받지 못하여 생기는 자기의 구조적 결핍으로부터 기인한다.[4] 유아의 자기애적 욕구, 즉 자기를 인정해 주는 부모를 이상화함으로써 불안을 줄이고 자기를 확인하려는 유아의 욕구를 부모가 적절하게 잘 반영해 주는 공감적 자기대상으로 기능할 때, 일반적으로 유아가 본래 가지는 건강한 자기주장성(assertiveness)은 성숙하고 균형 있는 자기주장으로 발달한다. 그러나 부모가 유아의 욕구를 최적의 공감적 반응으로 충족시켜 주지 못하게 되면 유아의 자기는 외상적인 자기애적 상처를 입게 되며, 그렇게 되면 본래의 타고난 건강한 자기주장성은 파괴적인 공격성의 형태를 띠는 격노로 나타나게 된다.

코헛은 인간이 가지는 파괴적이고 공격적인 성향이 인간이 본래부터 가지는 일차적인 본능적 요소라는 고전적인 욕동 심리학적 입장에 동의하지 않고 본질적으로 인간의 파괴적인 공격성을 이차적인 심리현상으로 본다. 즉, 유아가 처음에 가지는 자기주장성은 파괴적인 공격성의 표출이 아니라 자기대상이 제공해 주는 공감적인 반응 환경을 확고하게 요구하고 보장받으려는 표현이다. 가령, 엄마가 우유를 준비해 가지고 오는 동안 어느 정도 기다려야 하는 시간을 참지 못해(즉각적인 공감적 반응이 지연되는 것 때문에) 유아가 울음을 터뜨리는 것은 유아가 견딜 만한 좌절을 겪고 있는 것이며, 이는 타고난 인간의 공격성을 드러내는 격노는 아니다. 오히려 그것은 유아의 자기대상에 대하여 완전한 공감적 반응을 요구하는 초보적 자기(rudimentary self)의 순수한 자기주장인 것이다.

이처럼 정상적인 자기주장성으로 드러나는 원초적이고 비파괴적인 유아의 격노는 유아의 욕구가 적절하게 충족되면 곧 진정된다. 그러나 유아의 욕구를 충족시켜 주지 못한 자기대상의 공감적인 실패로 인하여 유아가 자기의 적절한 욕구에 대하여 외상적인 좌절을 반복적이고 지속적으로 경험하게 되면 만성적인(chronic) 자기애적 격노가 자리 잡게 된다. 그렇게 해서 생긴 파괴적인 격노는 어쩌면 평생을 통해서 사소한 일에도 자기가 자기의 상처를 경험하게 될 때마다 발생하게 되는 것이다. 따라서 코헛은 격노로 나타나는 파괴적인 공격성이 인간이 일차적으로 타고난 요소들이 아니라 자기대상의 공감적 실패로 인해서 이차적으로 나타난 반응이라고 강조한다. 이는 바로 즐거운 자기주장성이 깨져 버린 상처입은 자기의 부산물이며, 따라서 자기구조가 붕괴되는 위협에 대하여 자기가 보이는 방어적 반응인 것이다.[5]

이러한 자기애적 격노의 현상은 자기애의 균형이 깨지는 것에서 기인하는 공격성(aggression)의 표출로서, 일반적으로 인간이 가지는 다른 형태의 공격성과는 다르다. 즉, 자기애적 상처로 인해 표출되는 공격성 안에는 자기에게 상처를 준 이들에게 복수하고 싶은 욕구, 그들의 잘못을 바로잡으려는 욕구, 그리고 어떤 수단과 방법을 동원해서라도 상처받은 것을 원상태로 되돌리고자 하는 욕구가 잠재되어 있으며 이는 자기애적 격노의 전형적인 특징들이다. 다른 종류의 공격성에서는 찾아볼 수 없는 이러한 욕구들의 충동은 자기애적 상처를 가진 이들의 내면 깊숙한 곳에 자리한 채 절대로 수그러들지 않고 끊임없이 지속되는 것이다.[6]

따라서 자기애적 상처를 입은 사람이 가지는 격노는 그/그녀가 공격(상처)받았다고 생각하는 가해자(대상)에게 상처를 입히고 철저히 복수하는 것을 통하여 그 대상을 완전히 제거할 때까지는 절대로 없어지지 않는다. 그런데 정말로 없애 버리고 지워 버리고 싶은 대상은 감히 자신과 맞서거나 자신을 반대하며 혹은 자신을 능가함으로써 자신에게 상처를 준 실제의 분리된 대상 그 자체가 아니다. 그/그녀의 격노의 적인 보복의 대상은 바로 자기애적으로 인식된 현실 안에서 바라본 자신의 결함인 것이며, 보복을 통해서 지워 버리고 싶은 욕구는 바로 자신의 상처를 회복하려는 충동인 것이다.[7] 따라서 조금의 공감도 없이 아주 철저하게 완전히 제거될 때까지 상대를 손상시키려는 욕구는 사실은 자신의 상처가 회복될 때까지 끝없이 지속될 수밖에 없는 자기애적 격노의 현상이다.

그러나 일반적으로 성숙한 공격성 안에서 경험되는 격노의 적은 자신과 분리된 타인, 즉 외적 대상이다. 반면, 자기애적 상처로부터 비롯되는 공격성은 그 외적 대상을 향한 공격을 통해서 상처 입은 자기의 결함을 메우려는 욕구의 표출이다. 즉, 자기가 인정받고 반영받기를 바라는 자기애적 욕구가 충족되지 못했을 때마다 경험하게 되는 자기의 고통스러운 상처와 자기가 파괴될 것 같은 위협적인 두려움을 격노로 터뜨리게 된다. 이런 점에서 다른 형태의 공격성과는 구별되는 자기애적 격노는 자신에게 상처를 입힌 대상에 대해 보복하고 그 상처를 보상받기 위해서 비합리적이고 비이성적인 냉담함과 무자비함을 보이기까지 하는 것이다.[8]

이처럼 인간이 가지는 공격성이 자기애적 상처로부터 표출될 때, 그 공격성은 가장 위험하고 가장 끔찍하게 파괴적인 것이 될 수 있다고 코헛은 지적한다. 그는 자신이 든 사례분석을 통하여 공격성이란 것이 마치 종기처럼 고름을 짜낼 수 있는 것도 아니고 남성의 정자처럼 성교를 통하여 배출될 수 있는 것도 아니라고 확신한다. 예컨대, 심한 만성적인 자기애적 격노는 한 개인의 일생 동안 어떤 분출을 통해서도 경감되지 않고 지속될 수 있다는 것이다. 코헛은 이러한 현상을 개인뿐 아니라 집단의 가장 파괴적인 성향들에도 동일하게 적용시키면서 특별히 나치 독일의 아돌프 히틀러와 그 추종자들의 복수심에 불타는 파괴성을 자기애적 격노의 역사적인 실례로 들고 있다.[9]

그들은 자신들이 일으킨 전쟁과 대학살을 왜곡된 다윈주의 안에서 정당화시키고 있지만, 그들의 파괴성은 명백히 자신들의 위대함에 대한 확고한 신념과 전능한 이상적 영웅들에 대한 자신들의 헌신을 반영하는 것으로, 이는 원초적인 자기애적 상처로부터 발로된 집단적 자기애적 격노의 표출로 볼 수 있다.[10] 즉, 집단 안에서 공유되는 과대적 자기와 이상화 자기의 욕구가 그 집단의 위신에 금이 가거나 집단의 가치가 파괴됨으로써 잘 충족되지 못하여 건강한 공동의 포부와 이상으로 잘 발달하지 못하게 되면 집단적인 자기애적 격노가 일어나게 되는 것이다. 예컨대, 이러한 격노는 어떤 집단의 국가적·대외적 명망에 손상을 입었을 때 또는 어떤 집단의 종교적 가치가 깨지게 될 때 집단적인 파괴적 공격성으로 나타날 수 있다.[11] 이는 홀로코스트로 이어질 수 있으며, 더 나아가 아마도 마녀사냥이나 종교 전쟁의 동기가 되기도 하고, 심지어는 세계의 평화까지도 위협할 수 있게 된다.

자기애적 격노의 표현

자기애적 격노는 때로는 부인되기도 한다. 아니 보다 정확히 말하면 부인된다기보다는 격노의 형태가 외부로 분출되지 않아서 부인되는 것처럼 보인다. 자기의 내면 밑바닥 깊은 곳의 상처로부터 드러나는 보복적 격노가 외부 대상에게로 향하지 못할 때 격노는 무의식적으로 억압되기 때문이다. 그러나 그렇게 억압된 격노는 다른 방법과 형태로 드러나기 마련이다. 한기연은 격노에 대한 연구에서 격노의 변형된 형태를 몇 가지 들고 있는데 이는 외부 대상에게 직접적으로 표출되지 않는 자기애적 격노의 예들을 적절하게 설명하도록 해 준다.[12]

격노가 격노의 형태를 띠지 않고 표현되는 첫 번째 예는 격노가 일어나는 상황을 회피하는 것이다. 즉, 격노가 치미는 대상 앞에서 자기의 느낌과 생각을 무시해 버림으로써 상대방의 비위를 맞춰 주는 것이다. 그러나 사실은 자기 내면에 숨어 있는 엄청난 상처가 스스로에게 드러나는 것이 두려워 그저 부적절한 미소나 아무것도 아니라는 표정으로 지나치려 하는 것이다. 이와 유사하게 격노를 적극적인 공격성으로 드러내지 않고 매우 수동적인 공격성으로 드러내는 것도 격노를 표현하는 또 하나의 다른 형태이다. 가령, 상대방 앞에서는 상대방이 원하는 대로 해 주겠다는 태도를 가지면서 결국은 그렇게 하지 않거나 자신이 원래 원하던 것을 하고야 마는 태도는 수동적인 공격성으로 격노를 드러내는 방법이다.

이렇게 표현되는 격노의 다른 형태들은 사실 자기의 상처로 인한 격노의 방어적 반응들이라고도 볼 수 있는데 이러한 격노의 방어적 형태는 격노의 느낌과 감정 자체를 닫아 버리고 차단시켜 버리는 또 다른 격노의 형태에서 가장 잘 나타난다. 자기의 고통스러운 상처에 대하여 반응 자체를 하지 않음으로써 격노로 표출되는 고통을 닫아 버리는 것이다. 예컨대, 어린 시절 성적 학대를 당했거나 엄마로부터 버림을 받았거나 하는 엄청난 고통을 가진 아이가 격노를 통해서 고통을 호소하지 않고 생각보다 고요한 상태로 있게 되는 경우에서 그러한 방어적 격노의 한 형태를 볼 수 있다. 이러한 형태들의 격노 뒤에는 좌절과 우울이 늘 따르게 된다.

이처럼 자기의 상처로 인한 격노가 외부로 표출되지 못할 때 깊은 좌절과 우울 속에서 그 격노는 자기 자신으로 향할 수 있다. 가령, 무엇인가 불편한 정황에서 자기 머리카락을 잡아당기거나 손톱을 물어뜯거나 하는 아이들의 행동은 아이들의 자기애적 격노가 자신들을 향하고 있다는 것을 말해 준다. 이러한 격노는 자기비난으로 표현되기도 하는데, 결국 자기 자신이 격노의 표출의 주체이자 대상이 되고 마는 것이다. 그래서 자기애적 격노는 특별히 그것이 만성적인 자기애적 격노로 나타날 때 자기파괴적인 우울증과 두통이나 고혈압과 같은 신체증상을 동반할 수 있다. 즉, 격노의 초점이 자기 혹은 자기 신체로 향하게 되어 자기의 상처에 대한 격노가 심리신체적(psychosomatic) 질병으로 드러나는 것이다.[13]

가령, 한국 문화에 독특하게 나타나는 화병(火病: hwa-byung)은 미국정신의학회의 DSM-IV-TR 부록에 한국 민속 증후군(Korean folk syndrome)이라는 문화 관련 증후군(culture-bound syndrome)의 하나로 등재되어 있는데, DSM-5에서는 삭제되었다. 울화병(鬱火病: wool-hwa-byung)이라고도 부르는 이 화병은 격노와 관련된 대표적인 심리 신체적 질병이라고 볼 수 있다. DSM-IV-TR에 기술되어 있는 진단에 의하면 화병은 격노 증후군이며 격노를 억제함으로써 발생되는데 그 증상은 불면, 피로, 공황, 임박한 죽음에 대한 두려움, 불쾌감, 소화불량, 식욕부진, 호흡곤란, 빠른 맥박, 전신의 통증 및 윗배에 덩어리가 있는 듯한 느낌 등으로 나타난다.[14]

화병은 깊이 억눌려 있던 분하고 억울한 격노의 감정 때문에 가슴에 무엇인가 덩어리져 뭉쳐 있는 답답함이 뜨겁게 치밀어 오르는 것과도 같은 증상들을 가지며 예기치 않은 상황에서 매우 급작스럽게 격노가 폭발하기도 한다. 이를 자기애적 장애의 관점에서 보면 화병은 만성적인 자기애적 격노의 한 표현이라고 보게 된다. 즉, 자기가 공감적으로 반영받지 못한 상처에 대하여 보복하고 싶은 격노가 사회문화적 억압에 의해 표출되지 못하고 따라서 자기의 상처를 회복하려는 충동이 전면 차단되게 될 때, 결국 이러한 격노는 자기 스스로를 향하게 되어 그것이 구체적인 신체 증상들을 통해서 화병으로 나타나게 되는 것이다.

자해 그리고 자살

이렇듯 자기애적 격노는 조각조각 부서진 듯한 자기감, 그리고 무너질 것 같은 자기구조에 대한 무력감의 표현이다. 이는 자기를 건강하게 구축할 수 있는 자기구조에 생긴 어떤 결핍 때문이며, 그러한 자기구조의 결핍은 자기대상의 공감적 실패에서 비롯된다. 그런데 응집력 있는 자기를 형성하지 못한 자기의 취약성이 매우 심각할 때는 특별히 자기파괴적 충동을 가지게 된다. 즉, 자기가 부서진 자기를 경험하게 되면 더 이상 온전한 자기구조 안에서 유지될 수 없는 그 부서진 자기의 조각들이 이제는 자기에게 견딜 수 없이 고통스러운 괴로움이 되고 그래서 그것들을 제거하거나 없애 버리고 싶어지는 것이다. 다시 말하면, 온전히 자기의 구조를 구축할 수 없었던 자기의 부서진 부분들, 그 고통스러운 자기결함을 없애 버리기 위해서 자기 혹은 자기 신체를 부정하고 거부하게 된다. 이는 궁극적으로 자기파괴적 충동을 일으키게 되는데 그 충동은 자해(self-mutilation)나 자살(suicide)로 이어질 가능성이 커진다.[15]

오래전 연필로 자신의 팔목을 자꾸 찌르는 아홉 살의 아이를 본 적이 있다. 잘 깎여진 뾰쪽한 연필심으로 피가 날 정도로 자신의 팔목을 자꾸 찌르는 것이다. 엄마의 염려 속에서 상처들이 다 아물기도 전에 그 아이는 또 다시 연필심으로 팔목을 찔러 댔다. 나중에 알고 보니 이 아이는 초등학교에 입학했을 때부터 아이들에게 놀림을 받았다. 말투가 어눌하고 하는 행동이 굼떠서 곧잘 아이들의 놀림의 대상이 되었고 부당한 대접을 받아도 울거나 싸우지도 않았다. 결국 '왕따'가 된 그 아이는 옆에 앉은 짝으로부터 구체적으로 지속적인 괴롭힘을 당했는데, 그 아이 옆에 앉은 짝이 시도 때도 없이 그 아이의 팔목을 연필로 찔렀다. 그만하라고 말하거나 손목을 슬그머니 감추기도 했지만, 그 아이는 자신이 받는 공격에 대하여 거세게 항의하거나 엄마나 선생님에게 이르지도 않았다. 나중에 상처가 자꾸 생기는 아이의 팔목을 보고서야 자초지종을 엄마가 알게 된 것이다. 그래서 엄마는 서둘러 아이를 전학시켰다. 전학 간 학교에서 아이는 이제 왕따를 당하지 않게 되었고 연필로 찌르는 폭력도 당하지 않았다.

그런데 어느 날인가부터 이전에 생겼던 같은 상처들이 아이 팔목에 생기기 시작했다. 아무도 그 아이의 팔목에 상처를 내지 않았는데도 말이다. 아이는 스스로 자신의 팔목을 자신의 연필심으로 찌르기 시작했고 이유를 묻거나 달래고 또 혼을 내도 소용이 없었다. 끊이지 않는 아이의 팔목 상처를 보면서 아이에 대한 걱정에 밤잠을 이루지 못했던 그 아이의 엄마는 비혼모였다. 홀로 아이를 키워 내면서 밤낮으로 일을 해야 했고, 게다가 이 엄마에게는 다른 남자가 있었기 때문에 아이는 어린 시절 대부분 다른 사람들에게 맡겨 키워졌다. 아이가 초등학교에 입학하면서 엄마는 아이만을 데리고 잘 돌보면서 함께 살기로 결심했고, 그렇게 살아가려는 와중에서 아이 팔목에 상처들이 생기기 시작하게 된 것이다. 이 작고 여린 아이는 대체 어떻게 해서 스스로에게 상처와 고통을 자진해서 주고 경험하며 감수하는 것을 선택하게 되었을까.

이 아이가 자신의 팔목에 낸 상처를 자기애적 격노의 표현으로서의 자해로 생각해 볼 때, 이는 필경 자신도 기억할 수 없는 그 어떤 상처로 인해 생긴 부서진 자기의 구조적 결함을 없애 보려는 파괴적 충동의 결과로 이해할 수 있다. 텅 비어 버린 자기의 세계에서 느끼는 절망과도 같은 공허감, 그 안에서 누군가 자기의 팔목에 낸 상처들의 고통을 통해서 자기가 살아 있다는 느낌과 위로를 얻게 되며 그 상처들을 누군가가 주지 않게 되자 이제는 스스로 자기가 내는 상처들의 고통과 자신을 동일시함으로써 스스로 살아 있다는 느낌을 얻으려는 것이다. 이는 부서지는 자기의 위협에 대한 방어적 대응이며 부서진 자기의 상처를 회복하려는 투쟁이다.

같은 맥락에서 이러한 파괴적 충동의 가장 극단적인 표출이 바로 자살이며, 이런 의미에서 자살은 온전한 자기구조를 가지고 살아 있는 자기로 살고 싶은 가장 강한 욕구가 자기애적 격노의 형태로 표현된 것이라 할 수 있다. 예컨대, 스스로 귀를 잘라 버린 것에서 그치지 않고 결국은 자신에게 총구를 겨누게 될 수밖에 없었던 고흐(Vincent Van Gogh)의 자해와 자살은 그의 삶과 예술 속에서 그가 가질 수밖에 없었던 자기애적 상처를 회복하려는 욕구가 고스란히 파괴적 격노로 표출된 것이 아닐까 싶다.

대학 입시나 성적의 압력으로 인한 청소년의 죽음, 구조 조정을 당한 가장의 죽음, 사랑하는 사람의 상실을 견디지 못한 죽음, 억울함을 호소하고 정의를 외치는 죽음 등 우리가 알지 못하는 사이에 자살은 너무도 많이 경험된다. 공식적으로 우리에게 알려진 죽음만 해도, 꽤 오래전 4월 즈음에 강원도 부근에서 연이어 일어나던 동반자살들을 비롯하여 때때로 지속되어 오는 연예인들의 자살 또는 유명인들의 자살에 이르기까지 셀 수 없다. 그러나 우리는 그 많은 죽음의 이유와 내막을 사실은 정확히 알지 못한다. 과연 그 가슴 아픈 죽음들을 상황에 따른 비관자살, 자살 사이트를 통해 조장된 충동자살, 인터넷 악플로 인한 스트레스나 우울증, 혹은 베르테르 효과(Werther effect) 등으로 다 설명할 수 있을까.

격노의 공격성으로부터 성숙한 자기애로의 변형을 위하여

코헛은 격노로 나타나는 자기애적 공격성 그 자체를 없애 버릴 필요는 없으며 그것은 오히려 성숙한 자기애의 형태로 변형될 수 있다고 강조한다. 따라서 자기애적 격노의 치유를 위해서는 격노 그 자체를 억제하거나 일으키지 않도록 하는 것이 아니라 그러한 격노가 일어나게 되는 자기애적 모체(matrix)의 점전직인 변형이 필요하다는 것이다.[16] 즉, 자기애적 격노는 자기애적 상처로 인한 것이므로, 격노의 표현이나 현상 그 자체에 주목하기보다는 바로 그 자기애적 격노를 가져오는 자기의 상태에 초점을 두어야 한다는 얘기다. 이는 앞서 지속적으로 논의되어 왔던 자기의 병리적 관점에서 강조해 오던 바, 자기애적 격노의 밑바닥에 깔려 있는 자기애적 상처의 원인에 주목하는 돌보는 이의 공감적 자기대상의 기능이 요청된다는 것이기도 하다.

꽤 오래전에 〈우리 아이가 달라졌어요〉라는 TV 프로그램에서 자꾸만 다른 아이들을 깨물고 밀치고 때리는 공격성을 보이던 아이가 점차적으로 나아지던 과정을 지켜보았던 기억이 있다. 그 아이의 공격적인 행동을 고치기 위해서 아마도 전문가의 여러 가지 방법이 동원되었었던 것 같은데, 그중 기억에 남는 하나는 아이의 키만큼 큰 커다란 고무 풍선 오뚝이 인형이 아이에게 장난감으로 제공되었다는 것이다. 그 인형을 늘 아이 곁에 두고 아이가 화를 내고 짜증을 부리며 소리치고 공격적이 될 때마다 그 인형을 때리고 발로 차고 나쁘다고 하며 놀게 했다. 즉, 격노의 외적대상을 상정해서 장난감처럼 아이에게 만들어 주고 아이의 공격적인 태도와 행동을 그 장난감에게만 풀도록 한 것이다. 부모는 아이가 그 인형에게 화를 풀도록 유도하면서 그렇게 할 때마다 아이를 격려해 주고 칭찬해 주었다. 또한 아이가 부모와의 적극적인 스킨십을 가지도록 하고 몸으로 하는 놀이를 하도록 하여 아빠가 퇴근한 후 저녁마다 이불 위에서 아이와 레슬링 놀이를 하거나 아이 몸 간질이기, 아이를 발 위로 올려 비행기 태우기 등의 놀이를 땀이 나도록 하며 즐기게 했다.

그렇게 시간이 지나면서 아이의 공격적 태도는 점차적으로 눈에 띄게 줄어들었다. 무엇인가 맘에 들지 않을 때면 엄마에게 소리치고 던지고 바닥에 뒹굴며 울던 아이가 엄마가 부드럽게 유도하면 곧 인형 앞으로 가서 모든 분함을 풀었다. 그리고 얼마 후에는 아이가 화를 내는 것을 표현할 때 인형을 굳이 때리지 않고도 곧 안정을 보이기 시작했고 당연히 다른 아이들을 깨물거나 때리는 일도 없어졌다. 이 아이의 공격적 태도가 나아진 이유 중 하나는 아마도 그 아이의 격노의 외적 대상인 인형을 통해서 아이의 격노를 간접적으로 풀게 하였고, 또한 신체적 접촉이나 몸 놀이를 통해서 아이 안에 쌓여 있는 불만과 스트레스를 풀 수 있는 기분 좋은 기회를 충분하게 주었기 때문이라고 볼 수 있을 것이다.

그런데 코헛은 공격성에 대한 이러한 치료적 접근에 대하여 얼마간의 의문을 제기한다. 물론 치료적 효과와 결과는 같을 수 있겠지만 빈민가 청소년들의 공격적이고 파괴적인 성향들의 치료를 예로 들면서 코헛은 그렇게 치료가 될 수 있었던 동기를 조금 다르게 발견하고 있다.[17] 이 아이의 경우를 코헛의 입장에 비추어 보면, 인형에 대한 화풀이와 몸 놀이를 통해서 아이에게 자신의 격노를 방출할 곳을 마련해 주었기 때문에 결과적으로 아이의 공격성이 감소될 수 있었다는 얘기가 아니다. 코헛이 보는 자기애적 공격성은 인간의 일차적인 본능적 요소가 아니라 자기대상의 공감적인 실패로 인해 생긴 이차적 심리현상이기 때문에 그 공격성의 전적인 방출로 인해 자기애적 격노가 줄어든다고는 생각지 않는다.

그보다는 오히려 인형에 분함을 풀어야 하는 아이 자신을 인정해 주고 격려해 주며 그리고 칭찬해 주었던 엄마의 관심과 공감적 반응이 아이의 치료에 중요했던 것이다. 무엇인지 모르게 화가 나서 소리치고 밀치며 뒹굴었던 아이를 엄마는 이제 혼내거나 거절하지 않았으며, 또한 그 아이의 격노에 무관심하지 않고 아이가 내는 격노를 즉각적으로 받아들여 줬으며 반영해 준 것이다. 덧붙여 몸 놀이를 통해서 아빠가 아이를 만져 주고 안아 주며 들어 올려 주었던 경험들은 아이 자신에게 스스로를 안심할 수 있는 자기 확신을 가져다주었다. 즉, 아이의 부모의 공감적인 자기대상 기능들이 아이의 자존감을 높여 주고 상처받은 자기의 결함을 메울 수 있게 하는 치료적 역할을 했던 것이다.

파괴적인 격노를 가진 이들이 건강하고 현실적인 포부와 이상으로 변형된 성숙한 자기애를 가질 수 있도록 도울 수 있는 우선적인 조건은 무엇보다도 그들의 격노에 대한 비난이 아닌 그들의 격노에 대한 공감이다. 궁극적으로 그들의 자기대상에 대한 반영의 욕구에 관심함으로써 격노를 일으키는 그들의 상처를 정당하다고 인정해 주고 받아들여 주는 것이다. 이는 인간이 가지는 건강한 자기주장성을 되찾을 수 있도록 돕게 되는 것이며, 결과적으로 성숙한 자기애로의 변형으로 인도하는 길이 된다.

주(註)

1 Heinz Kohut, "Thought on Narcissism and Narcissistic Rage (1972)," in *The Search for the Self*, vol. 2, ed. P. Ornstein (Madison: International Universities Press, 1978), 637.

2 *Ibid.*, 628-630; Heinz Kohut, *The Analysis of the Self* (Madison: International Universities Press, 1971), 232.

3 Kohut, *The Analysis of the Self*, 231.

4 Kohut, "Thought on Narcissism and Narcissistic Rage (1972)," 656.

5 Heinz Kohut, *The Restoration of the Self* (Madison: International Universities Press, 1977), 113-124.

6 Kohut, "Thought on Narcissism and Narcissistic Rage (1972)," 637-638.

7 *Ibid.*, 644-645.

8 *Ibid.*, 640.

9 Kohut, *The Restoration of the Self*, 129.

10 Kohut, "Thought on Narcissism and Narcissistic Rage (1972)," 634-635 참조.

11 *Ibid.*, 658.

12 한기연, 『분노 스스로 해결하기』 (서울: 학지사, 2003), 94-102.

13 Kohut, "Thought on Narcissism and Narcissistic Rage (1972)," 657, n. 15.

14 American Psychiatric Association, *Diagnostic and Statistical Manual of Mental Disorders*, Fourth Edition, Text Revision (Washington, DC: American Psychiatric Association, 2000), 900.

15 Kohut, "Thought on Narcissism and Narcissistic Rage (1972)," 632-634; Kohut, *The Analysis of the Self*, 181, n. 10.

16 Kohut, "Thought on Narcissism and Narcissistic Rage (1972)," 652.

17 Kohut, *The Restoration of the Self*, 130-131.

8

중독: 자기애성 행동장애

중독의 현상

언젠가 TV에서 꽤 신기한 장면을 보았다. 여든이 넘은 할아버지가 설렁탕 같은 뜨거운 국밥에 설탕을 넣어서 먹는 것이다. 그것도 한두 숟가락이 아니고 거의 반 봉지 가까이 설탕을 듬뿍 뿌리는 것이다. 알고 보니 그 할아버지는 국이나 밥뿐만이 아닌 모든 음식에 설탕을 늘 듬뿍 넣어서 먹는 습관이 있었고, 일할 때나 움직일 때 혹은 힘들어 쉴 때나 TV를 볼 때도 항상 할아버지 곁에는 가득 찬 설탕통이 가까이 있었다. 밖으로 외출할 때도 설탕을 챙겨 나가야 하고 심지어는 잠자는 머리맡에도 설탕물을 두고 잔다는 것이다. 설탕이 귀하던 어린 시절 맛보았던 그 달콤한 맛을 기억하며 할아버지는 설탕을 먹으면 온몸의 피로까지 말끔하게 풀린다고 설명하고 있었다. 이것은 단지 설탕을 사랑하는 설탕 마니아 할아버지의 독특한 이야기일 뿐일까.

우리는 술을 마시고 즐기는 문화, 특히 남성의 음주와 흡연에 대하여 무척 너그러운 문화를 가지고 있다. 최근에는 물론 건강한 음주 문화와 건강을 위한 금연 문화에 대한 강조가 이루어지고는 있지만, 여전히 그 중독성에 대해서는 생각보다 심각하게 받아들이지 않을 정도로 술과 담배는 우리 주변에서 가장 흔하게 사용되어 오는 중독성 물질이다. 술과 담배를 포함하여 또한 다른 약물들이나 흡입제 같은 화학 물질에 중독되는 물질 중독뿐만이 아니라, 우리에게는 언제부터인가 도박 중독, 성 중독, 일 중독, 쇼핑 중독, 인터넷(컴퓨터) 중독, 종교 중독 등 중독의 대상이 매우 다양해졌다. 심지어 앞의 할아버지 같은 사례는 이제 '설탕 중독'이라는 이름하에 커피 중독, 콜라 중독처럼 버젓이 중독(addiction)의 한 유형을 차지하고 있다.

중독의 역사1를 거슬러 올라가 볼 때, 알코올의 섭취는 인류가 공기를 통해서 날아온 효모로 인해 발효된 주스를 우연히 먹어 본 것에서 시작되었을 것이라 한다. 즉, 자연 속에 존재하는 당질을 공기에 실려 온 효모가 발효시켜서 생긴 알코올 성분을 처음 먹어 보고 기분이 좋아지는 것을 알고는 인류가 그것을 즐기게 되었을 것이라는 추측이다. 술은 오래전부터 인류와 가까이에 존재하였는데, 즉 원시인에게는 추위와 기근 그리고 질병이나 분쟁과 같은 현실에 대하여 그들을 달래 주던 매우 중요한 물질이었고 게다가 종교와 제의를 위한 목적으로도 사용되었다. 오늘날 현대에서 역시 술은 스트레스 해소를 위한 것이거나 사교적 모임과 관련한 것에서 빠질 수 없는 중요한 부분으로 남아 있다.

그러나 알코올의 섭취는 언제나 그 오남용의 문제로 인해서 음주의 해로움과 위험성이 지적되어 왔는데, 사실상 술의 남용과 관련한 문제는 오늘날 새로운 문제는 아니며 오래전 고대 문화에서도 술의 잠재적 위험성은 인식되어 왔다. 술의 남용은 중독의 문제로 이어졌고 현대인들에게서 주로 보이는 물질 중독에는 다른 도취적 물질보다는 알코올이 가장 광범위하게 사용되고 있다. 그러나 중독과 관련하여 처음에는 단지 알코올 중독(alcoholism)이나 약을 사용하는 사람(drug man)이라고만 쓰였을 뿐이지 중독이라는 것 자체가 질병이나 장애의 개념으로 쓰이지는 않았다. 또한 19세기 전반 이전까지만 해도 사람들이 주로 사용하는 중독성 물질은 알코올이었지만, 이후 의학적으로 사용된 마취제의 등장과 함께 아편계 마약과 정신활성 약물들이 출현하면서 남용되는 중독성 물질의 수가 증가하였다.

제2차 세계대전 이전까지도 물질남용에 대한 많은 의학 기록이 있지만 중독에 대한 사실상의 정신 의학적 설명은 DSM 초판(Diagnostic and Statistical Manual of Mental Disorders-I)이 등장했던 1952년에서부터라 할 수 있다. DSM-I에서는 약물 중독(drug addiction)을 사회질병적 인격 장애(sociopathic personality disorder)의 한 측면으로 보는 것 이외에 다른 자세한 설명은 없었고 단지 알코올 중독에 대한 부분이 편람에 추가되었을 뿐이었다. 1964년 세계보건기구(WHO)가 중독(intoxication)과 습관화(habituation)를 약물 의존의 개념으로 대체하기를 권고하였고, 1968년 DSM-II에서는 이 권고에 따라 의존할 수 있는 물질로 대마초를 포함한 여러 화학물질이 포함되었지만 여기에 알코올과 담배는 제외되었다. 대신 알코올 중독의 분류에 있어 그 진단 범주가 더 다양하게 확대되어 열거되었다.

1980에 발표된 DSM-III에서는 물질사용 장애(substance use disorder)라는 개념이 소개되었고 물질의존을 내성과 금단 증상의 문제로 인식하게 되면서 알코올과 담배는 이제 제외되지 않고 여기에 포함되었으며 동시에 알코올 중독은 모든 물질사용 장애 중 하나로 분류되었다. DSM-IV에 이르러 남용 가능성이 있는 물질을 11개로 범주화하여 물질남용과 물질의존이 분명하게 구분되었는데, DSM-5에서는 "물질관련 및 중독장애(substance-related and addictive disorders)" 안에서 물질남용과 물질의존이 물질사용 장애로 통합되었다.

진단적 이해

중독에 대한 정신의학적 진단에 있어서 DSM의 가장 최근 개정판인 DSM-5-TR의 분류에 의하면 알코올과 담배 등을 포함한 중독성 물질들에 대한 중독은 물질관련 장애(substance-related disorder)로 분류된다. 여기에 포함되는 알코올, 카페인, 대마, 환각제, 흡입제, 아편계, 진정제/수면제/항불안제, 자극제, 담배, 기타 물질 10개의 물질관련 장애들에 대하여 물질사용 장애(substance use disorder)와 중독(intoxication)이나 금단(withdrawal), 그리고 기타 물질/치료 약물로 인해 유발된 정신질환으로 각각 그 진단기준과 특징이 설명되고 있다.[2]

DSM의 진단기준에 기술되어 있는 중독의 한 유형으로서는 물질관련 장애 외에 병적도박(pathological gambling)을 들 수 있는데, 이는 우리가 흔히 도박 중독이라 부르는 장애로서 1980년 DSM-III에서 처음으로 충동 조절 장애(impulse-control disorder)로 분류되었는데 이후 DSM-IV-TR의 진단기준에서는 물질의존의 진단기준과 유사한 것으로 제시되었지만 여전히 충동조절장애의 일종으로서 달리 분류되지 않는 충동 조절장애(impulse-control disorders not elsewhere classified)로 구분되어 있다.[3] 그런데 DSM-5-TR에서는 도박장애(gambling disorder)가 포함되어 비물질관련 장애로서 제시되어 있다.[4] 그러나 여기에는 성행위 중독, 운동 중독, 쇼핑 중독 등과 같은 반복적 행위를 보이는 '행위 중독'은 포함시키지 않고 있다.

따라서 그 밖에 우리가 다양하게 경험하는 다른 중독들은 DSM의 진단기준에 분명하게 구분되어 있지 않으므로 다른 정신장애들의 진단에 따라 임의로 분류할 수밖에 없다. 가령, 성 중독이나 인터넷 중독은 충동조절

장애 중에서 달리 세분할 수 없는 장애(impulse-control disorder not otherwise specified)로 포함시킬 수 있고, 일 중독은 부분적으로 강박성 성격장애(Obsessive-Compulsive Personality Disorder)에 해당된다고 볼 수 있다. 또한 최근 우리 주변에서 흔히 발견할 수 있게 되는 쇼핑 중독에 대해서는 강박적 구매 장애(compulsive buying disorder)라고 하여 DSM-III-R[5]에서는 달리 분류되지 않는 충동조절 장애의 예로 포함되었었지만, 이후 DSM-IV에서는 제외되었다. 그러나 이러한 모든 분류는 겉으로 명백하게 드러나는 증상들의 특징에 의거한 것이므로, 그 모든 중독의 원인에 초점을 둘 때 각각의 중독이 정신장애에 대한 DSM의 어떤 구분에 속하는가는 사실 별 의미가 없을 수도 있다.

그보다는 어떤 물질이나 대상에 중독되어 그것에 집착적으로 의존하고 있다는 심리적 현상이 다양한 중독의 대상에도 불구하고 모든 중독에서 공통적으로 나타나는 중요한 문제라는 점에 주목할 필요가 있다. 다양한 중독의 현상은 중독의 특성에 따른 중독자들의 특정 직업이나 특정 연령 등과는 상관없이 다양하게 확산되고 있으며 그 중독의 정도 또한 심각해서 가령 인터넷 중독이 성범죄를 유발하기도 하거나, 일 중독이 극심한 우울증과 함께 자살로 이어지기도 하고, 최근에는 특정 연예인들의 도박 중독이 재산과 직업을 모두 잃고 국외에서 방황하는 사태에 이르게까지 하고 있다. 도대체 어째서 이런 심각한 중독의 현상들이 나타나는 것일까. 그러한 다양한 중독의 현상 안에는 모두 어떤 대상이나 행동에 지나치게 의존함으로 마치 자신이 만족하지 못하는 무엇인가에 대해 보상받고자 하는 심리가 공통적으로 들어 있는 것은 아닐까.

자기애성 장애로서의 중독

코헛의 자기심리학 이론의 틀 안에서 기술되고 있는 중독은 앞서 논의된 자기애성 성격장애와 함께 자리하는 자기애성 장애의 또 다른 형태로서 특별히 자기애성 행동장애(narcissistic behavior disorder)로 구분되고 있다. 코헛은 자기애성 행동장애로서 성도착(perversion)이나 비행(delinquency) 그리고 중독을 들어 이러한 증상들은 모두 자기 안에 있는 결함으로부터 결과한 것이라 본다.[6] 즉, 성도착자는 자기에게 결여되어 있는 누군가가 자신을 필요로 하고 있다는 느낌, 자신이 정말로 실재하는 것 같은 느낌, 살아 있는 느낌, 그리고 힘이 있다는 느낌을 자기에게 제공해 주는 대상이나 상징과의 성적행동으로 치닫게 된다. 또한 비행자는 어떤 반사회적 행동을 계속해서 반복함으로써 자신을 지탱하게 하는 자신감이나 이상이 전혀 없다고 자기가 느끼는, 자기결함에 대한 인식을 애써 피하고 있는 것이다. 이와 마찬가지로 중독자 역시 마약이 자기 안에 있는 중요한 결함을 고쳐 줄 수 있을 것 같기 때문에 그것들을 갈망하게 된다는 것이다.[7]

이처럼 코헛은 중독을 자기애적 상처로 인해 생기는 자기의 구조적 결핍이 자기애성 성격장애에서와는 달리 외적으로 행동화되어서 드러나는 자기애성 행동장애의 대표적인 경우의 하나로 꼽고 있다. 보다 구체적으로 코헛은 '중독적 행동(addictive behavior)'을 자기애성 행동장애의 주요한 증상으로 분류함으로써 자기병리의 관점을 통해서 중독에 대하여 언급하고 있다.[8] 그렇다면 중독에 대한 코헛의 관점을 이해하기 위해서 먼저 코헛의 분석 사례를 하나 살펴보기로 하자. 코헛은 자신의 세미나 안에서 논의된 한 여학생의 사례에서 그녀가 남자친구와 가지는 관계를 통해 나타난 그녀의 대상에

대한 추구와 의존을 중독적 행동으로 분석하고 있다.[9]

코헛이 만났던 22세의 여학생은 교육학을 공부하는 대학원생이었는데 그녀는 자신의 남자친구와 헤어지게 된 것에 깊이 슬퍼하고 있었다. 22세인 자신이 나이가 많이 들었다고 느끼고 있었고 자신은 절대로 성공적으로 결혼할 수 없을 거라고 두려워했다. 그녀는 남자친구를 위해서라면 무슨 일이든 할 수 있었고 또 남자친구와의 관계에 자신의 모든 것을 아낌없이 다 바치고 싶어 했지만, 그녀의 남자친구들은 그러한 그녀를 받아들이기를 부담스러워했다. 그녀는 자신의 모든 것을 헌신할 수 있는 그러한 사람이 늘 자신과 함께 있기를 원했고 또한 그렇게 멋지고 매력적인 그리고 정말 그녀가 경탄할 만한 사람을 찾고 있었다. 그녀는 이것이 자신의 삶에서 자신이 원하는 전부라고 했고, 그녀의 주변에 그런 남자친구가 없다는 것에 대하여 낙담하고 있었다.

사실 최근 몇 년 동안 그녀에게는 남자친구와의 관계에 대한 유사한 패턴이 계속되고 있었는데, 즉 상대방과 어느 정도 진지한 관계가 형성되고 나면 그녀는 상대방에게 자신을 지지해 주고 자신에게 힘이 되어 달라는 무거운 의무를 과도하게 요구하였고, 그러면 상대방은 그녀로부터 멀어졌다. 그녀는 자신을 전폭적으로 지지해 주고 아주 넓은 마음으로 자신을 이해해 주는 남자친구와의 관계를 바라고 있었지만, 실상 남자친구는 그러한 엄청난 요구의 압박에 못 이겨서 이내 그 관계로부터 도망치고 마는 것이었다. 그러면 그녀는 그런 자신에게 매우 창피하고 화가 났지만, 자신은 사실 너무도 외롭고 누군가를 정말 필요로 하고 있다고 느끼기에 그 남자친구에게 다시 돌아와 달라고 또다시 애걸하게 되는 것이었다.

가령, 대학 시절 한 남자친구와의 관계가 깨졌을 때 그녀는 그 관계가 끝났음에도 불구하고 아무 때나 가리지 않고 상대방에게 전화를 건다거나 자신에게 다시 돌아와 달라고 성가시게 매달리거나 하는 행동을 했었는데, 그녀는 그것이 자신을 너무나 화나게 했던 "미친 짓들"이었음을 잘 알고 있었지만, 그럼에도 불구하고 자신은 계속 전화를 걸고 싶은 강한 충동을 억제할 수가 없었다. 그녀는 그렇게 헤어지고 나면 따라오는 우울함, 낮은 자존감 그리고 죄책감 때문에 고민하고 있었고 앞으로 또다시 그러한 관계를 반복하게 될까 봐 걱정하고 있었다. 또한 이러한 문제를 가지고 코헛을 만나게 된 것에 대하여 자신의 나약함 때문이라고 생각하고 있었고 그것에 강한 수치심을 느끼고 있었다.

그녀가 남자친구와의 관계들로부터 정말로 필요로 했던 것은 남자친구로부터 "네가 하는 것은 다 옳아" "나는 널 믿어"라는 확신을 제공받는 것이었다. 즉, 그녀가 원하는 것은 바로 전적인 반영과 지지였다. 그녀는 늘 남자친구를 원했고 그를 통해서만 자기 자신을 볼 수 있었다. 자신이 믿고 의지할 수 있는 누군가가 자신을 보고 예쁘다고 해야 자신은 예쁘다고 느끼며 누군가가 자신이 괜찮은 사람이라고 해야 그녀는 자신을 괜찮은 사람으로 여길 수 있었다. 그녀는 자기 자신에 대해서 좋은 느낌을 스스로 부여하기 위해 자기를 그렇게 반영해 주는 타인에게 마치 그가 자기의 한 부분인 양 필사적으로 매달리고 있었다. 그래서 그녀에게 그런 대상이 없거나 그런 대상이 그녀를 떠나 버리면 그녀는 다시 집요하게 새로운 대상을 찾아야만 했다.

여기서 코헛은 그녀가 맺는 관계에 어떤 중독적인 특질이 있다고 본다. 즉, 그녀에게서는 22세의 성인 여성이 보통 가지는 사랑하는 관계의 유형에서 보이는 형태와는 좀 다른 현상들이 나타나는데, 그것은 바로 알코올, 마약, 음식, 사람, 혹은 성적인 추구 등에 대한 중독 대부분에서 일반적으로 나타나는 특질로서 더 이상 기다리거나 견뎌 내기가 불가능한 어떤 절박함이라는 것이다. 가령, 알코올 중독자에게 알코올은 그것이 고급 위스키인지 아닌지 혹은 맛 좋은 와인인지 아닌지와는 아무 상관없이 알코올이라는 대상 '그 자체'가 중요하다. 왜냐하면 알코올 중독자가 가지는 알코올에 대한 긴급한 요구는 그것이 무엇이었든 간에 자기가 필요로 하는 것을 어서 채워야 하는 자기의 갈급에 대한 절박함에서 비롯되기 때문이다.[10]

그녀는 마치 이러한 중독자처럼 자신의 주변에서 자신의 갈급함과 공허함을 채울 누군가를 절박하게 찾아 헤매고 있었던 것이다. 누군가를 통해서만이 그녀의 텅 빈 자기감 속에서 자신이 살아 존재한다는 것을 확인시켜 주었으며 누군가의 반영을 통해서만이 자기에 대한 자존감을 가질 수 있었던 탓이다. 코헛에 의하면 이는 스스로 자기 욕구의 긴장을 조절하여 자기를 달래고 안정시킬 수 있는 능력이 자기대상의 기능으로부터 잘 내면화됨으로 발달되는 자기구조에 생긴 어떤 결핍으로 인한 것이며 이러한 발달적 결핍은 바로 자기를 온전히 구축할 수 없었던 자기애적 상처로부터 비롯된 결과이다. 그러한 상처로 인한 자기의 결핍 때문에 그녀는 대상에 대한 굶주림의 중독적 표현들을 통해서 마치 자기가 "죽어 있는 것(deadness)"[11] 같은 느낌에 저항하고 있었던 것이다.

자기결함의 또 다른 표현

코헛의 관점으로부터 논의되는 중독에 있어서 중독자가 메우려고 하는 것은 바로 자기 안에 생긴 구조적 결핍이다. 이러한 자기구조의 결핍은 그 중독의 대상, 가령 알코올, 마약, 음식 같은 것의 충족으로 메워지지 않으며 또한 어떤 다른 종류의 중독적 행동으로도 메워지지 않는다. 따라서 중독자는 자신의 중독적 행동을 통해서 결핍된 자기구조에서 비롯되는 반영받지 못한 자기의 결여된 자존감, 자기의 존재 자체에 대한 불확실성, 부서질 것 같은 자기에 대한 두려운 느낌에 대항하고 있는 것이다.[12] 즉, 자기의 결함을 가리려는 방어구조로서의 행동화를 통해서 자존감을 향상시키고, 자기 존재를 확인하려 하며, 취약한 자기에 대한 두려움으로부터 벗어나고자 애쓰는 것이다.

이렇게 볼 때 중독적 행동에 의해서 드러나는 중독의 현상들은 그것이 어떤 중독이 되었든 간에 결국은 행동화를 통해 나타나는 자기의 결함의 또 다른 방어적 표현들이다. 공감적인 자기대상 기능의 심각한 실패로 생긴 자기애적 상처로 인하여 응집적 자기가 잘 발달될 기회를 잃게 될 때, 그 결핍된 자기의 부분을 메우기 위해서 중독적 물질이나 대상에게 집착하는 중독적 행동을 보이게 되는 것이다. 이는 그러한 물질이나 대상 그 자체의 욕구에 대한 표현이라기보다는 자기대상의 공감적 기능을 통해서 잘 구축하지 못한 자기의 구조적 결핍을 메우기 위해 외부로부터 그것들의 기능을 대신 사용함으로 나타나는, 결함을 가진 자기의 방어적 태도라 할 수 있다. 사실, 자기의 구조가 잘 구축된 보통 사람들이라면 자기 스스로를 달래고 진정시키기 위해서 외적인 물질이나 대상을 굳이 필요로 하지는 않기 때문이다.

코헛은 자기구조의 결핍을 메우기 위해서 다른 외적인 물질이나 대상을 필요로 하는 중독적인 성향을 이해하는 것에 있어서, 자기의 구조를 형성해 가는 과정의 중요성을 아이가 블록 쌓기를 배워 가는 비유를 통해 좀 더 구체적으로 기술하고 있다.[13] 아이가 블록을 쌓을 수 있게 되는 것은 아이가 세상에 나올 때부터 블록을 쌓는 방법을 알고 태어나기 때문은 아니다. 아이는 부모와 함께 블록 쌓기를 하면서 부모가 하는 것을 잘 관찰하는 동안 가령 가장 큰 것은 제일 아래에 놓고 그다음으로 작은 것들을 위로 올려놓으며 블록을 쌓아 가는 방법을 배운다. 능숙한 부모는 아이를 위해 블록을 쌓아 주다가 다음에는 블록 쌓기 놀이를 함께하면서 부모가 하는 것을 아이로 하여금 따라 하게 하고 나중에는 성공과 실패를 거치면서 점차적으로 아이 혼자서 그것을 할 수 있도록 해 주는 것이다.

그러나 만일 참을성이 없는 부모가 아이 혼자서 블록을 쌓는 것이 너무 서툴고 오래 걸린다고 해서 아이가 하던 것을 기다리지 않고 부모 스스로 먼저 완성해 버린다면 아이는 혼자서 스스로 블록을 쌓을 기회를 가지지 못하게 되는 것이다. 이렇게 되면 아이에게는 블록을 쌓아 주던 전능한 부모의 이미지만이 그 아이와 연결되어 남아 있게 되므로 이후에도 언제나 아이는 환상 속에서 자신은 할 수 없던 것을 무엇이든지 다 해낼 수 있었던 전능한 부모의 이미지에 계속 연결되어 의존하고 싶어 하게 된다. 즉, 앞서 기술된 코헛의 이론을 바탕으로 설명하면, 아이는 자기대상으로서의 부모가 해 주던 기능을 최적의 좌절과 변형적 내면화를 통해서 점차적으로 스스로 수행할 수 있는 자기구조로 변형해 나가는 기회를 놓쳐 버리게 되는 것이다.

이처럼 자기가 스스로 수행할 수 있는 기능으로 점차적인 내면화를 거치지 못하여 중독자에게 결핍된 자기구조는 바로 자기의 정신적 긴장을 풀고 자기 스스로를 달래며 진정시키는 기능이다. 즉, 중독자는 이러한 자기구조를 잘 구축하지 못했기 때문에 외부로부터 자기를 달래고 안정시키는 것을 도와 주는 물질이나 대상에 중독되는 것이다. 코헛에 따르면, 중독자에게 있어서 가령 마약은 중독자의 자기애적 욕구에 공감적으로 응답해 주지 못하여 심각한 자기애적 상처를 가지게 한 자기대상의 대체물이 되어 준다.[14]

마약을 섭취함으로써 중독자는 그것을 상징적으로 거울 자기대상으로 삼아 자기를 반영해 주고 위로해 주도록 만들거나 혹은 그것을 상징적으로 이상화 자기대상으로 삼아 그것과 자기가 융합함으로 자기에게 힘을 주고 안심하도록 만든다.

이러한 메커니즘 안에서 마약의 섭취는 중독자에게 그가 가지지 못한 자존감, 자신이 반영된다는 느낌과 자신감, 자신이 강하며 가치가 있다는 느낌들을 제공해 주는 것이다. 따라서 마약의 이러한 모든 효과는 중독자로 하여금 자신이 살아 있으며 이 세상에 분명히 자신이 존재한다는 느낌을 증가시킨다. 그러나 자기결함을 극복하기 위한 이러한 시도들은 결국은 성공적일 수 없다는 비극을 안고 있다. 그것은 중독자가 사용하는 물질이 어떤 화학적 성분을 가지고 있는지, 얼마나 자주 중독자가 반복하여 물질을 사용하는지, 또는 중독자가 얼마나 현명하게 이성적으로 물질을 사용하는지와는 아무 상관없이 중독자에게는 결핍된 자기구조로 인해 자기 안에 결함이 여전히 남아 있기 때문이다.[15] 즉, 중독자에게 구조적으로 결핍된 자기의 부분들은 중독적 물질의 섭취로는 해결되지 않기 때문에, 여전히 없어지지 않는 배고픔과 공허함으로 중독자는 또다시 중독적 물질을 갈망하고 그것에 의존하게 되는 악순환에 빠지게 되는 것이다.

중독적 행동 안에서의 자기결함

그렇다면 이제 코헛의 세미나에서 논의된 그 여학생의 사례로 돌아가 보자. 그녀가 가지는 남자친구와의 관계는 어떻게 중독적인 관계로 드러나는 것이며 또한 그 안에 숨어 있을 그녀의 자기결함은 어떠한 것일까.

코헛은 먼저 왜 그녀의 남자친구들이 모조리 다 그녀로부터 도망쳐 버렸는지에 대하여 주목한다. 그것은 그들이 그녀의 사랑하는 대상이었다기보다는 바로 중독의 대상이었고 그들은 아마도 그러한 비인격화된 대상으로 그녀와 가지는 관계가 견디기 어려웠을 것이라고 코헛은 보고 있다. 중독자는 매우 강하게 중독의 대상을 필요로 하는데, 중독적인 관계에 있어서 이것은 사랑하는 대상에 대한 욕구와는 좀 다르다. 중독자는 자기의 중요한 심리적 기능을 대신 수행해 주는 것을 위해서 중독의 대상을 필요로 한다. 즉, 자기를 달래고 자존감을 유지할 수 있는 자기의 심리적 기능을 외부로부터 얻기 위함인데, 이는 보통은 자기의 발달 과정에서 자기 자신의 심리구조의 일부로 내면화되어서 스스로 수행할 수 있게 되는 기능이다.

그런데 이와는 대조적으로 사랑하는 관계 안에서의 대상은 사랑받는 사람으로서 독립적이고 주도적으로 자신의 욕구와 권리를 가지는 고유한 사람으로서의 대상이다. 이러한 사랑하는 대상은 중독적인 관계에서처럼 상대방의 자기애적 욕구를 충족시켜 주기 위한 의존적 대상 그 자체로만 존재하는 것은 아니다. 물론 보통의 사랑하는 관계에서도 사랑하는 대상 역시 때때로 상대방의 자존감을 유지하는 것을 돕는 기능을 요구받을 수 있고 또한 그것을 수행할 수도 있지만, 그러한 기능은 단지 일시적일 뿐이며 중독의 대상에 대한 욕구에서처럼 그렇게 자주 지속적으로 강하게 요구되지는 않는다.

코헛의 분석에 따르면, 사례에서의 그녀에게는 그녀의 남자친구가 그녀의 사랑하는 대상으로서의 바로 그 '사람'으로 중요했던 것이 아니라 단지 그녀를 위해 사용되는 대상(자기대상)으로서의 기능만이 중요했던 것이다. 그녀에게는 자기를 안정시키고 자존감을 유지하기 위해서 그러한 기능을 하는 남자친구라는 대상의 존재 '그 자체'가 그녀가 맺는 관계에서 중요한 요소였다. 따라서 이러한 중독적 관계를 통해서 유지될 수 있었을 그녀의 자존감은 그녀의 남자친구가 떠나 버릴 때마다 쉽게 부서졌던 것이다.[16] 자신의 자존감을 유지하게 하기 위해서 자신이 이상화할 만한 타인을 필요로 했던 그녀의 자기애적 욕구는 결국 자신의 심리적 긴장을 조절하고 스스로 자존감을 유지시킬 수 있는 그러한 기능을 유아기에 돌봄을 주었던 이 혹은 부모(자기대상)로부터 적절한 시기에 점차적으로 내면화할 수 없었던 자기의 발달적 결함을 보여 주고 있는 것이라 하겠다.

그렇다면 그녀는 어째서 그러한 자기의 구조적 결핍을 가지게 되었을까. 우선, 코헛의 사례 안에서 부분적으로 제시되고 있는 그녀의 부모와 가족에 대한 이야기로 거슬러 올라가 보자. 그녀의 부모는 50대의 지성적인 사람들이었다. 그녀의 아빠는 교사이고 엄마는 가정주부였다. 그들 부부는 서로를 사랑했고 그녀의 언니와 남동생과의 사이에도 좋은 관계를 가지고 있었다. 그런데 그녀의 가족에게 있어서 독특한 점은 가족 모두가 타인들을 위해서 봉사하는 것을 특별히 중요시한다는 점이었다. 아버지는 다른 사람들을 돕는 일을 직업으로 하고 있었고 어머니는 여러 봉사단체에 관여하고 있었다. 항상 도움을 주어야 하는 것이지, 절대로 도움을 받으면 안 되는 것이었다. 그녀는 심지어 어릴 때부터 자신을 위해서보다는 타인들을 위한 일들이 더 소중한 것이라고 배우고 몸소 느껴 왔다.

어느 날 그녀의 가족은 여행을 가게 되었다. 그녀의 다른 형제들은 자신의 짐들을 스스로 꾸려서 들고 나가고 있었는데, 그녀는 아직 자신의 짐을 남겨 두고 나와 있었다. 그때 그녀의 엄마는 그녀에게 스스로 짐을 들고 나가지 않고 다른 식구들이 그녀를 위해서 짐을 들고 나가 주기를 바라는 것이냐고 다그쳤다. 그러나 그녀는 단지 잊었을 뿐이었다. 그럼에도 불구하고 그녀는 가령 "왜 그까짓 것 가지고 나를 비난해요? 난 그냥 잊어버렸을 뿐인데요?"라고 화를 내지도 않았고, "알았어요, 엄마. 얼른 가서 가져올게요. 그래도 너무 심하게 그러지는 마세요"라고 자기를 내세워 말하지도 않았다. 그보다는 아무 말도 못하고, 다만 그녀의 내부에는 '다른 식구들의 일은 도와 주려고 하지 않고 오히려 그들이 자신의 일을 도와 주기를 바랐을 것'에 대한 깊은 수치심과 자존감의 결여만이 남았다.

그녀의 가족 이야기 중에서 또 하나의 특별한 점은 그녀 가족 모두를 둘러싸고 있는 그녀 할머니에 대한 정신적 믿음이었다. 그녀의 할머니는 그녀가 태어나기 두 달 전에 돌아가셨지만, 그녀는 늘 할머니의 얘기를 듣고 자라 왔다. 가족들 모두가 할머니에게 헌신적이었고 할머니를 엄청나게 의지했으며 그녀는 할머니에 대한 단 한 번의 불평도 들어 본 적이 없었다. 가족들은 모두 할머니가 매우 강하고 대단하신 분이라고 믿고 있었고 할머니는 늘 본 받아야 하는 가족의 모델이었다. 그녀가 매우 아플 때조차 그녀의 엄마는 이렇게 말하곤 했었다. "깨끗한 잠옷을 입고 머리카락을 정돈하고 베개를 똑바로 하고 새로운 책을 읽어라. 제발 바라건대 약한 것처럼 보이지도 말고 다른 누구의 도움이 필요한 것처럼 보이지 말아라. 할머니처럼 강인해져야 한다." 그녀의 할머니가 그렇게 완벽할 리가 없었는데도 불구하고 완벽한 여성으로서의 할머니에 대한 가족들의 그러한 믿음은 그녀의 가족 모두가 옳다고 믿고 있는 신념이었다.

그러나 그녀가 그녀의 주변이나 대학 생활에서 경험하는 것은 이러한 그녀의 가족의 생활 태도와는 전혀 달랐다. 따라서 그녀는 자기 또래 친구들이 생각하는 것과 그녀의 부모가 바라는 것들 사이에서 번번이 갈등을 경험했다. 그럼에도 불구하고 그녀는 그러한 가족들의 기준에 묵묵히 따라야만 했고, 이미 그것은 그녀에게 익숙해져 있었다. 코헛은 그러한 그녀의 환경이 그녀의 중독적 행동에 어떤 영향을 미쳤는가를 보다 직접적으로 세밀하게 연결시키고 있지는 않지만, 그녀가 분명 자기애적으로 취약한 사람이었다는 것을 그녀의 부모와 가족에 대한 이야기의 분석을 통해서 함축하고 있다.[17]

그렇다면 일단 그녀가 경험했을 자기애적 상처를 미루어 생각해 볼 때, 늘 타인을 먼저 생각해야 하고 자신보다는 타인을 우선적으로 도와야 하는 것을 미덕으로 삼는 가족들의 가치관 속에서 그녀가 자기 자신에 대하여 깊은 수치심을 느끼고 자존감을 상실하고 살아왔다는 점에 주목할 필요가 있다. 무엇보다도 그녀의 할머니에 대한 이상적인 이미지에 의존해서 살아왔을 그녀의 엄마가 그녀에게 늘 요구(만)했던(것으로 보이는) 이상적인 딸의 모습이 그녀에게 어떻게 작용했을지를 생각해 보자. 그녀는 엄마의 요구처럼 당연히 그렇게 강하고 독립적이며 타인들을 우선적으로 돌볼 줄 아는 사람이어야 했고, 그렇지 못한 것으로 엄마에게 비칠 때 그녀는 극심한 수치심으로 고통받을 수밖에 없었고 자신의 자존감은 잃어버릴 수밖에 없었다.

그렇지,만 엄마가 요구하던 그러한 모습에 그녀 자신이 꼭 부합하지 못할 수도 있지 않은가. 그럼에도 불구하고 그녀에게는 어째서 엄마의 이상형에 부합하지 못하는 것에 대한 수치심과 결여된 자존감만이 남았을까. 그것은 아마도 스스로 강하게 되고 독립적으로 사는 것을 배우며 타인들을 돌볼 줄 아는 삶을 살 수 있을 만큼 자신에 대한 믿음과 자신확신, 그리고 그러한 자신의 이상을 가질 만한 안정감이 자기구조로 잘 내면화되지 못한 까닭으로 볼 수 있다. 다시 말하면, 그녀는 그러한 삶을 사는 데에 필요한 자기 기능들을 스스로 수행할 수 있는 자기구조를 잘 구축하지 못한 탓이다.

이는 바로 그녀의 엄마의 공감적 자기대상의 기능의 실패에서 기인한다고 보이는데, 즉 그녀의 엄마는 그녀가 필요로 했던 자기애적 욕구들을 공감적으로 반영해 주지 못하였던 것으로 보이고, 따라서 그러한 반영을 통해서 엄마가 기능해 줘야 할 것들이 어느 정도의 실패와 좌절을 거치면서 점차적으로 그녀의 자기구조로 내면화될 수 있는 기회를 제공하지 못한 것이다. 이것은 마치 아이를 위해서 처음에 블록을 쌓아 주지도 않다가 또한 아이와 함께 블록 쌓기를 하면서 아이에게 블록 쌓는 법을 가르쳐 주지도 않다가, 그냥 혼자서 처음부터 스스로 블록을 쌓으라고 건네주거나 아니면 아이 혼자 블록을 쌓아 볼 기회도 주지 않고 엄마가 혼자서 완성하는 것만 보여 주는 것과 같다.

강하고 독립적으로 살기 위해서는 강해질 만큼 자신에 대한 확신과 안정이 필요한 것인데, 마치 그녀의 엄마는 그녀를 확신해 주거나 그녀에게 안정을 경험하게 하지도 않고서 엄마 자신의 삶만을 보여 주면서 그녀 혼자서 스스로 자신감과 안정감을 가지라고 한 것과 다름이 없어 보인다. 스스로 자신의 짐을 가져와야 하는 것을 잊었을 때 그녀가 그럴 수도 있다는 자기믿음을 가지고 자기를 안정시키는 기능을 스스로 수행할 수 있었다면, 그녀가 그토록 스스로를 수치스러워하지만은 않았을 것이다. 이는 아마도 그녀에 대한 자신감과 안정감을 스스로 가질 수 있도록 먼저 그녀를 반영해 주고 달래주고 안심시켜 주지 못한 그녀의 엄마 때문이었을 것이다. 그녀가 아플 때조차 그녀를 감싸 주고 위로하고 달래 주는 대신 약한 모습을 보이지 말고 강하게 보여야 한다는 엄마의 태도로부터는 자신을 달래고 스스로 안정시킬 수 있는 기능이 그녀에게 충분히 내면화될 기회가 제공되었을 리 없어 보인다.

그녀의 엄마가 그녀를 위한 자기대상의 공감적 기능에 실패할 수밖에 없었던 이유 중 하나는 그녀의 엄마 자신의 자기애적 상처 때문이 아닐까. 그녀의 엄마는 그녀의 할머니, 즉 자신의 엄마에 대한 이상화된 이미지에 끊임없이 의존하는 태도를 통해서 자신의 삶을 지탱하고 있는 듯 보인다. 이는 아마도 그녀의 엄마의 자기애적 욕구가 자신의 엄마로부터 공감적으로 잘 반영되고 충족되지 못하여, 자신의 엄마에 대한 이상화된 이미지가 현실의 경험을 통해서 점차적으로 자신의 구조로 변형되지 못하고 지속해서 환상 속에서만 남아 의존되고 있기 때문일 것이다. 이처럼 스스로 자기애적 상처를 가지고 있는 엄마로부터는 공감적 자기대상의 기능을 충분히 기대할 수 없다.

코헛은 중독자가 되는 사람들이 자라난 환경을 볼 때 그들의 자기애적 상처는 많은 부분 그들의 엄마가 그들이 정말 필요로 하는 시기에 긴장을 잘 조절하게 하는 자기대상으로 적절하게 기능하지 못한 실패에서 기인하는 것으로 본다. 즉, 그들은 어릴 때 가령 자기를 잘 달래 주고 재워 주는 엄마의 따뜻한 사랑의 경험을 점차적으로 잘 내면화하지 못한 경우다.[18] 코헛의 사례에서의 그 여학생이 정말 원했던 것은 아마도 그녀의 엄마가 자신을 따뜻하게 달래 주고 자신을 안심시키며 인정해 주고 자신을 믿어 주는 것이었으리라. 그러나 그녀의 엄마는 그렇지 못했고 그래서 스스로 자신을 달래고 안심하게 하는 기능이 자기 안에 구조적으로 결핍된 탓에, 그녀가 바랐던 엄마로부터의 위로와 자신에 대한 인정 그리고 확신을 이제는 남자친구로부터 갈망하게 되는 중독적 행동으로 자기의 결함이 나타나게 된 것이다.

중독의 치유와 돌봄

코헛은 중독자의 치유를 위해서 돌보는 이 혹은 치료자의 공감적인 자기대상 기능을 강조한다.[19] 중독자는 자신의 심리구조에서 결핍된 어떤 기능들을 치료자가 대신 채워 주기를 바라기 때문에 자신에게 결여된 부분의 대체물로 치료자를 경험하게 된다. 다시 말하면, 중독자는 이전에 중독적 물질이나 대상으로부터 제공받았던 대체적 자기대상의 기능을 이제는 치료자로부터 제공받기를 기대한다. 즉, 중독자는 치료자가 정말로 자기를 지지해 주기를 바라고 자기를 달래 주기를 필요로 하는 것이다.[20] 따라서 치료 과정 중 처음에 중독자가 치료자를 의존하는 것은 당연하며, 그러한 의존을 통하여 어쩌면 치료자에게 중독될 수도 있다고 코헛은 덧붙이고 있다. 그러나 코헛이 강조하듯 이러한 과정에 특별히 잘못된 것은 없다. 왜냐하면 그러한 의존이 일어나는 것은 중독자에게 필요한 심리구조가 결여된 탓이기 때문이다.[21]

치료자나 돌보는 이가 공감적인 자기대상으로 중독자에게 기능한다는 것은 바로 이처럼 우선적으로 중독자의 의존적 태도와 행동을 받아들여 주고 그/그녀의 상처에 대한 고통을 몸소 함께 체험하는 것이다. 우선적인 공감 없이 중독자의 중독적 행동에 대한 윤리적 비난이나 섣부른 분석은 중독자를 위한 치유나 돌봄에 아무런 도움이 되지 않는다고 코헛은 지적하고 있다. 도덕적 판단에 근거한 비난이나 분석보다는 중독자의 행동이 자기애적 욕구들에 대한 상처로부터 비롯된 방어적 행동임을 적절한 시기에 치료자는 반복해서 설명해 주어야 한다는 것이다. 그리고 중독자의 중독적 행동이 자신이 그토록 원하던 결과를 가져다주지는 않는다는 것을 알려 주고, 그 중독의 욕구들이 점차로 줄어들 수 있도록 극복 과정을 통해서 도울 수 있어야

하는 것이다.[22]

사실, 그러한 중독적 행동은 중독자가 자신의 방어적 행동을 통해서 잃어버린 자존감을 높이려는 시도다. 중독자는 유아기에 자기대상으로 기능하는 부모로부터 적절한 공감적 반영과 지지를 받지 못하여 건강한 자존감을 형성할 수 없었던 것이다. 필립 플로레스(Philip J. Flores)는 중독자들에 대한 자신의 임상경험을 통해 대부분의 약물 중독자 혹은 알코올 중독자들이 자신의 일이나 직업에서는 아주 성공적이고 매우 높은 성취를 이룬 것으로 보이지만, 이들이 실제로 자신들에게 기본적으로 느끼는 자기에 대한 가치감은 굉장히 취약하게 나타난다고 밝히고 있다. 즉, 그들은 자신들의 경제적이며 지적인 성공을 위한 엄청난 노력에도 불구하고 승인과 수용에 대한 충족되지 못한 그들의 욕구 때문에 자기가 상처받는 것과 거절당하는 것, 그리고 수치심과 굴욕을 느끼는 것에는 여전히 취약한 채 남아 있는 것이다.[23]

따라서 돌보는 이나 치료자는 중독자로부터 겉으로 드러난 중독의 현상이나 방어적 행동을 넘어서서 중독자의 자기애적 상처를 공감적인 승인과 수용을 통해서 깊이 이해하고 그것에 대하여 설명해 줘야 한다. 이러한 지속적인 공감적 치료관계는 중독자로 하여금 치료자로부터 제공받던 그러한 심리기능들이 아니라 이제는 자신이 스스로 수행하게 되는 심리기능들을 경험하게 한다. 특별히 치료자가 담당했던, 달래 주고 위로해 주던 공감적 기능들이 중독자에게 점차적으로 내면화되어 이제는 치료자가 없이도 중독자 스스로 자신을 달래고 안심하게 할 수 있는 심리구조가 구축되는 것이다. 다시 말해서, 치료자는 궁극적으로 중독자의 결핍된 자기구조를 다시 튼튼하게 세울 수 있도록 또한 새롭게 구축된 자기구조를 건강하게 지탱하고 유지할 수 있도록 돕는 것이다. 이렇게 될 때 자기의 결함으로 고통당하던 중독자의 허약함과 공허함은 극복되고, 따라서 중독자가 의존하고 추구하던 가짜(?) 자기대상, 즉 중독자를 달래 주고 위로해 주던 중독적 물질이나 대상들은 이제 필요 없게 되는 것이다.

주(註)

1 신정호, "중독정신의학의 역사," 한국중독정신의학회 편, 『중독정신의학』 (서울: (주)엠엘커뮤니케이션, 2009), 9-20.

2 American Psychiatric Association, 『DSM-5-TR, 정신질환의 진단 및 통계 편람』 제5판 수정판, 권준수 외 옮김 (서울: 학지사, 2023), 599-726.

3 American Psychiatric Association, *Diagnostic and Statistical Manual of Mental Disorders*, Fourth Edition, Text Revision (Washington, DC: American Psychiatric Association, 2000), 671-674.

4 American Psychiatric Association, 『DSM-5-TR, 정신질환의 진단 및 통계 편람』 제5판 수정판, 권준수 외 옮김 (서울: 학지사, 2023), 727-732.

5 American Psychiatric Association, Work Group to Revise DSM-III, *Diagnostic and Statistical Manual of Mental Disorders*, Third Edition (Washington, DC: American Psychiatric Association, 1987).

6 Heinz Kohut, *The Restoration of the Self* (Madison: International Universities Press, 1977), 193.

7 Heinz Kohut, "Preface," in *Psychodynamics of Drug Dependence*, NIDA Research Monograph 12, ed. Jack D. Blaine and Demetrios A. Julius (Rockville: National Institute on Drug Abuse, 1977), vii.

8 Heinz Kohut and Ernest S. Wolf, "The Disorders of the Self and Their Treatment: An Outline(1978)," in *The Search for the Self*, vol. 3, ed. P. Ornstein (Madison: International Universities Press, 1990), 365.

9 Heinz Kohut, "Addictive Need for an Admiring Other in Regulation of Self-Esteem," in *The Kohut Seminars on Self Psychology and Psychotherapy with Adolescents and Young Adults*, ed. Miriam Elson (New York: W. W. Norton & Company, 1987), 113-132.

10 *Ibid.*, 118-119.

11 Heinz Kohut, "Letters (February 3, 1975)," in *The Search for the Self*, vol. 2, ed. P. Ornstein (Madison: International Universities Press, 1978), 895-896 참조.

12 Kohut, *The Restoration of the Self*, 197, n. 11.

13 Kohut, "Addictive Need for an Admiring Other in Regulation of Self-Esteem," 125-126.

14 코헛은 중독적인 물질의 이러한 대체적인 자기대상의 기능을 "치료적 각성제(remedial stimulant)"라고 표현하고 있다. Heinz Kohut, "Thoughts on Narcissism and Narcissistic Rage (1972)," in *The Search for the Self*, vol. 2, ed. P. Ornstein (Madison: International Universities Press, 1978), 626.

15 Kohut, "Preface," vii-viii.

16 Kohut, "Addictive Need for an Admiring Other in Regulation of Self-Esteem," 127, 131.

17 *Ibid.*, 120.

18 Heinz Kohut, *The Analysis of the Self* (Madison: International Universities Press, 1971), 46; Heinz Kohut, "Introspection, Empathy, and Psychoanalysis: An Examination of the Relationship Between Mode of Observation and Theory (1959)," in *The Search for the Self*, vol. 1, ed. P. Ornstein (Madison: International Universities Press, 1978), 224-225.

19 중독의 대한 코헛의 자기심리학적 관점은 실제로 임상 분석가나 의사들에게 훌륭하고 유용한 이론적 토대를 제공했다. 제롬 레빈(Jerome Levin)은 중독을 코헛의 자기애적 장애에 대한 관점으로부터 보고 있으며 그것에 토대하여 알코올 중독자나 약물 중독자를 위한 치료를 논하고 있다. 이에 관하여는 Jerome D. Levin, *Treatment of Alcoholism and other Addictions: A Self Psychology Approach* (Northvale: Jason Aronson Inc., 2002)를 참조하라. 또한 중독의 치료적 접근으로서 코헛이 강조하고 있는 자기대상 기능의 중요성에 대하여는 특별히 AA (Alcoholics Anonymous: 익명의 알코올 중독자의 모임)와 그 모임의 12단계 치유 프로그램과 관련한 연구들이 진행되었다. Connie M. Robinson, "Alcoholics Anonymous As seen from the Perspective of Self Psychology," *Smith College Studies in Social Work* 66, no. 2 (1996): 129-145; Philip J. Flores, *Addiction As An Attachment Disorder* (Lanham: Jason Aronson, 2004)를 참조하라.

20 Kohut, "Introspection, Empathy, and Psychoanalysis: An Examination of the Relationship Between Mode of Observation and Theory (1959)," 225.

21 Kohut, "Addictive Need for an Admiring Other in Regulation of Self-Esteem," 126.

22 Kohut, *The Restoration of the Self*, 196-197.

23 Philip J. Flores, *Addiction As An Attachment Disorder* (Lanham: Jason Aronson, 2004), 79.

9

섭식장애

섭식장애의 이해

섭식장애(eating disorder)란 식이장애 혹은 식사장애라고도 하여 소위 '음식을 먹는 일'과 관련한 심리장애라 할 수 있다. 섭식장애는 일반적으로 음식을 지나치게 많이 먹는 폭식증(혹은 신경성 폭식증)과 음식을 먹는 일을 지나치게 거부하는 거식증(혹은 신경성 식욕부진증)으로 크게 분류할 수 있는데, 때때로 두 형태의 섭식장애는 그 양상이 함께 나타나기도 한다. 섭식장애의 연구는 1694년 리처드 모튼(Richard Morton)[1]이 의도적으로 식사를 줄여서 생기는 신경성 쇠약(atrophy)을 의학적 관점으로부터 거론한 것을 시작으로 1868년 걸(W. W. Gull)[2]이 처음으로 거식증에 대하여 기술하였다. 20세기로 들어서면서 미국의 정신분석가인 힐데 부르흐(Hilde Bruch)[3]에 의해서 거식증에 대한 본격적인 치료법이 연구되었으며, 폭식증 역시 20세기에 들어서서야 섭식장애의 하나로 인식되어 연구되기 시작했다.

먹는 일에 대한 이러한 장애들의 동기와 원인은 사실상 여러 가지 관점으로부터 분석될 수 있으나, 특별히 현대 사회 전반에 걸쳐 만연된 외모 지상주의 문화에 그 원인을 돌리게 되는 지나친 다이어트의 다양한 현상과 무관하지 않은 것으로 보이기도 한다. 어떤 이가 "현대 사회를 살고 있는 사람들의 반은 다이어트하고 있는 사람, 나머지 반은 다이어트를 하려고 결심하는 사람"이라고 현대인을 분류하는 것을 들은 적이 있다. 흥미로운 표현이다. 그 표현만큼이나 우리 주변에는 먹는 것과 체중을 조절하는 일에 대해서 집착하는 양상들이 매우 보편적으로 편재해 있다는 얘기이기도 하다. 그렇게 섭식장애는 마치 현대 사회에서 매우 빈번하게 일어나는 다이어트라는 하나의 사회문화적 현상의 부작용처럼 자리를 잡게 된 듯싶다.

그렇다면 섭식장애는 정말 단순히 다이어트의 문제로 인한 결과 중 하나일까. 그러나 사실상 섭식장애를 단순히 먹는 일에 이상행동과 현상을 보이는 장애로만 바라볼 수는 없는 일이다. 다시 말하면, 섭식장애가 과도한 다이어트를 조장하는 사회문화적 현상에 그 동기를 둔다 해도 먹는 일을 과도하게 통제하는 다이어트 행동과 현상 그 자체로 섭식장애의 원인을 간단히 규명할 수 없다는 얘기이다. 즉, 섭식장애로 나타나는 가장 두드러진 외형적 특징들이 음식 섭취와 체중에 대한 지나친 강박적 집착을 보이는 행동과 현상이라고 해서 섭식장애를 단순히 음식이나 체중과 관련된 문제로만 볼 수는 없다는 말이다. 따라서 섭식장애는 단순히 의지가 부족하여 생기는 문제가 아니기 때문에 가령 강제로 먹게 해서 문제를 쉽게 해결할 수 있는 것도 아니고 혹은 일시적으로 집중된 다이어트의 하나 정도라 그저 지나가는 현상으로 가볍게 생각하고 기다릴 수도 없는 문제다.

물론 섭식장애의 유일하고도 명료한 원인이 정확하게 무엇인지 현재까지 분명하게 알려지지는 않았으나 섭식장애를 일으킬 가능성이 있는 요인들을 생각해 볼 때, 섭식장애의 원인에는 한 가지라기 보다는 여러 요인이 함께 작용하는 경우가 많다. 그 요인들로는 앞서 언급했듯이 사회문화적 요인뿐 아니라 유전적 요인, 개인의 심리적이고 성격적 요인, 또는 가족 내의 환경적 요인 등을 들 수 있다. 그러나 앞서 섭식장애를 음식과 관련한 심리장애라고 간략하게 정의했듯, 오히려 섭식장애는 무엇보다도 그러한 복합적 요인들과 함께 상호작용하는 심리장애라는 측면에서 이해될 필요가 있다. 즉, 먹는 일과 관련한 이상행동과 현상들 뒤에 가려져 있는 그/그녀의 마음속 심리적인 문제들에서 그러한 행동과 현상들로 표현되는 섭식장애의 복합적 요인들의 원인을 발견할 수 있다는 얘기다.

1) 신경성 식욕부진증

W양은 19세로 발레를 전공하는 학생이었는데 너무 몸이 말라서 부모님의 강요로 인해 병원에 오게 되었다. 그녀는 발레에 오랫동안 흥미를 가져 왔고 8세에 선생님으로부터 뛰어난 재능을 인정받아 14세부터는 국립발레단의 단원이 되었다. 그런데 이상하게도 15세 때부터 과식한 느낌이 들면 구토를 하기 시작하면서 먹는 일에 어려움을 겪게 되었다. 그것은 발레 선생님에게 칭찬을 받으려는 마음에서 악착같이 다이어트를 하기 시작하면서 생기게 된 일이다. 지난 3년 동안 W양은 하루에 한 번 저녁에 폭식을 하고 나서 스스로 토하는 일을 해 오게 되었다. 그녀는 부모님이 잠자리에 든 후 밤늦게 케이크를 수십 개씩 먹거나 또는 아이스크림을 몇 통씩 먹곤 하였다. 그녀의 부모님은 딸의 식성에 문제가 있다고 미심쩍어 했으나 정작 그녀 본인은 그것을 상담받으러 오기 한 달 전까지만 해도 완강하게 부인하였다. W양은 15세 때 키가 174cm였고 16세 때 최고 몸무게는 약 55kg이었으나 본인 스스로는 살이 찌고 있다고 생각했고 그래서 다이어트를 하기 시작하여 지난 3년간 그녀의 몸무게는 45kg에서 47kg 정도였다.

그녀는 발레를 하고 있는 사람으로서 규칙적으로 운동했고, 폭식할 때를 제외하고는 지방질이 높은 음식이나 단 것은 피해 왔고 엄격하게 채식주의자로 살아왔다. 그래서 다른 사람 앞에서는 마음 편하게 먹지 못했고 다른 사람들과 함께 식사하는 상황을 가급적 피하려고 했다. 결국 이러한 식사 문제는 W양의 사회생활을 위축시키기도 하였고 16세 이후부터는 월경을 거르는 달이 많아지게 되었다. W양의 부모님은 그녀가 학생으로서는 월등하나 사회에서는 그렇지 못한 것에 대해 걱정스러워했다. 그녀는 친한 여자친구도 별로 없었고 남자친구와의 데이트를 해 본 적도 없었다. 그녀는 자신의 식사 문제에 대해서 다소 걱정을 하였지만 특별히 다른 문제는 없는 것으로 생각하고 있었다. 그녀의 태도는 진지했고 유머감각은 없었으나 우울해 보이지는 않았고 사고장애는 없었다.[4]

(1) DSM-5-TR의 진단기준

섭식장애를 진단하는 기준들은 대체로 DSM(Diagnostic and Statistical Manual of Mental Disorders)을 참고하게 되는데, 신경성 식욕부진증(anorexia nervosa: 거식증)은 1960년 이후 그 증후군에 대한 관심이 높아지면서 DSM-III-R(1987)에 처음으로 하나의 정신장애로 공식적으로 기술되었다. 여기서는 DSM의 가장 최근 개정판인 DSM-5-TR의 진단기준에 기술되어 있는 것을 중심으로 신경성 식욕부진증의 특징들을 먼저 살펴보기로 한다.

신경성 식욕부진증의 첫 번째 진단기준은 자신의 나이와 키에 비해 체중을 최소한의 정상 수준이나 그 이상으로 유지하기를 거부하는 것이다. 예를 들어, 나이와 키에 적절한 정상체중보다 85% 적은 체중을 유지하기 위해서 체중을 감량하거나 성장 기간 중에 예상되는 정상적인 체중의 증가에 실패하여 정상체중보다 적은 체중으로 유지되는 것을 말한다(진단기준 A). 그러나 이러한 기준은 일정한 나이와 키에 해당하는 모든 사람들에게 일관되게 적용될 수 있는 표준치로 인정되기는 어렵기 때문에 그저 참고가 되는 하나의 지침일 뿐이다. 또한 거식증이 아동기나 초기 청소년기에 발생했을 경우, 체중이 감소되었다기보다는 발달 과정에서 자라고 있는 키에 비례하여 예상되는 체중으로 증가되지 않은 상태라 볼 수도 있다.

두 번째는 체중이 미달임에도 불구하고 체중 증가나 살찌는 것에 대한 강한 공포심을 보이는 경우다(진단기준 B). 신경성 식욕부진증 장애를 가진 사람들이 가지는 비만에 대한 극도의 염려는 실제 체중이 지속적으로 감소하는 데에도 불구하고 계속되거나 더 심해진다. 따라서 가장 최소의 음식만으로 제한되는 극단적으로 절제된 식사를 하게 되고 하제를 남용하거나 혹은 과도한 운동을 동반하기도 한다.

세 번째는 자신의 체중과 체형을 지각하는 방식에 장애가 있어서 체중이나 몸매가 자기평가에 과도한 영향을 미치거나 또는 현재의 체중 미달에 대한 심각성을 부정한다(진단기준 C). 즉, 이 장애를 가진 사람들의 일부는 자신들이 전체적으로 과체중이라고 느끼기도 하고 또한 어떤 이들은 자신들이 어느 정도 말랐다는 것을 알고 있음에도 불구하고 대신 자신들의 신체의 특정 부분들, 특별히 배, 엉덩이, 허벅지 등이 너무 뚱뚱하다고 여전히 걱정한다. 따라서 지나치게 자신들의 체중을 재고 또한 신체의 부분들을 매우 강박적으로 측정하게 된다.

여기에 덧붙여 DSM에서는 좀 더 분명한 진단을 위하여 이와 같은 신경성 식욕부진증의 증상을 나타내는 사람을 다음의 두 형태로 세분된 하위 유형으로 제안하고 있다. 그 하나의 형태는 대부분의 폭식/제거형 신경성 식욕부진증의 경우로서 폭식과 더불어 스스로 구토를 유도하거나 하제를 오용하는 제거행동이 함께 나타나는 경우다. 두 번째는 폭식/제거형의 일부로서, 폭식은 하지 않지만 소량의 음식을 섭취한 후 규칙적으로 제거행동을 하는 경우를 들고 있다.[5]

(2) 주요 증상과 특징

일반적으로 거식증이라 부르는 식욕부진증을 나타내는 영어 'anorexia'는 결핍을 뜻하는 'an'과 식욕을 의미하는 'orexis'라는 그리스어의 합성어에서 유래하였다고 한다. 이름의 어원에서 암시하듯 거식증이라는 이름은 식욕에 대한 결핍 혹은 상실이라는 의미를 담고 있다. 그러나 거식증이라는 용어가 식욕상실을 의미한다는 것만으로는 거식증에 대한 명확한 용어해석은 아니라는 의견이 제기되기도 하는데, 개버드는 식욕부진증이라는 말, 즉 anorexia가 잘못 이름 붙여진 것이라고 주장한다. 그 이유는 거식증이라는 장애의 중요한 문제가 바로 식욕의 상실이라는 것을 함축하고 있는 것 같기 때문이다. 그러나 거식증의 중요한 실제 문제는 식욕의 상실이나 결핍이 아니라 비만이나 체중이 증가한다는 것에 대한 극도의 공포 때문에 비정상적으로 공복감을 통제하여 체중을 줄이려고 매우 과도하게 노력한다는 점이다.[6]

앞에서 제시된 사례에서 볼 수 있듯이 극도의 다이어트를 하고 난 후의 W양의 몸무게는 그녀의 신장을 고려해 볼 때 정상 수준보다는 낮은 체중이라고 할 수 있는데, 그럼에도 불구하고 비만에 대한 염려로 그녀는 여전히 다이어트를 계속하고 있다. 또한 자신의 마른 몸매에 대한 왜곡된 지각으로 인해 자신의 체중 미달에 대하여 별로 심각하게 느끼지도 않으며 게다가 무월경증의 증세도 보인다. 그러나 그녀에게는 너무 과도한 다이어트의 결과 때때로 억제할 수 없는 식욕으로 인해 폭식과 구토를 반복하는 현상까지 생기게 되었다. 이렇게 볼 때 W양이 보이는 양상들은 DSM의 기준들을 토대로 신경성 식욕부진증이라 진단될 수 있는 높은 가능성을 뒷받침해 준다.

이처럼 신경성 식욕부진증을 가진 사람들은 식욕을 잃어버린 것이 아니다. 오히려 그들은 자신들이 음식을 섭취하지는 않지만, 음식에 대한 관심과 흥미가 많아서 흔히 요리법을 배우거나 다른 사람을 위해서 여러 가지 음식을 만드는 것을 즐긴다. 이는 바로 자신들이 먹지 않게 되면서 가지게 되는 공복에 대한 고통과 결핍, 그리고 식욕에 대한 통제를 음식과 요리에 집중하면서 해소하는 것이다. 그래서 어떤 이들은 자신들은 먹지 않으면서 때때로 음식을 몰래 숨겨 두거나 모아서 저장해 두기도 한다. 그럼에도 불구하고 자신들은 배가 고프다고 전혀 생각도 하지 않고 자신들이 배가 고프고 지쳐 있다는 사실 그 자체를 강하게 부정한다. 따라서 치료의 필요성과 심각성을 인정하지도 않으며, 더구나 체중이 주는 일과 먹지 못하는 일에 대하여 호소하는 경우는 거의 없다. 왜냐하면 그들은 아직도 자신들의 몸, 혹은 몸의 부분들이 너무 비만하다고 생각하기 때문이다.[7]

그 결과, 신경성 식욕부진증을 가진 사람들은 여러 가지 심각한 신체적 증후를 나타내는데, 가령 변비, 복통, 추위를 견디는 내성이 떨어짐, 무기력감, 저혈압, 저체온, 부정맥, 빈혈, 신장 기능장애, 골다공증, 피부건조증 등이 발생할 수 있으며, 경우에 따라 몸에 가느다란 솜털 같은 체모가 생기기도 한다. 게다가 의도적인 구토가 규칙적으로 유도될 경우, 위산으로 인해 치아의 법랑질이 부식되며 구토를 유도하는 데 손을 사용했을 경우 손등에 흉터가 생기기도 한다. 이러한 증상들에도 불구하고 신경성 식욕부진증이 있는 사람들은 그것들을 그다지 심각하지 않게 무시해 버리거나 치료에 대하여 강하게 저항한다. 그래서 신경성 식욕부진증은 때때로 사망에도 이르게 하는 치명적인 결과를 초래할 수도 있다.[8]

2) 신경성 폭식증

K양은 28세의 미혼 직장 여성으로 자신의 식성에 대하여 자발적으로 상담을 받으러 왔다. K양은 4남매 중 셋째로 어릴 때부터 튼튼했고 몸의 상태가 좋아 부모님으로부터 용돈을 더 받기도 했다. 그녀는 초등학교 때부터 육상 선수를 했으며 피겨스케이팅에 흥미가 있어서 중학교 때는 피겨스케이팅 선수로 지방대회에서 입상까지 하였다. 점점 더 피겨스케이팅 훈련에 시간과 노력을 쏟게 되고, 결국은 피겨스케이팅의 특기생으로 명문대에 입학하기 위해서 지방에서 서울의 고등학교로 전학을 오게 되었다. 전학 온 새 학교에서 그녀는 기숙사에서 지내게 되었으며 교우 관계도 좋고 공부도 잘하였으며 새로운 코치 선생님 밑에서 훈련을 받으며 열심히 피겨스케이팅을 연습했다. 그러던 어느 날 몸무게를 좀 줄여 보지 않겠느냐는 코치 선생님의 제안에 자극을 받은 K양은 엄격한 운동 프로그램과 다이어트를 시작하게 되었다. 매일 추가로 스케이팅 연습을 했고 에어로빅을 다녔으며 다이어트를 위해 고기도 피하고 디저트도 먹지 않았다. 그러다 보니 친구들과도 점점 소원해지게 되었다.

그렇게 기숙사에서 보내던 1년 동안 K양의 몸무게는 58kg에서 45kg까지 줄었고 월경도 불규칙하게 되었다. K양이 여름 방학에 집으로 돌아왔을 때, 부모님은 그녀의 몸을 보고 무척 놀랐고 정신과 의사에게 데려갔지만, 그녀는 치료받기를 거부하였다. 방학에 집에 있으면서 그녀는 학교에서 했던 다이어트 프로그램을 계속하려고 노력했지만, 자신의 식습관이 변하게 되었고 식욕을 통제하기 위해 힘든 싸움을 하고 있음을 깨닫게 되었다. 가끔 한 번씩 부모님이 잠자리에 든 후 몰래 밤늦게 한 박스의 과자와 몇 통의 아이스크림을 사다가 먹기 시작하였다. 학교로 돌아온 후에도 일주일은 다이어트를 하고 주말에는 과식을 하곤 했다. 결국 몸무게는 점차 늘어났고 고등학교 3학년 2학기가 마칠 무렵에는 56kg가 되었고 9개월 동안 멈췄던 월경도 다시 시작되었다.

고등학교를 졸업한 후 K양은 서울에 있는 명문 대학에 특기생으로 입학하게 되었고 공부는 잘했지만 뛰어난 편은 아니었다. K양의 몸무게는 계속해서 늘어났고 1학년 가을에는 68kg까지 몸무게가 늘어나게 되었다. 그러나 겨울 방학에 집에 와서도 주말에 과자나 스낵을 먹는 것을 그만둘 수 없었다. 몸무게가 더 늘어날까 봐 두려워 결국은 과식을 하고 나서 구토를 하기로 결심하였고, 또 필요하면 설사약을 사서 먹기도 했다. 그렇게 해서 과식습관이 시작되었고 지난 10년 동안 일주일에 몇 번씩 구토를 하게 되었다. 대학을 졸업하고 직장을 다닐 때는 주로 주말에 날을 잡아 초콜릿과 과자 그리고 아이스크림 등을 잔뜩 사 와서 TV를 보면서 그것들을 대략 1시간 만에 다 먹어 치웠다. 또 그것으로 모자라면 냉장고에 남아 있는 것까지 모두 먹어 버렸고, 그러고 나서 약을 먹거나 구토했다. K양은 그러한 자신의 혐오스러운 행동을 부끄러워했고 그런 짓을 그만두기로 결심하곤 했지만 곧 2주도 안 돼서 다시 과식하게 되었고, 과식을 하지 않을 때는 또한 악착같이 다이어트를 하려 애를 썼다. 현재 그녀의 몸무게는 65kg 정도가 되었다. K양은 자신의 먹는 문제와 몸무게에 대한 걱정 때문에 사회생활에 지장을 받고 있다고 생각하고 있었다.[9]

(1) DSM-5-TR의 진단기준

신경성 폭식증(bulimia nervosa: 폭식증)에 대한 DSM-5-TR의 진단기준은 첫째로 폭식이 계속 반복되는 일화가 있고 그 폭식의 일화는 다음의 두 가지 특징들로 나타난다. 그 특징들의 하나는 일정하게 정해진 시간 동안(예를 들면, 두 시간 동안) 대부분의 다른 사람이 유사한 시간과 조건에서 먹는 양보다 분명히 많은 양의 음식을 먹는다(진단기준 A1). 이 경우 전문가는 그 많은 양의 음식을 섭취하게 된 주변 상황을 고려할 필요가 있는데, 가령 특정한 기념 파티나 연회, 혹은 휴일 같은 경우에 하는 식사는 일반적으로는 과도한 식사량이라도 정상으로 고려될 수 있는 것이다. 또한 일정한 시간이란 일반적으로 2시간 이내의 제한된 시간을 가리키지만, 이 기간에 일어나는 폭식은 반드시 한 장소에만 국한되지 않는다. 예를 들어, 같은 일정한 시간 동안이라도 한 식당에서 폭식하기 시작해서 집으로 돌아온 후에도 폭식이 계속 이어질 수 있다. 그렇지만 하루 종일 적은 분량의 음식을 계속 먹는다고 해서 그 경우를 폭식으로 간주하지는 않는다.

반복되는 폭식의 또 하나의 특징은 바로 폭식의 일화가 나타나는 동안은 먹는 일을 통제할 수 없다는 것이다. 가령, 먹는 것을 멈출 수 없거나 무엇을 얼마나 먹을 것인지 조절할 수 없다는 느낌을 가진다는 것이다(진단기준 A2). 그래서 신경성 폭식증이 있는 사람들은 자신들의 이러한 먹는 문제를 수치스럽게 생각하고 그것을 감추려 하기 때문에 폭식은 일반적으로 가능한 한 눈에 띄지 않게 비밀리에 일어난다. 늘 그런 것은 아니지만 그들은 대개 빠르게 음식을 먹어 치우며, 그러한 폭식은 위가 불편하고 고통스러울 정도가 될 때까지 지속된다. 그럼에도 불구하고 폭식에 저항하는 데 어려움을 가지며 폭식을 멈추는 조절 능력의 상실이 행동으로 나타나게 된다.

두 번째의 진단기준은 폭식 후 체중 증가를 막기 위해 스스로 구토를 유도하거나, 하제나 이뇨제 혹은 관장제 등 기타 약물을 남용하거나, 금식 또는 과도하게 운동을 하는 것과 같은 부적절한 보상행동이 반복적으로 나타난다(진단기준 B). 신경성 폭식증이 있는 사람들은 여러 가지 방법으로 자신들의 폭식을 보상하기 위한 시도를 하는데, 그 시도들 중 가장 흔한 방법이 바로 폭식 후 손가락이나 기구를 사용해서 스스로 구토를 유도하는 것이다. 구토는 폭식 후 신체적 불편함을 없애 주고 체중 증가에 대한 두려움을 줄여 주는 즉각적인 효과가 있어서 일부의 경우에는 구토 그 자체가 목표가 되기도 한다. 또한 다른 하제들을 사용하기도 하고 하루 종일 혹은 그 이상으로 금식을 하기도 하며 때로는 일상의 다른 활동에 지장을 줄만큼 지나치게 운동을 하기도 한다. 셋째는 이러한 폭식과 그에 따르는 부적절한 보상행동이 평균 3개월 동안 일주일에 적어도 1회 이상 일어난다(진단기준 C).

넷째, 체중과 체형이 자기평가에 지나친 영향을 미친다(진단기준 D). 즉, 자기를 평가하는 일에 있어서 체중과 몸매를 지나치게 강조하며 자신의 자존감을 결정하는 데 체중과 몸매가 매우 중요한 요소가 된다. 신경성 폭식증의 마지막 특징으로, 이러한 장애가 신경성 식욕부진증의 일화가 있는 동안에서만은 일어나지 않는다(진단기준 E). 다시 말해서, 신경성 폭식증을 가진 사람들 역시 체중이 늘어나는 것을 두려워하고 자신들의 신체에 만족하지 못하고 체중이 감소하기를 원한다는 점에서 신경성 식욕부진증이 있는 사람들과 매우 유사하지만, 그렇다고 해서 신경성 식욕부진증의 일화가 일어나고 있는 동안에만 그러한 장애가 발생하였을 때는 신경성 폭식증이라 진단할 수 없다는 것이다.[10]

(2) 주요증상과 특징

폭식증의 의미를 그 어원을 통해서 살펴보면, 'bulimia'는 그리스어

'boulimia'에서 유래한 말로서 'bous'는 황소를, 'limos'는 배고픔을 의미한다고 한다. 즉, 폭식증이라 붙여진 이름은 황소처럼 엄청나게 많이 먹는 식욕이나 그 섭취의 엄청난 정도를 뜻하는 말에서 온 것이다. 그래서 신경성 폭식증은 말 그대로 일정한 시간 동안 보통사람보다 비정상적으로 음식을 매우 많이 섭취하는 폭식행동에서 그 대표적인 특징을 찾을 수 있다. 그러나 그 폭식행동 후에는 그렇게 섭취한 많은 양의 음식을 제거해 내는 여러 가지 행동이 반드시 반복적으로 뒤따르게 되는 것이 신경성 폭식증의 대표적인 또 하나의 특징이다. 따라서 어떤 경우는 많은 양의 폭식을 하지 않았는데도 자신이 필요한 양보다 많이 먹었다고 느끼게 되어 습관적으로 그것을 비워버리고 싶은 강한 충동을 느끼게 되기도 한다.

전형적인 신경성 폭식증의 양상들을 보여 주는 K양의 사례에서처럼, 또한 신경성 폭식증은 체중만으로 그 장애의 여부를 진단할 수 없다. 즉, 신경성 폭식증을 가진 사람은 반드시 정상체중보다 많은 과체중일 것이라고 판단할 수 없으며, 그렇다고 해서 신경성 폭식증에 당연히 저체중인 사람은 없을 것이라는 근거도 없다. 오히려 신경성 폭식증을 가진 사람의 체중은 약간의 과체중과 저체중을 보이는 경우가 있어도 일반적으로는 정상체중의 범위에 있는 경우가 많으며, 이런 점에서 신경성 식욕부진증과 구별된다. 신경성 폭식증은 또한 K양의 사례에서 부분적으로 보여 주고 있는 것처럼, 과도한 다이어트를 하고 음식을 심하게 통제하는 신경성 식욕부진증으로부터 발전하기도 한다. 게다가 이들은 다양한 음식으로 정상적인 식사를 하기도 하고 혹은 끊임없이 지속적으로 심한 다이어트를 하는 경우도 있지만, 그 어느 쪽이라도 먹는 일로부터 자유로운 것이 아니다. 이들은 늘 폭식과 제거라는 반복행동을 통해서 음식이라는 적과 사투를 벌이고 있는 것이다.

조절할 수 없는 폭식이 일단 시작되면 폭식을 하는 사람들은 온갖 방법을 동원해서 음식을 마련하고 도무지 멈출 수 없이 모든 음식을 거침없이 먹어 치운다. 이는 아마도 폭식 중에는 음식이 마치 마취제처럼 작용하면서 먹고 있는 동안에는 아무것도 문제될 것이 없다고 느끼기 때문이다. 그러나 그러한 폭식 후에 오는 자기 자신에 대한 끔찍한 수치심과 또한 그러한 폭식이 불러올 체중 증가에 대한 엄청난 두려움은 결국 폭식으로 인한 손상을 마치 마술처럼 없애는 제거행동으로 이어지게 한다. 이러한 반복적 행위는 처음에 체중을 조절하기 위해 시도했던 것과는 다르게 이제는 자신도 통제할 수 없는 행동이 되어 버리고 그러한 반복적 폭식과 제거의 행동이 자신의 삶을 지배하게 되었다고 느끼게 된다. 날마다 오늘은 폭식을 하지 않겠다고 맹세를 하지만 곧 폭식에 대한 안정감과 편안함의 유혹에 빠져들게 되어 번번이 그날의 결심은 실패하게 되면서, 결과적으로 그러한 자신을 경멸하고 수치스럽게 느끼는 고통스러운 삶의 악순환에 빠지게 되는 것이다.[11]

반복적인 폭식과 구토는 역시 여러 가지 심각한 신체적 문제를 야기할 수 있는데, 치아 법랑질의 손상, 불규칙한 월경 혹은 무월경이 나타날 수 있고 심하면 식도 손상, 위 파열, 심 부정맥 등의 치명적인 합병증을 유발할 수 있다. 특별히 하제를 사용하는 신경성 폭식증의 경우는 수분 및 전해질 장애의 문제가 심각해질 수 있기도 하다. 게다가 신경성 폭식증이 우울증을 동반하게 되면 긴장감, 무기력감, 실패감, 자기비하적 생각을 많이 하게 되며, 자해나 자살을 기도하는 경우도 종종 생길 수 있다.[12]

3) 폭식장애

앞서 살펴본 것처럼 신경성 식욕부진증과 신경성 폭식증에 덧붙여

DSM-5-TR에서 정신장애들로 기술하고 있는 또 하나의 섭식장애는 폭식장애(binge-eating disorder)다. 폭식장애의 첫 번째 진단기준은 반복적인 폭식이 일어나고 폭식을 하는 동안 먹는 것에 대한 통제력을 상실하는 느낌이 있는 것이다(진단기준 A1, A2). 이 경우는 신경성 폭식증의 진단기준 A1, A2와 동일하다. 두 번째는 폭식이 일어나는 동안 다음 증상들의 세 가지 혹은 그 이상이 동반되는 경우다. 즉, 평소보다 많은 양을 훨씬 더 빨리 먹는 것(진단기준 B1), 배가 불편할 정도로 부를 때까지 먹는 것(진단기준 B2), 신체적으로 배가 고프다고 느끼지도 않으면서 많은 음식을 먹는 것(진단기준 B3), 자신의 과식이 부끄러워 혼자 먹는 것(진단기준 B4), 폭식 후 자신에 대한 혐오감, 우울감, 혹은 심한 죄책감을 느끼는 것이다(진단기준 B5). 셋째는 폭식과 관련하여 불쾌함과 염려 등의 심각한 고통이 있다(진단기준 C). 넷째, 폭식은 평균적으로 최소 3개월 동안 일주일에 1회 이상 일어난다(진단기준 D). 다섯째 증상은 폭식 이후에 부적절한 보상행동(스스로 유도되는 구토, 금식, 과잉운동)이 따라오지 않으며, 신경성 식욕부진증이나 신경성 폭식증이 있는 경우에만은 일어나지 않는다(진단기준 E).[13]

폭식장애가 신경성 폭식증과 다른 가장 큰 차이점은 폭식 후 제거행동을 하지 않는다는 점인데, 바로 이 때문에 폭식장애가 있는 사람들은 대부분 평균체중보다 비만한 과체중을 가지게 되지만 그렇다고 해서 과체중인 사람들에게 모두 폭식장애가 있는 것은 아니다. 즉, 폭식장애와 비만은 혼동될 수 있지만 부적절한 식사, 운동 부족, 혹은 유전적인 원인 등 다양한 요인들에 의해서 과체중을 가지게 되는 단순한 비만과는 분명히 다른 것이다. 폭식장애는 폭식 이후 그것을 제거하려는 구토와 같은 행동을 하지 않기 때문에 폭식장애가 있는 사람이나 그 주변 사람들도 폭식을 그렇게 심각한 문제라 생각지 않고 단지 식욕에 대하여 통제하는 의지가 부족해서 생기는 일이라고 여기는 경우가 많다. 그러나 폭식장애가 있는 사람들은 주로 불안하거나 우울할 때 혹은 스트레스가 심할 때 폭식의 욕구를 가진다고 하며, 폭식을 통해서 그러한 기분들이 해소되는 것을 느낀다. 따라서 폭식장애는 먹는 일을 통해서 일상의 심리적 긴장과 압박감을 해결하려 하는 정신적 장애라 할 수 있으며 신경성 식욕부진증과 신경성 폭식증만큼이나 심각한 심리장애인 것이다.[14]

정신 역동적 이해

섭식장애에 대한 정신 역동적 이해로는 무엇보다도 힐데 부르흐(Hilde Bruch)[15]의 신경성 식욕부진증에 대한 지속적인 정신분석학적 연구들을 들 수 있다. 신경성 식욕부진증을 가진 사람들의 장애는 음식과 체중에 대한 집착 그 자체와 관련된 것이 아니라 근본적으로 자기개념의 장애가 선재하는 것이라고 브루흐는 지적한다. 즉, 신경성 식욕부진증이 있는 사람들은 대부분 자신이 무력하고 쓸모없는 존재라고 여기고 자기존중감이 매우 낮은 편이다. 그리고 부모와의 밀착된 관계를 보이는데, 이들은 어릴 때부터 지나치게 부모의 말을 잘 듣고 부모를 기쁘게 하려고 노력하며, 마치 자신의 신체가 부모에게 속해 있고 자신으로부터는 분리된 것처럼 스스로 신체 기능을 조절할 수 없다고 느끼기도 한다.

특별히 이들의 엄마는 대개 아이의 필요에 의해서라기보다는 자신의 필요에 따라 아이를 양육하기 때문에 아이는 엄마로부터 자신을 안심시키고 확신시키는 반응을 받지 못하여 건강한 자기감을 발달시키지 못한다. 그렇게 되면 아이의 자기 스스로는 주체적이거나 자율적이 되지 못하고 단지 엄마의 한 부분에 지나지 않는 것으로 자기를 경험하게 된다. 브루흐에 따르면, 신경성 식욕부진증을 가진 사람들의 행동양상은 자신들이 특별하고 독특한 개성을 가진 사람들이라는 존경과 신뢰를 타인으로부터 얻기 위한 필사적인 노력이라 이해될 수 있다는 것이다. 즉, 미숙하지만 진정한 자기를 주장하고 자기의 고통을 알리려고 외치는 하나의 방식일 것이다.

신경성 식욕부진증을 가진 사람들이 가족 내에서 맺는 관계양상과 관련하여 미누친(S. Minuchin)과 그의 동료들[16]은 설명하기를 그들의 가족 구성원들은 각각 서로에게 지나치게 개입하며 서로의 경계를 허물고 있어서 이들은 가족으로부터 독립된 주체감을 느끼지 못한다는 것이다. 결국 그들은 엄마로부터 심리적으로 독립하지 못하고 자신들의 신체에 대한 안정감을 얻지 못하게 되는 것이다. 자신의 신체가 마치 엄마로부터 조종당하는 것처럼 느껴지고 엄마의 규제나 간섭과 같은 나쁜 것들이 자신의 몸속에 들어오는 것처럼 생각되어, 자기 몸속의 그러한 것들을 공격하기 위해서 금식하게 되는 것이다. 이는 바로 진정한 자신을 지키기 위한 극단적인 방어 자세라 할 수 있다.[17] 이와 유사하게 신경성 폭식증을 가진 사람의 가족들 역시 서로에게 지나치게 의존하는 경향이 있다. 그들 가족원은 서로서로 모두에게 스스로 좋은 사람이 되어야 하고 그렇게 비치고 싶은 매우 강한 욕구를 가진다. 따라서 좋은 부모여야 하는 이유 때문에 부모가 가지는 나쁜 특성들은 모두 신경성 폭식증을 가진 아이에게 투사되고, 이 아이는 폭식을 통해서 부모 혹은 다른 가족들의 문제를 떠안게 되는 것이다.

신경성 폭식증을 가진 사람은 대개 부모로부터 분리되는 것에 어려움이 있는 것으로 알려져 있다. 알랜 굳싯(Alan Goodsitt)[18]에 따르면, 그들의 발달 과정 중에는 엄마로부터 심리적으로 분리되는 것을 돕는 인형이나 담요 같은 중간 대상(transitional objects)이 없었다는 것이다. 따라서 이들은 엄마로부터의 분리를 위해 자신들의 몸 그 자체를 중간 대상처럼 사용하게 되었다는 얘기다. 신경성 폭식증은 신경성 식욕부진증과는 달리 비교적 정상체중의 범위 안에 있으며 폭식 후 제거행동을 하는 것이 특징이다. 즉, 폭식을 하는 것은 엄마와 다시 융합되고 싶은 소망을 표현하는 것이며, 구토와 같은 제거행동은 엄마와 분리되려는 노력을 나타낸다. 따라서 신경성 폭식증을 가진 사람에게서는 충동적이고 무책임하며 무절제한 특성이 보이는 반면, 신경성 식욕부진증에서는 매우 혹독한 자기절제와 강한 자기통제를 보인다. 대부분의 신경성 폭식증이 있는 사람들은 스스로 폭식할 때만 자율적인 독립체가 되고 전체적인 자기 존재감이나 가치는 오로지 체중에 의해서만 규정될 뿐이어서 부정적인 자기평가와 자신의 몸에 대한 왜곡된 인식이 늘 자리 잡고 있다.[19]

자기의 장애로서의 섭식장애

코헛의 자기심리학은 인간이 태어나서 자라나는 동안 유아의 자기애적 자기의 발달 과정 안에서 유아의 자기가 그 자기대상의 공감적 돌봄을 통하여 어떻게 건강하고 응집력 있는 자기로 구축되는지에 초점을 두고 있다. 만일 유아의 자기가 구조적으로 건강하고 응집적인 자기로 발달하지 못한다면 그것은 자기를 구축해 가는 과정에서 자기대상의 공감적 보살핌의 심각한 실패로 인하여 생기는 자기구조의 결핍 때문이다. 이렇게 되면 유아는 심각한 자기애적 외상(narcissistic trauma)을 경험하게 되고 자기의 구조적 결핍

안에서 자기의 결함을 경험하게 되며, 이는 결과적으로 자기병리의 원인이 되는 것이다. 이러한 자기의 병리적 측면들은 코헛이 자기심리학의 틀 안에서 관심을 두었던 자기애성 성격장애의 앞선 논의에 잘 나타나 있는데, 결국 자기애성 장애의 원인은 자기의 발달 과정에서 유아기에 자기애가 충분히 잘 발달될 기회를 잃어버렸기 때문에 자기구조를 건강하게 잘 구축할 수 없었던 발달의 결핍 때문인 것이다.

코헛은 자신이 분류한 자기의 병리 중 자기애성 장애로서의 자기애성 성격장애와 더불어 성도착이나 중독증 또는 반사회적 비행과 같은 행동으로 나타나는 자기애성 행동장애에 관심을 두었는데, 여기서 코헛은 섭식장애를 중독의 연장선상에서 자기애성 행동장애로 분류하였고, 중독을 보는 것과 같은 관점으로부터 논의하고 있다. 특별히 코헛은 중독적 행동의 범주 안에 섭식장애를 포함시키고 있는데, 여기에서 코헛이 말하는 중독적 행동은 마약 혹은 다른 중독적 화학물질의 중독뿐만이 아니라 음식이나 섭식장애까지 모두 포함하는 물질남용(substance abuse) 장애와 관련이 있으며, 이러한 중독적 성향은 자기의 구조적 결핍에서 기인한다고 보고 있다.[20] 이처럼 코헛은 섭식장애를 자기애적 상처로 인해 생기는 자기의 구조적 결핍이 외적으로 행동화되어서 드러나는 자기애성 행동장애의 하나로 보고 있는 것이다.

단지 음식과 체중의 문제라고 보이는 현상들을 넘어서서 심리장애로서의 섭식장애의 현상과 심리적 원인을 정신 역동적 관점에서 분석해 보고자 할 때, 특별히 섭식장애를 자기의 장애의 하나로 보는 코헛의 자기심리학은 자기의 장애의 원인인 자기애적 상처가 섭식장애로 나타나는 현상들 속에서 어떻게 자기의 구조적 결핍을 반영하고 있는 것인지 고찰하고 있다는 점에서 우리에게 의미 있는 통찰을 주고 있다.

1) 자기의 결핍

코헛이 말하는 건강한 자기란 자기대상으로서의 부모가 제공하는 최적의 공감적 기능을 통해서 발달하게 되는데, 그러한 자기대상의 역할은 "자기의 일부로 경험되는 대상"[21]으로서의 거울 자기대상(mirroring selfobject), 이상화 자기대상(idealized selfobject), 그리고 쌍둥이 자기대상(twinship selfobject)으로 기능하는 것이다.[22] 즉, 유아의 과대성과 과시성을 잘 반영해 주며 인정해 주고, 유아의 이상화를 즐겁게 받아들이고 유아와의 융합을 허용하며, 또한 그저 말없이 함께 있어 주면서 자신과 일치시키려는 유아의 필요의 대상이 되어 준다면, 유아의 원초적 과대성과 이상화는 내면화된 심리구조로 변형되어 건강한 포부와 현실적인 자존감을 조절할 수 있는 능력을 가지게 되며, 또한 건강한 이상이나 가치를 추구하고 스스로를 달래며 긴장을 견딜 수 있는 응집적인 자기로 발달될 수 있다.[23]

따라서 자기의 장애 혹은 자기애성 장애, 보다 구체적으로 자기애성 행동장애로서의 섭식장애는 바로 그러한 발달 과정을 통한 자기구조의 내면화 과정에 자기대상으로 기능하는 부모의 심각한 공감적 실패로 인해 어떤 결핍이 생겼을 경우 결과하는 것이라 할 수 있다. 코헛의 이러한 자기심리학적 관점 안에서 섭식장애를 논의하고 있는 대표적인 학자들로는 알랜 굳싯[24]과 리처드 가이스트(Richard A. Geist)[25]를 들 수 있는데, 이들은 특별히 신경성 식욕부진증을 중심으로 섭식장애의 많은 특징을 자기의 결핍이라는 측면에서 설명하고 있다.

섭식장애를 가진 사람들, 특히 초기 신경성 식욕부진증 환자들은 만성적으로 반복되는 극심한 긴장 상태로 고통받는다. 즉, 긴장을 달래고 조절하는 능력이 그들 내적 구조에 잘 내면화되지 않은 탓에 그들은 자기들의 긴장을 줄이기 위해서 걷잡을 수 없이 자기 외부로부터 자기를 강하게 자극하는 행위에 전념하게 된다. 이러한 행위들이 바로 계속해서 굶고, 폭식하고, 토하는 것을 반복하는 힘겨운 신체적 싸움인 것이다.[26] 이는 결국 자기대상인 부모의 공감적 실패 때문에 스스로를 달래고 긴장을 조절하는 구조적 기능을 내면화하지 못하게 되어 자기구조의 결핍을 가져오게 되고, 결과적으로 나중에 섭식장애를 가져오게 하는 동기가 된 것이다. 즉, 신경성 식욕부진증과 신경성 폭식증의 증상들 밑바닥에는 자기의 구조적 결함을 채워 보려는 원초적 노력이 깔린 것이다.

일반적으로 신경성 식욕부진증이 있게 된 이들의 가족은 그들의 내적 경험을 어떻게 이해하고 어떻게 격려해야 하는지 잘 모르는 채 그들을 성장시켜 왔다. 그래서 그들에게 불안이나 걱정이 생기면 그것은 무시되거나 축소되거나 아니면 그대로 묵살되어 왔고, 결과적으로 그들의 자기감은 잘 발달되어 오지 못한 것이다. 또한 어떤 부모들은 아이의 근심에 대하여 극도로 긴장한 나머지 자신들이 아이의 근심으로부터 영향받지 않지 않기 위해서 그 걱정을 급하게 없애 버리려 한다. 이런 경우에 있어 실제 아이에게 어려움을 유발하는 것이 무엇인지에 대해서는 전혀 관심의 대상이 되지 않는데, 즉 이제 싹트기 시작하는 아이의 자기, 아이의 내적 경험의 밑바닥은 만져지지도, 인식되지도, 확인되지도, 또한 심각하게 받아들여지지도 않는다. 이러한 상황하에서 아이의 자기는 잘 구축되지 못한 채 위축되어 버리고 만다.[27]

이러한 가족들, 특히 부모들의 반응은 섭식장애를 가지게 된 이들이 자신들을 총체적으로 받아들일 수 없게 만든다. 즉, 그러한 반응들은 그들의 내적 감정을 포함한 그들의 전체성을 완전히 혹은 부분적으로 무시한 채 순간적이거나 부분적인 행위의 부정적인 측면만을 반영하고 있기 때문이다.

따라서 그들은 부모라는 거울을 통해서 자신들의 전체 자기를 지탱해 주는 반영을 보게 되는 것이 아니라 각각 다 따로 떨어진 몸의 부분들이 비친 자신들의 이미지를 보게 되는 것이다. 이는 부모가 아이에게 구체적인 언어표현을 통해서 주었던 부정적이고 부분적인 거울 반응 때문인데, 가령 '불쑥 나온' 배, '뚱뚱한' 허벅지, 혹은 '나무통 같은' 다리 등을 예로 들 수 있다. 이것은 그들로 하여금 자신들 몸의 부분적 자기들, 즉 신체적 외모에만 과다하게 주목하도록 하게 하는 것이다. 따라서 섭식장애를 가진 이들은 자기가 파편처럼 부서져 버릴 것 같은 불안, 즉 자신의 불완전함, 부적절함, 자신이 마치 가짜인 것 같은 공허한 느낌을 가진다.[28] 실제 그들의 삶은 매우 비효율적이며 감정적으로 불안정하고 늘 긴장하고 있으며, 외부의 인정을 필사적으로 필요로 하기 때문에 혼자서 자신의 내적 감정만 가지고는 견딜 수 없어 한다.

그래서 섭식장애를 가진 사람들은 아직 잘 구축되지 못한 결핍된 심리구조를 메우기 위해서 외부 대상을 필요로 하는 것인데, 이것은 바로 이전에 결핍된 자기대상의 기능이다. 그런데 그들은 그러한 자기대상의 기능을 마치 가짜 자기대상처럼 자기에게 충족을 주는 음식을 택함으로써 얻는 것이다. 즉, 음식이 자기구조의 결핍된 기능들을 제공할 것이라는 희망 속에서 어릴 적 자기대상 욕구가 다시 활성화된 것이다. 따라서 섭식장애를 가진 이들에게 있어서 음식은 원초적 자기대상과도 같다고 이해될 수 있는데, 이는 바로 음식이 자기의 긴장을 조절해 주는 기능으로, 또한 자기를 방어해 주는 자극으로, 그리고 자기의 공허함에 대하여 자신을 보호해 주는 것으로 사용되는 것이기 때문이다.[29]

2) 여성의 자기결핍

앞서 진단적 이해를 통해서 살펴본 바로는 섭식장애에 대한 DSM-5-TR의 진단기준을 완벽하게 만족시키거나 그 양상들로 발전할 가능성이 있는 대상은 결국 여성이라는 점을 시사하고 있고, 실제 통계적으로도 섭식장애는 여성에게 압도적으로 많은 것으로 알려져 있다. 얼마나 많은 남성이 섭식장애를 가지고 있는지에 대한 정확한 통계를 알 수는 없지만 섭식장애의 남성 유병률은 여성의 약 1/10이라 한다. 즉, 섭식장애 환자의 90% 이상이 여성이고 주로 12~18세 사이에 많이 발병한다고 알려져 있지만, 40대와 50대 여성들에게서도 발병하며 10대의 여성과 젊은 성인 여성의 약 0.5~1%가 섭식장애를 가지고 있다고 한다.[30] 이렇게 볼 때 복합적인 섭식장애의 원인을 탐색해 보는 과정에서 상대적으로 많은 유병률을 가지고 있는 여성의 섭식장애를 특별히 고찰해 볼 필요가 있다. 물론 여성의 섭식장애를 단순히 마른 몸매를 매력적인 여성으로 간주하는 사회문화적 기준 혹은 가부장적 시각으로 기술된 여성의 아름다움에 대한 개념화 때문만이라고 그 원인을 제한할 수는 없으나, 생물학적이거나 심리적인 다른 복합적 요인들 역시 그러한 사회문화적 맥락과 완전히 무관하게 작용하지는 않을 것이라 생각된다.

그렇지만 그러한 사회문화적 기준이 여성 섭식장애를 일으키고 가중시키는 요인이라 하더라도 그러한 문화적 설명만으로는 왜 여성이 남성보다 마른 몸의 문화적 기준에 심리내적으로 더 많이 영향을 받는지, 왜 어떤 여성들은 다른 여성들보다 더 영향을 많이 받는지, 또한 왜 그러한 영향이 어떤 여성들에게는 섭식장애로 이어지고 다른 여성들에게는 다른 장애들로 연관되는지에 대하여 적절한 답을 제공할 수는 없어 보인다. 다시 말하면, 사회문화적 맥락에서, 가령 여성주의 시각으로 보는 여성의 섭식장애에 대한 관점에 초점을 맞추거나 그러한 관점을 배제하려는 것이 아니라, 그러한 사회문화적 이슈에 내포되어 결과하고 있는 여성 섭식장애 양상들 이면의 심리역동적 현상에 대하여 고찰하는 것에 주목한다는 뜻이다.[31]

특별히 자기의 결핍의 관점에서 여성의 섭식장애를 고려해 볼 때, 코헛의 자기심리학은 자기애적 자기의 발달 과정을 제시하는 데에 있어 특별하게 남성과 여성을 구분하고 있지 않기 때문에 남성과 여성의 차이를 생물학적 결정론으로 구분 짓는 고전적인 프로이트 심리학의 입장과는 구별된다. 이런 의미에서 수전 샌즈(Susan H. Sands)는 코헛의 이론이 성별(gender) 발달의 심리적이고 문화적인 영향을 훨씬 더 반영하고 있는 것으로 보고, 여성의 섭식장애의 가능성을 사회문화적 맥락과 관련하여 발달 과정에서 여아가 겪는 특정한 자기의 결핍과 연결시키고 있다.[32]

샌즈는 여아의 자기가 발달되는 과정에서 겪게 되는 결핍의 하나를 바로 거울 자기대상 기능의 결핍의 측면에서 설명하고 있다.[33] 즉, 일반적으로 우리 사회는 여아의 과시주의(exhibitionism)를 편협하게 정해진 성차에 근거한 규범 안에서를 제외하고는 사실상 적절하게 칭찬해 주고 확인해 주지 못하는 것이 사실인데, 이처럼 어릴 때 성장했던 환경 안에서 여아의 과시주의가 반영받고 확인받지 못했을 때 나중에 섭식장애를 경험할 수 있다는 것이다. 여아는 자라면서 "숙녀답게(여성답게)" 되는 것을 배우는 동시에 자신을 자신감이 넘치도록 내세우거나 "똑똑하게" 행동하거나 혹은 공격적으로 보이는 것은 억제하도록 교육받는다. 진 베이커 밀러(Jean Baker Miller)[34]에 의하면, 여아는 자신의 삶을 통해서 자기만의 과시적 욕구가 타인들의 욕구와 상충된다고 생각하면 그것을 포기해야 하는 것을 다시 배운다는 것이다. 이러한 욕구들의 금지는 여아의 발달 과정에서 갈등과 수치심을 불러일으키게 된다.

그런데 여아가 자신의 과대성을 일반적으로 표현할 수 있게 되는 유일한 하나의 영역이 있다면 그것은 바로 육체적 외모의 영역이다. 즉, 여아는 자신의 몸, 의상, 머리카락, 그리고 자신의 미소 등을 과시하도록 배우며 자신이 타인들, 특별히 남성에게 어떻게 보이는지에 대해서 많이 신경 쓰도록 학습된다. 즉, 여아는 자기 몸이 전체적으로 훌륭하게 잘 해내는 것을 얻기 위해서 자신의 몸을 사용한다기보다는 자신의 몸을 타인이 경탄하도록 내세우는 법을 배운다. 다시 말해서, 여성은 자기의 전체 경험 중에서 이러한 특별한 부분(그들의 육체적 외모)만을 과시하도록 격려받아 온 것이다. 이는 심하게 왜곡된 거울 반응의 경험이라 할 수 있는데, 이러한 경험이 심한 경우 아이는 자신의 신체 부분들(body fragments)에 대하여 병리적으로 몰두하게 된다. 부서진 자기 신체의 부분들과 신체적 외모에만 초점을 두는 그러한 신체 과시주의는 신체자기(body self)를 전체 자기구조에 통합시키는 것을 어렵게 하고 수치심을 지속적으로 유발하게 되는 근거가 되는데, 이는 바로 섭식장애와 같은 신체적 증상을 통하여 정신 병리로 드러나게 될 가능성이 있게 된다.

또한 여성이 자신의 과시적인 노력을 표현할 수 있도록 허용되고 격려받는 또 하나의 유일한 영역이 있다면 그것은 바로 타인을 돌보는 것이다. 여아들은 타인들을 돌보는 가장 가치 있는 '여성적'인 방법 중의 하나가 바로 타인들을 먹이는 것이라는 점을 생애 초기에 배우며 또한 그렇게 돌보는 사람이 되도록 훈련받고 양육된다. 이는 바로 '먹이는 것'이 여성에게 왜 그렇게 깊은 의미가 있는지 알려 주는 셈이며, 또한 심리적 상처가 있는 수많은 성인 여성들이 자신들에게 무엇인가를 주기 위한 잘못된 시도로서 왜 음식을 남용하는지를 설명해 준다. 따라서 섭식장애에서 나타나는 증상들은 그 자체가 바로 좌절된 과시주의적 욕구의 표현을 전달하는 도구 혹은 수단일 경우가 많다. 가령, 음식을 거부하는 거식에 대한 증상들은 자신이 음식을 먹는(먹지 않는) 것에 대하여 월등하게 잘 조절할 수 있다는 자기에 대한 과도한 자긍심의 표현 같은 것이다. 마찬가지로 폭식의 증상들과 관련하여 음식물을 토해 내는 것에 대해서도 유사한 표현이라고 볼 수 있다.

여아의 자기가 발달되는 과정에서 겪게 되는 또 하나의 결핍은 바로 이상화 자기대상 기능의 결핍과 관련한다.[35] 여아들이 현대 사회에서 양육되면서 가지는 두 번째의 문제는 남아들과 비교해 볼 때 이상화 자기대상의 기능을 제공할 수 있는 인물들이 여아들에게는 상대적으로 결여되어 있다는 것이다. 일반적으로 엄마로부터 그 예를 들 수 있는데, 대부분의 가부장적 사회에서 일반적으로 엄마에게 아이들 양육이 주어지면서 대부분의 엄마들로부터 아이들은 탈이상화(deidealization)를 겪게 된다. 이러한 탈이상화는 여아와 남아 모두에게 외상적일 수 있는데, 특히 여아에게는 같은 여성으로서 엄마가 자신의 일차적이고 가장 주요한 이상화 인물이기 때문에 특별히 더 외상적이 될 수 있다.

첫 번째 탈이상화는 아이가 15~16개월 정도일 때 경험하는 인식적 변화 중에서 일어나는데, 점점 엄마와 분리된다는 것을 인식하게 되면서 아이의 과대성에 구멍이 뚫리기 시작할 뿐만 아니라 동시에 아이의 마음속에 있는 엄마에 대한 전지전능함으로부터도 서서히 그 이상화가 줄어들기 시작한다. 이 시기에 아이는 극심한 무력감과 우울감을 경험할 수 있다. 엄마에 대한 두 번째 "외상적 환멸(traumatic disillusionment)"[36]은 가족 환경에서는 존경받는 엄마가 일반적인 사회에서는 결정적으로 부차적인 위치에 있다는 것을 아이가 점차적으로 발견하면서 일어나는데, 아이는 대개 엄마에 대한 그러한 문화적 평가절하를 내면화하게 된다.

이는 주로 여성 자기대상인 엄마 자신이 심하게 자기애적으로 취약할 때 훨씬 더 심각해질 수 있는데, 아마도 자신을 늘 심각하게 폄하하는 엄마로부터 여아의 이상화 욕구는 좌절될 것이다. 또한 섭식장애자가 있는 가정에서 아주 종종 볼 수 있는 경우인데, 어떤 엄마는 자기 자신 스스로가 너무 불안하여 자기 딸이 불안을 표현할 때마다 늘 당황하는데 이는 사실상 딸의 불안을 더 어렵게 만드는 것이다. 그러한 아이는 긴장을 조절하는 데에 있어 만성적인 결핍을 가지게 된다. 더 나아가 자신의 불안 상태를 잘 조율하지 못하는 엄마를 둔 아이는 자신이 필요한 도움을 얻을 것이라는 희망을 곧 버리게 되고 미숙한 독립성을 발전시키게 된다.

이렇게 되면 아이는 엄마의 기능을 내면화하게 하는 점진적이고 시기적절한 탈이상화를 겪지 못하게 되는 것이다. 킴 체르닌(Kim Chernin)[37]도 지적하다시피 여성으로서의 자기의 위치와 자신의 삶의 가치에 대해서 혼란을 느끼거나 자기의 딸이 가지는 보다 넓은 기회들에 대해서 부러움과 질투를 느끼는 엄마는 이상화하기 어려울 뿐만 아니라, 딸로 하여금 고통을 가지게 하고 자기가 자기 엄마를 능가함으로 자기 엄마에게 상처를 입힐까 봐 두려워하게 만든다.

따라서 섭식장애를 가진 사람들은 일반적으로 긴장을 조절하는 것과 관련한 문제를 나타내고 삶의 행위들에서 감동과 의미를 찾을 수 없어 하며 존경의 대상이 되는 타인들에게 과도하게 애착을 두곤 한다. 즉, 위로를 주고 편안함을 주는 자기대상 환경으로부터 만성적으로 그리고 외상적으로 실망을 경험하게 되면, 섭식장애자들은 그것을 해결하기 위해서 자신이 찾던 편안함과 위로를 주는 대상을 사람이 아닌 외부 대상에게서 그 대체물에서 찾게 되고 그러한 대체물을 더 신뢰하게 된다. 코헛에 의하면, 폭식은 "자기대상(과 그것이 제공하는 변형적 내면화)을 음식(과 먹는 행위)으로 대체하려는 헛된 시도"[38]인 것이다. 이렇게 볼 때 섭식장애는 종종 이상화 자기대상을 대체하려는 시도로 나타난다. 즉, 음식은 마치 이상화 대상이 하는 기능처럼 전지전능하고 완벽하며 그들을 위로해 주는 것이다. 그들에게 자신의 깊은 고통을 나눌 만큼 믿을 만한 사람이 없었을 때, 음식은 언제나 그곳에 있었기 때문에 훨씬 더 신뢰할 수 있는 것이다.

샌즈가 지적하는 여아의 세 번째 발달적 결핍의 문제는 바로 엄마가 자신의 딸을 자기애적 자기의 확장으로 인식한다는 것이다.[39] 자신의 가장 주요한 돌보는 이가 여성으로서의 엄마이기 때문에 여아는 평생을 남아보다는 훨씬 더 엄마와 심리적으로 연결되어 있게 된다. 낸시 초도로우(Nancy J. Chodorow)에 따르면, 이렇게 엄마와 딸 서로의 일차적 동일시는 점점 더 강해져서 엄마는 딸을 엄마 자신의 확장으로 경험하게 될 수 있다는 것이다.[40] 만일 엄마 자신이 자기애적으로 장애가 있거나 자기애적 확장을 필요로 하는 경우, 엄마는 거꾸로 그러한 자기대상의 기능을 제공받기 위해서 자신의 아들보다는 자신의 딸을 사용할 가능성이 훨씬 더 많다. 실제로 섭식장애자의 가정에서는 엄마가 딸을 자기애적으로 사용하는 것이 종종 충격적이기까지 한데, 엄마와 딸의 공생적 애착 안에서 딸은 대개 그 엄마에게는 특별한 아이, 즉 그 엄마의 특별한 '절친'으로 되어 있다. 그 딸은 엄마의 자기애적 욕구를 충족시키기 위해서 자기 자신의 욕구는 포기하게 되고, '자기'가 되기보다는 엄마의 자기대상이 되고 만다.

만일 딸이 엄마의 요구를 받아들이지 않고 자신만의 발달적 목표를 추구하게 되면 그녀는 자기 엄마에게 상처를 주지 않을까 하는 두려움을 가지게 될 뿐만 아니라, 그녀 자신의 심리적 온전함이 의존되어 있는 자기대상과의 끈이 끊어지지나 않을까 또한 두려워하게 된다. 즉, 이는 자신이 상처 입을 것에 대한 두려움보다는 자신이 엄마에게 상처 입힐 것이라는 두려움으로 나타나는데, 그러나 이러한 두려움은 거꾸로 자기가 입을 상처에 대한 두려움이기도 하다. 왜냐하면 엄마에게 상처를 입히는 것은 자기대상과의 끈에 피해를 입히는 것이기 때문에, 그렇게 되면 이제는 손상된 그 자기대상과의 끈이 '자기'의 온전함에 상처를 입게 할 것이기 때문이다.

이렇게 되면 딸은 자기만의 발달적 욕구와 동시에 엄마의 자기애적 욕구를 채우려는 양자의 강한 욕구 사이에서 해체될 수밖에 없게 되고, 이러한 상황에서 섭식장애에서 나타나는 폭식과 구토의 기능은 바로 엄마로부터 심리적으로 분리되지 않고도(폭식) 엄마와 구분되고 있다는(구토) 느낌을 그녀에게 가져다주는 것이다. 즉, 섭식장애의 증상들은 병리적인 먹는 패턴을 통해서 해체되고 잃어버린 자기 자신을 규정하려는 시도인 것이다.

섭식장애의 치료와 돌봄

섭식장애의 효과적인 치료를 위해서는 당연히 우선적으로 결핍된 영양분을 보충하고 섭식을 회복시켜서 신체적 건강을 향상시켜야 하는 것은 분명하나, 체중 증가나 체중 감소 같은 체중의 회복으로 치료의 목적을 좁게 잡는다면 그 치료행위 자체만으로는 섭식장애라는 심리장애를 치유하는 해결책이 될 수 없다. 그와 상호적으로 보다 근본적인 심리내적인 문제를 해결하는 데에 주목해야 한다. 따라서 개버드는 지적하기를 섭식행동 그 자체

를 변화시키기 위해서 지나치게 노력하는 것은 피하는 것이 좋다고 하고 있다.[41]

즉, 치료자의 역할은 섭식장애를 가진 사람들의 증상들을 반드시 변화시켜야만 하는 것은 아니다. 그보다는 그들을 받아들여 주고 이해해 주고, 또한 그들이 어떻게 해서 이러한 장애를 가지게 되었는지를 관심을 가지고 공감해 주는 것이 중요하다. 증상의 변화는 때때로 그런 이해에 수반된다. 그렇게 해서 그들이 천천히 자신이 느끼는 대로 스스로를 느끼도록, 자신이 생각하는 것을 생각하도록, 그리고 자기를 있는 그대로 스스로 놔두도록 허용하기 시작했다면, 이것이 스스로를 좀 더 받아들이고 스스로를 좀 더 좋아할 수 있도록 자기 자신을 변화시키는 시작이 된다. 즉, 이는 바로 손상된 자기의 회복의 표현들일 것이다. 바로 이런 점이 자기심리학이 섭식장애의 치료에 기여한 가장 중요한 것들 중 하나로 보인다.

자기심리학의 이론적 틀 안에서 섭식장애를 자기애성 행동장애의 하나로 볼 때 그 원인은 자기애적 자기가 발달하는 과정에서 자기대상의 공감적 기능의 실패로 인해 가지게 된 자기의 구조적 결핍 때문이라고 할 수 있는데, 그렇다면 섭식장애를 치유하고 돌볼 수 있는 가장 근본적인 방법은 바로 자기의 구조적 결핍을 메울 수 있도록 돕는 것이 된다. 섭식장애를 가진 이들이 경험하는 자기의 결함을 메울 수 있도록 돕는 중요한 길은, 결국 코헛이 거듭 강조하는 것처럼 그들이 가지는 거울 자기대상 욕구와 이상화 자기대상 욕구 혹은 쌍둥이 자기대상 욕구에 공감적으로 응답하여 그들이 자신들의 자존감을 회복하고 스스로 긴장을 잘 조절할 수 있는 능력을 회복하도록 돕는 것이다. 이는 바로 그들의 건강한 자기구조가 새롭게 다시 구축되도록 돕는 것이 된다.

섭식장애에서 음식은 실망과 좌절로 돌아온 자기대상 욕구를 다시 충족하기 위해서 사용된 것이며, 그렇게 음식으로 방향을 돌림으로 해서 섭식장애자들은 자기대상 욕구를 부정하고 그로부터 더 상처받는 것을 피하고 있는 것이다. 그러나 여기서 문제는 실패한 자기대상 기능이 음식으로 다시 채워져 새로운 구조가 자기에게 세워진 것 같지만 실은 별로 효과가 없다는 점이다. 왜냐하면 실제로 음식은 자기대상 반응을 제공해 줄 수 없으며, 따라서 그들이 정말로 필요로 하는 자기구조를 새롭게 구축하게 할 수 없기 때문이다. 코헛은 이러한 그들의 해결책이 자기의 결함을 메우는 그 어떤 심리구조도 구축해 주지 못하기 때문에 영구적인 것도 아니며 본질적으로 성공할 수 없다는 사실을 강조하고 있다.[42] 그러나 그들을 실제 공감적으로 이해해 주고 지탱해 주는 치료자의 자기대상 기능을 통해서 그들은 이제 이러한 자기대상의 대체물(음식)을 포기할 수 있게 되는 것이다.

여성 섭식장애의 치료에 관해서는 조금 특별히 고려해 볼 필요가 있는데, 샌즈는 두 가지로 중요한 치료적 제안을 하고 있다.[43] 첫째, 우선적으로 치료자는 여성 섭식장애자들의 좌절된 과시주의적 욕구를 알아볼 수 있어야 하고, 또한 신체적 외모나 타인을 돌보는 것 같은 방식으로 자신들의 과시주의를 표현하는 데서 오는 그들의 수치심을 잘 인식하고 있어야 한다. 그들의 신체에 대한 자존감은 문화가 주는 여성 몸에 대한 왜곡되고 이중적이고 부분적인 거울반응에서 오는 것인데, 그들은 이에 특별히 취약하다.

따라서 치료자는 전체 신체-정신 자기(total body-mind self)를 가지도록 용기를 줘야 한다. 신체 자기의 부분들에 응답하지 않도록 특별히 조심해야 하며 신체적 외모의 수준에서 해석하는 것은 피하려 노력해야 한다. 그 대신 환자들의 주관적이고 정서적인 경험에 대해서 코멘트하는 것이 좋은데, 이는 치료자가 그들의 전체 자기를 볼 수 있다는 점을 그들에게 알도록 하는 것이고 감정 상태와 신체적 필요를 구분해서 인식할 수 있도록 돕는 것이다. 따라서 이는 과대적이고 과시적인 경험을 둘러싸고 있는 그들의 감정 상태를 치료자가 잘 조율하고 있는 것이며, 그들로 하여금 그러한 경험들을 자신의 전체 자기구조에 통합하도록 돕는 것이다.

둘째로 치료자는 많은 여성이 사회가 여성을 평가절하했기 때문에 적절하게 이상화할 수 있는 여성 자기대상을 가지지 못해 왔다는 것과, 또한 그래서 그들은 그러한 이상화 자기대상이 주는 기능들을 여전히 만성적으로 필요로 하고 있다는 사실을 인식해야 할 필요가 있다. 따라서 치료자가 여성이라면, 치료자는 여성 섭식장애자들에게 언제든 어떻게든 그들이 필요로 할 때 치료자를 고요함, 힘, 완전함의 모델로서 이상화하도록 허용할 수 있어야 한다. 또한 그들이 치료자를 평가절하하는 것 역시 때때로 자신들의 이상화 욕구를 감추기 위한 것이라는 사실도 인식할 필요가 있다.

그들은 자신들의 이상화 욕구를 표현하는 것에 있어서 그렇게도 이상화하고픈 인물이 과거의 경험처럼 지금 자신들에 대해 실망할까 봐 두려워하고 있는 것이다. 그래서 자신들의 좌절된 욕구를 명백히 반대로 표현하고 있는 것이다. 그러므로 그들의 이상화 욕구를 충분히 표현할 수 있도록 허용하는 것은 매우 중요하며, 과찬에 대한 치료자 자신의 불편함과 그것이 불러일으키는 치료자 안에 있는 과대성으로 인해 이상화를 피하거나 혹은 그들의 이상화를 적대감에 대한 방어로 해석함으로써 그 이상화 과정을 좌절시키지 않도록 조심해야 한다.

신경성 식욕부진증과 신경성 폭식증으로 나타나는 양상들은 부서지고 결함이 있는 자기를 응집력 있게 통합하기 위해 결핍된 자기구조를 메우려는 이들의 고통스러운 몸부림이며, 그들에게 음식은 자신이 갈망하는 자기대상 욕구를 대신 채워 주고 있는 것처럼 보이는 자기대상의 대체물일 뿐이다. 음식이 해 주는 자기대상으로서의 가짜 역할을 통해서 그들은 자신을 성공적으로 잘 통제하고 조절하고 있다는 느낌을 가지며, 그래서 그들은 거식하고 폭식하고 있을 때 자신이 살아 있다는 안도감을 가진다.

따라서 치료자나 돌보는 이가 제공하는 자기대상 기능은 섭식장애를 가진 이들에게 매우 중요한 치료적 역할을 하게 된다. 그러나 코헛이 강조하듯, 우리 모두가 건강한 자기를 구축하고 또한 그러한 자기를 응집력 있게 늘 유지하고 지탱하기 위해서는 평생 자기대상을 필요로 한다. 즉, 응집력 있는 건강한 자기는 한 번 구축되었다고 해서 완성되는 것이 아니기 때문이다. 이렇게 볼 때 특별히 섭식장애가 재발되거나 만성적이 되지 않기 위해서는 그들의 자기가 다시 건강하게 구축되는 것뿐만 아니라, 또한 그러한 자기가 늘 유지되도록 평생 그들이 건강한 자기대상과 자기대상 환경을 잘 선택해서 사용할 수 있는 심리적 힘이 필요하다. 치료자나 돌보는 이의 역할은 아마도 그러한 힘을 가질 수 있도록 돕는 것이 아닐까.

주(註)

1 Richard Morton, *Phthisiologia: Or A Treatise of Consumptions* (London: Smith and Walford, 1694).

2 W. W. Gull, "The Address in Medicine: Delivered before the Annual Meeting of the British Medical Association at Oxford," *Lancet 2* (1868): 171-176.

3 Hilde Bruch, *Eating Disorders: Obesity, Anorexia Nervosa and the Person Within* (New York: Basic Books, 1973); *Anorexia Nervosa: Therapy and Theory* (New York: American Psychiatric Association, 1982).

4 김청송, 『정신장애 사례연구: DSM-IV를 중심으로』 (서울: 학지사, 2002), 411-412.

5 American Psychiatric Association, 『DSM-5-TR, 정신질환의 진단 및 통계 편람』 제5판 수정판, 권준수 외 옮김 (서울: 학지사, 2023), 416-424.

6 Glen O. Gabbard, *Psychodynamic Psychiatry in Clinical Practice*, Fourth Edition (Washington, DC: American Psychiatric Publishing, Inc., 2005), 357.

7 Michele Siegel, Judith Brisman, and Margot Weinshel, 『거식증과 폭식증 극복하기: 식사장애』, 이영호 외 옮김 (서울: 학지사, 2003), 35.

8 American Psychiatric Association, 『DSM-5-TR, 정신질환의 진단 및 통계 편람』, 422.

9 김청송, 『정신장애 사례연구: DSM-IV를 중심으로』, 414-416.

10 American Psychiatric Association, 『DSM-5-TR, 정신질환의 진단 및 통계 편람』, 424-430.

11 Siegel, Brisman, and Weinshel, 『거식증과 폭식증 극복하기: 식사장애』, 37-50.

12 American Psychiatric Association, 『DSM-5-TR, 정신질환의 진단 및 통계 편람』, 428.

13 *Ibid.*, 430.

14 Siegel, Brisman, and Weinshel, 『거식증과 폭식증 극복하기: 식사장애』, 51-57.

15 Hilde Bruch, *The Golden Cage: The Enigma of Anorexia Nervosa* (Cambridge: Harvard University Press, 1978); "Psychotherapy in Anorexia Nervosa," *International Journal of Eating Disorders* 1 (1982): 3-14; "The Changing Picture of an Illness: Anorexia Nervosa." In *Attachment and the Therapeutic Process*, ed. Daniel P. Schwartz et al. (Madison: International Universities Press, 1987),

205-222.

16 S. Minuchin, B. Rosman, and L. Baker, *Psychosomatic Families: Anorexia Nervosa in Context* (Cambridge: Harvard University Press, 1978).

17 Gabbard, *Psychodynamic Psychiatry in Clinical Practice*, 357-360.

18 Alan Goodsitt, "Self-Regulatory Disturbances in Eating Disorders," *International Journal of Eating Disorders* 2 (1983): 51-60.

19 Gabbard, *Psychodynamic Psychiatry in Clinical Practice*, 365-367.

20 Heinz Kohut, "Addictive Need for an Admiring Other in Regulation of Self-Esteem," in *The Kohut Seminars on Self Psychology and Psychotherapy with Adolescents and Young Adults*, ed. Miriam Elson (New York: W. W. Norton & Company, 1987), 113-132.

21 Heinz Kohut, *The Analysis of the Self* (Madison: International Universities Press, 1971), xiv.

22 Heinz Kohut and Ernest S. Wolf, "The Disorders of the Self and Their Treatment: An Outline (1978)," in *The Search for the Self*, vol. 3, ed. P. Ornstein (Madison: International Universities Press, 1990), 361-362; Heinz Kohut, *How Does Analysis Cure?* ed. Arnold Goldberg (Chicago: The University of Chicago Press, 1984), 192-207.

23 Kohut, *The Analysis of the Self*, 107; *The Restoration of the Self*, 185.

24 Alan Goodsitt, "Self Psychology and the Treatment of Anorexia Nervosa," in *Handbook of Psychotherapy for Anorexia Nervosa and Bulimia*, ed. David M. Garner and Paul E. Garfinkel (New York: The Guilford Press, 1985), 55-82.

25 Richard A. Geist, "Self Psychological Reflections on the Origins of Eating Disorders," *Journal of American Academy of Psychoanalysis* 17 (1989): 5-27.

26 Goodsitt, "Self Psychology and the Treatment of Anorexia Nervosa," 62.

27 *Ibid.*, 66.

28 Geist, "Self Psychological Reflections on the Origins of Eating Disorders," 17.

29 *Ibid.*, 25.

30 American Psychiatric Association, *Diagnostic and Statistical Manual of Mental Disorders*, Fourth Edition, Text Revision (Washington, DC: American Psychiatric Association, 2000), 587, 593.

31 섭식장애의 여성주의 정신분석적 시각으로부터의 논의는 다음을 참고하라. Susie Orbach, "Accepting the Symptom: A Feminist Psychoanalytic Treatment of Anorexia Nervosa," in *Handbook of Psychotherapy for Anorexia Nervosa and Bulimia*, ed. David M. Garner and Paul E. Garfinkel (New York: The Guilford Press, 1985), 83-104.

32 Susan H. Sands, "Eating Disorders and Female Development: A Self-Psychological Perspective," in *Dimensions of Self Experience*, Progress in Self Psychology, vol. 5, ed. Arnold Goldberg (Hillsdale: The Analytic Press, 1989), 75-103.

33 *Ibid.*, 76-80.

34 Jean Baker Miller, *Toward a New Psychology of Women* (Boston: Beacon Press, 1976).

35 Sands, "Eating Disorders and Female Development: A Self-Psychological Perspective," 85-88.

36 "외상적 환멸"이란 용어는 코헛이 사용한 용어로서 이러한 외상적 실망은 특히 엄마의 자존감의 정도에 달려 있으며 남아보다는 여아에게 더 치명적일 수 있다는 것이다. Kohut, *The Analysis of the Self*, 162.

37 Kim Chernin, *The Hungry Self: Women, Eating, and Identity* (New York: Harper & Row, 1985).

38 Kohut, *How Does Analysis Cure?*, 20.

39 Sands, "Eating Disorders and Female Development: A Self-Psychological Perspective," 93-94.

40 Nancy J. Chodorow, *The Reproduction of Mothering: Psychoanalysis and the Sociology of Gender* (Berkeley: University of California Press, 1978), 109.

41 Gabbard, *Psychodynamic Psychiatry in Clinical Practice*, 362.

42 Heinz Kohut, "Preface to Der falsche Weg zum Selbst, Studien zur Drogenkarriere by Jürgen vom Scheidt(1976)," in *The Search for the Self*, vol. 2, ed. P. Ornstein (Madison: International Universities Press, 1978), 846-847.

43 Sands, "Eating Disorders and Female Development: A Self-Psychological Perspective," 97-100.

제4부

나 그리고 자기사랑

Illustration by Jina Chang

SELF PSYCHOLOGY OF HEINZ KOHUT

10

자기의 치료: 공감

그저 들어 주기만 하여도

스티븐 코비(Stephen R. Covey)가 『성공하는 사람들의 7가지 습관』에서 소개했던 뉴욕 지하철의 일화[1]는 최근에도 종종 회자되어 우리의 마음을 꽤 오래 붙들고 있기도 하다.

그것은 어느 일요일 아침 뉴욕의 지하철 안에서 코비가 경험한 이야기이다. 그는 지하철을 타고 있었는데 다른 사람들은 조용히 앉아서 신문을 읽고 있거나 혹은 눈을 감고 쉬고 있었고 전체적으로 매우 조용하고 평화스러운 분위기였다. 그런데 다음 정거장에서 한 중년 남자와 그의 아이들이 탔는데 아이들은 매우 큰 소리로 떠들고 앞뒤로 왔다 갔다 하면서 물건을 팽개치기도 하고 심지어는 어떤 사람이 읽고 있는 신문을 움켜잡기까지 하는 등 정말 정신이 없었다. 아이들과 함께 탄 그 남자는 바로 그의 옆에 앉았는데 두 눈을 감고 이런 상황에 대해 전혀 신경을 쓰지 않는 듯 죽은 듯이 가만히 있었다. 그는 이 남자가 자기 아이들이 저렇게 날뛰도록 내버려 두고 자신은 무감각하게 가만히 있으면서 어떻게 아무런 책임도 지지 않는지 정말 이해할 수 없었고 그러한 상황이 참을 수 없도록 화가 났다. 거의 모든 다른 승객들 역시 짜증을 냈고 화가 폭발하기 일보 직전임을 알 수 있었다.

그는 마침내 더 이상 참을 수 없어서 이 남자에게 이렇게 말했다. "선생님, 아이들이 저렇게 많은 손님들에게 폐를 끼치고 있습니다. 어떻게 아이들을 좀 조용하게 할 수는 없겠습니까?" 그때서야 이 남자는 마치 상황을 처음으로 인식한 것처럼 눈을 약간 뜨면서 다음과 같이 힘없이 말했다. "당신 말이 맞군요. 저도 뭔가 어떻게 해 봐야겠다고 생각합니다. 그런데 사실 지금 막 병원에서 오는 길인데 한 시간 전에 저 아이들의 엄마가 죽었습니다. 저는 앞이 캄캄해서 무엇을 어떻게 해야 할지 모르겠고 그저 막막한 것 같습니다" 그는 그 남자의 얘기를 듣고 이후 2~30분을 더 지하철을 타고 가면서 더는 그 아이들의 소동이 시끄럽거나 불쾌하게 들리지도 않았고 그렇게 방해된다고 느끼지도 않았다는 얘기다. 아마 짐작하건대 다른 승객들도 마찬가지였으리라.

코비를 포함한 지하철 안의 다른 사람들의 태도를 달라지게 한 것은 무엇이었을까. 그리도 견딜 수 없었던 똑같은 소음과 소란스러움이 어째서 어느 순간부터 그다지 방해된다고 느껴지지 않게 되었을까. 아마도 그것은 그 소란스러웠던 아이들의 아빠인 중년 남자의 이야기 때문이었을 것이다. 물론 지하철 안의 변화는 그 남자의 이야기를 통해 한 사람의 가족을 잃은 그 남자와 아이들이 측은하고 불쌍하게 느껴지는 연민과 동정 때문이었을 수도 있지만, 그러한 연민과 동정으로 지하철 안의 사람들의 태도를 달라지게 한 무엇보다도 중요한 열쇠는 그 남자의 이야기를 듣고 마음으로 이해했기 때문일 것이다. 들었기 때문에 알게 되었고 알게 된 이야기를 그 남자의 입장에서 이해하려는 의도를 가졌기 때문에 다른 반응이 결과한 것이다. 즉, 공감적인 경청의 결과였다고 해도 좋을 듯싶다.

타인의 이야기를 듣는 것, 그것도 상대방의 입장이 되어서 공감적 이해를 가지고 경청하며 듣는 것은 생각보다 그리 간단한 일은 아니다. 그럼에도 불구하고 "그저 들어 주기만 하여도" 듣는 것 그 자체로 "공감(empathy)이라는 인공호흡을 불어넣어 주는 행위"라고 시인 전미정은 고백하고 있다.[2] 그녀는 들어 주는 일에 대한 마틴 부버의 이야기를 "내 마음이 아무리 복잡할지라도, 없는 시간을 쪼개어, 진심으로, 전심으로, 온 맘으로, 온몸으로, 음침한 마음 골짜기까지 애써 동행하라"[3]는 뜻으로 풀어낸다. 공감에 대한 참으로 섬세하게 그려진 그림 같은 표현이다.

19세기 미학과 심리학에서 비롯된 공감이라는 용어는 그 발달의 역사를 거치면서 공감을 해석하는 관점에 따라 매우 다양한 정의들이 제시되어 왔다.[4] 공감과 관련한 개념들 중에서 가장 유사하게 쓰이지만 구별되어야 하는 개념들은 바로 공감과 동감(sympathy)이다. 일반적으로 공감은 감정이입(feeling into)을 뜻하며 동감은 함께 느끼는 것(feeling with)을 의미한다고 볼 수 있다. 즉, 공감은 타인의 경험 안으로 들어가서 그 사람의 입장에서 그 사람을 이해하고 확인하며 그 경험에 반응하는 것이다. 그러나 동감은 타인의 경험을 통해서 내가 함께 느끼는 나의 경험에 집중하는 것이다. 그렇다면 타인의 경험 속으로 몰입하여 전심으로, 온 맘으로, 바닥까지 동행하려고 애쓰는 것은 대체 어떤 태도를 말하는 것일까.

대리적 내성

코헛의 이론과 치료적 방법론에서 가장 근본적인 토대로 제시되고 있는 공감은 자기애적 자기의 발달과 자기애적 상처의 치유를 위한 자기-자기대상 관계에 있어 매우 중심적 역할을 한다. 자기대상이 적절하게 기능하는 것은 기본적으로 공감을 통해서 가능하다고 코헛은 보기 때문이다. 그는 자신의 초기 논문에서 대리적 내성(vicarious introspection)이라는 개념을 통해 새롭게 공감을 정의하면서 타인의 감정과 사고, 경험을 그/그녀의 내부세계로부터 대리적으로 관찰하는 것에 의거한 내성적 방법으로서의 공감을 강조했다. 그는 기존의 자유연상이나 저항의 분석과 같은 프로이트의 전통적인 정신분석 방법론을 넘어서서 공감의 내성적 방법을 정신분석적 관찰의 본질적인 요소로 보았다.[5] 즉, 대리적 내성으로서의 공감 안에서 치료자 혹은 돌보는 이는 타인의 경험을 그/그녀의 내부세계의 입장에서 이해하는 것이며, 치료자 자신의 생각과 판단을 가지고 그/그녀를 보는 대신에 자기 자신을 그/그녀의 경험 안으로 몰입시키는 것이다.

이런 의미에서 코헛은 대리적 내성으로서의 공감을 환자(내담자)의 심리적인 정보를 수집하는 도구로서 치료적 상황에서 사용되는 관찰의 형태라 보고 있다.[6] 여기에서 공감은 단지 타인의 내부세계 안으로 들어가서 그것에 몰입하여 자신을 조율하는 것만을 의미하지는 않는다. 즉, 공감적 이해는 타인이 주관적으로 경험한 것을 경험할 수 있는 능력을 의미하며, 따라서 분명하게 드러나지 않는 내담자의 복잡한 내적심리상태를 생각하고 느낄 수 있는 치료자의 능력을 일컫는 것이기도 하다.[7] 물론 공감적인 이해 그 자체가 치료적인 것은 아니지만 그것이 내담자에게 전달되어 그/그녀가 이해받는 느낌을 경험하게 되었다면 그것은 치료적 행위에 대한 하나의 양태가 된다. 다시 말하면, 공감은 그 자체가 치료적이라기보다는 성공적인 치료를 위한 필수 불가결한 전제 조건이 되는 것이다.[8]

따라서 코헛은 치료자(돌보는 이)와 내담자와의 자기-자기대상 관계 속에서 치료자는 우선적으로 내담자의 자기대상에 대한 욕구의 표현들을 공감적 이해를 가지고 기꺼이 받아들여야 한다고 제안한다. 일반적으로 내담자에게 최소한으로 응답하는 치료자의 수동성과 중립성이 당연시되는 기존의 전통적 분석의 분위기는 인간으로서 내담자가 가지는 기본적인 자기애적 욕구를 엄청나게 박탈하는 것이라고 코헛은 비판한다. 즉, 치료자의 중립적 자세로 보이는 경직적이고 인위적인 태도 혹은 엄격한 감정적인 유보의 태도는 코헛이 생각하는 진정한 중립성과는 거리가 멀다.[9] 오히려 코헛은 인간적인 따뜻함을 가지고 내담자의 감정을 친절하게 받아 주고 반영해 주는 것을 통해서 깊이 참여하는 치료자의 적절한 공감적 반응성이 분석 과정을 유지하기 위한 필수 조건이라고 보고 있다.[10] 내담자가 치료자를 향해 가지는 거울 자기대상 욕구, 이상화 자기대상 욕구, 그리고 쌍둥이 자기대상 욕구에 대하여 섣불리 판단 혹은 비난하거나 훈계하는 대신에 그것들을 조용히, 그리고 가슴 깊이 이해하고 경험해야 한다는 얘기다.

물론 그렇다고 해서 내담자의 주관적 현실로 들어가 몰입하는 대리적 내성으로서의 공감적 태도가 내담자들에게 지나친 사랑과 친절을 제공하는 것만을 의미하지는 않는다. 즉, 치료자가 단지 따뜻하게 대한다거나 친절하게 반응해 주는 것으로 치료의 목표에 도달할 수는 없는 것이라고 코헛은 지적한다.[11] 코헛은 자신이 말하는 공감이, 가령 연민이나 애정과 같은 특정한 감정과 연관된 것도 아니고 직관과도 상관이 없는 것이며, 또한 공감의 대리적 내성이 언제나 정확하고 완전한 것도 아니라고 분명히 밝히고 있다.[12]

그럼에도 불구하고 이러한 코헛의 공감의 개념은 코헛이 단지 내담자의 어린 시절에 충족되지 못했던 자기애적 욕구에 대한 무조건적인 수용과 따뜻한 사랑을 통해서 내담자를 치료하려 한다는 오해를 많이 받았던 것은 사실이다. 즉, 치료자는 공감적인 환경을 형성하기 위해 충분한 사랑과 수용을 줌으로써 지나치게 내담자에게 만족을 주게 되고 이는 바로 내담자에게 교정적 정서경험(corrective emotional experience)을 제공하게 된다는 것이다.

교정적 정서경험이란 정신분석적 치료과정에 필요한 기본적인 원칙으로서 프란츠 알렉산더(Franz Alexander)가 제안한 개념인데, 이는 치료란 기본적으로 지적인 통찰만으로는 불충분한 것이며 무엇보다도 반드시 내담자의 감정적인 체험이 우선되어야 한다는 것을 전제한다. 즉, 교정적 정서경험은 과거에 해결할 수 없었던 내담자의 심리적인 외상의 경험을 치유하기 위해서 치료자가 제공하는 보다 우호적인 정서적 환경에서 내담자가 자신의 그 경험들을 다시 드러낼 수 있도록 하는 것이며, 이렇게 함으로써 이전의 외상적 경험들에 대한 교정적 체험이 이루어진다는 것이다.[13] 다시 말하면, 치료자의 따뜻하고 공감적인 태도를 통해서 내담자는 억눌렸던 과거의 아픈 경험을 치료자에게 표현하게 되고, 그 경험을 현재의 공감적인 치료적 상황에서 다시 경험하게 됨으로써 이전의 외상적 경험이 수정되고 치유된다는 것이다. 그러나 이러한 교정적 정서경험의 개념은 인위적으로 치료를 조작하는 것이라 하여 당시 1950년대의 정신분석적 분위기에서 매우 혹독하게 비난받았으며 정신분석적 치료과정으로 받아들여지지 않았다.

코헛의 공감 개념은 바로 그러한 교정적 정서경험의 또 다른 방식이라고 비판을 받기도 했는데,[14] 코헛은 공감적 환경 안에서 교정적 정서경험이 일어난다는 것은 당연하다고 인정하고 있으며, 그것은 사실상 자기-자기대상 관계가 구축되는 치료과정을 통해서 일어나므로 매우 유용한 경험이라 본다. 그러나 코헛은 주장하기를, 치료의 목표는 내담자의 자기애적 욕구들을 사랑과 수용을 통해서 인식하고 이해하는 것이지 그러한 욕구들을 충족시켜 주는 것은 아니라고 하고 있다. 물론 그러한 욕구들에 대한 반영과 관용 역시 분석이나 상담에서 잠정적으로 필요한 것이며, 분석가는 반드시 그러한 욕구들에 대하여 감정적으로 반영해 주고 받아들여 줌으로써 내담자에게 교정적 정서경험을 제공해야 한다는 것이다.

그럼에도 불구하고 진정한 치료의 목표는 그러한 관용이 아니라 그 관용을 통해서 만들어진 공감적 환경에서 치료자가 얻게 된 통찰에 의거하여 그러한 욕구들을 통제하는 것이라고 코헛은 강조한다.[15] 즉, 교정적 정서경험은 내담자 자신이 치료자로부터 공감적으로 깊이 이해받고 있다는 경험과 그러한 공감적 이해에 의거한 치료자의 통찰이 주는 견딜 만한 최적의 좌절의 경험을 통해 가지게 되는 것이다. 이는 내담자의 자기애적 상처, 즉 자기의 결함이 교정되는 기회와, 따라서 건강한 자기구조를 새롭게 구축할 수 있는 기회를 그/그녀에게 가져다준다.[16] 이렇게 볼 때 코헛은 교정적 정서경험이 당연히 성공적인 정신분석을 가져오게 하는 결과를 줄 수 있다고 보지만, 그렇다고 해서 교정적 정서경험을 성공적인 치료를 위한 원칙이라고 고수하지는 않는다는 것을 알 수 있다.

이해

기존의 고전적인 프로이트의 정신분석 치료 방법이란 해석을 통해서 무의식 안에 갇혀 있던 것들을 의식으로 끌어올려 주는 것을 의미해 왔다. 여기서 해석이란 환자의 무의식적인 갈망 혹은 그러한 무의식적 갈망이 드러나는 것에 대한 방어의 내용에 대하여 분석가가 환자에게 설명하고 새롭게 인식시켜 주는 것이다. 즉, 해석이란 결국 분석가가 환자의 수수께끼 같은 정신현상에 대하여 일종의 해답을 제시하는 것이 되고, 따라서 정신분석에서는 권위적이고 객관적인 분석가의 인지적 통찰이 우선적으로 강조되어 왔다.

그러한 정신분석의 전통적 분위기 속에서 코헛은 정신분석의 치료 과정에서 한 개인의 주관적 경험에 대한 공감적 몰입을 강조함으로써 타인의 내적인 삶 안으로 치료자 자신을 투입하여 스스로를 생각하고 느낄 수 있는 능력으로서의 공감의 대한 자신의 관점을 제시하였다. 코헛의 이러한 관점은 정신분석학이 태동했던 19세기 자연과학의 학문적 배경의 영향에 따라 전통적으로 정신분석에서 강조되던 분석가 혹은 치료자의 개인적인 편견이나 판단에 대한 매우 철저한 통제로부터의 패러다임 전환을 의미하는 것이었다. 이는 분석가 혹은 치료자를 중립적이고 객관적인 관찰자로 보는 프로이트의 전통적인 견해에 도전하는 매우 획기적인 변화를 보여 주었다.

그럼에도 불구하고 코헛은 그의 초기 연구에서 제시한 대리적 내성으로서의 공감에 대한 개념에 덧붙여 이후 그의 연구에서 공감은 본질적으로 중립적이고 객관적이며 주관적이지 않다고 언급하고, 대리적 내성으로서의 공감이란 객관적인 관찰자의 자세를 유지하면서 동시에 타인의 내적인 삶을 경험하려 애쓰는 것이라 하고 있다. 즉, 공감은 가치-중립적인 관찰도구라는 것이다.[17] 이렇게 볼 때 치료자는 결국 자기 자신이 내담자의 내부 세계로 들어가서 내담자의 생각과 경험을 이해(understanding)하는 것과 동시에 자신의 중립성과 객관성은 유지해야 한다는 얘기가 된다. 물론 코헛의 이러한 부연 설명은 치료의 전문성을 가진 정신분석가로서의 직업적 경계를 내포하는 것이기도 하겠지만, 과연 순수한 의미에서의 이러한 공감적 자세가 가능할지에 대해서 의문이 제기될 수 있다.

로버트 스톨로로우(Robert D. Stolorow)는 이러한 코헛의 관점에 대하여 지적하기를 정신분석적 대화에서 치료자가 내담자에 대하여 중립적이거나 객관적이려면 치료자는 내담자와의 공감적 대화 속에서 치료자 자신 안에 심리적으로 형성되는 모든 것들을 버려야 한다고 보았다. 코헛이 부연하는 공감의 개념에 따른다면 그렇게 해야만 치료자는 순수하게, 그리고 어떤 선입견과 편견도 없이 내담자의 주관적 세계를 대리적으로 관찰할 수 있을 거라는 말이다. 그러나 치료자의 마음속에 스스로 느끼는 심리적 주관성 없이 내담자의 정신세계 안으로 들어가서 공감을 형성한다는 것은 아무리 훌륭한 치료자라 할지라도 불가능한 일이라고 스톨로로우는 주장한다.[18] 그러나 여기에서 코헛이 말하는 관찰자의 중립적 태도란 치료자의 정확한 분석을 위해 내담자에게 최소한으로 반응하면서 치료자 자신의 심리적인 모든 다른 영향들을 차단하는 수동적인 태도를 의미하는 것은 아니다.

코헛이 말하는 분석적인 중립성은 타인의 내적인 삶 안으로 들어가는 공감적 몰입을 통해서 얻어진 통찰을 가지고 치료자 혹은 돌보는 이가 평균적으로 보이는 반응성을 의미한다. 여기에서 평균적인 공감적 반응성이라는 것은 넓은 범위의 적용가능성과 많은 개별적 다양성 안에서 보통 수준으로 제공되는 공감을 의미하는 것이다. 이러한 공감의 평균적 반응성은 그렇다고 해서 원칙적으로 정확한 해석을 제공하기 위해서 그것에 심리학적으로 프로그램되어 맞춰진 컴퓨터의 기능 같은 것은 아니다.[19] 즉, 공감의 중립적 자세란 코헛에게 있어서 물론 애정이나 동정과 같은 것이 있어야 하는 것이 아니지만, 그렇다고 정확한 인지적 해석이 필요한 것도 아닌 것이다.

따라서 코헛이 언급하는 객관적인 관찰자의 공감의 자세는 자신의 심리적 주관성의 모든 것을 포기한 관찰자의 이상적이고도 완벽한 객관적 관찰 그 자체를 의미하는 것은 아니다. 오히려 코헛은 사실상 치료자의 공감의 주관적 세계에 대하여 매우 함축적으로 논의하고 있다. 이것은 바로 공감에 대하여 코헛의 나중 연구에서 언급하게 된 설명과 해석의 개념 때문이다. 즉, 대리적 내성으로서의 공감에 대한 코헛의 개념은 코헛의 초기 연구에서 밝혀진 바 첫 번째 분석단계로 본 이해로서의 공감의 의미와 역할인데, 이후 연구에서 그는 내성적 방법의 관찰을 통해서 첫 번째 분석단계에서 이해된 자료들을 이론적 맥락에 맞추는 두 번째 분석단계인 설명과 해석을 추가했다. 이해로서의 공감이 경험과 가까운 수준(experience-near level)인 낮은 형태의 공감(lower form of empathy)이라면, 설명과 해석으로서의 공감은 경험에서 먼 수준(experience-distant level)인 높은 형태의 공감(higher form of empathy)을 의미한다.[20]

설명과 해석 단계에서 공감의 역할은 치료자 자신의 이론적 통찰이며 이것은 공감적 이해에 토대가 된다. 따라서 코헛의 해석은 프로이트의 전통적인 해석의 방법과는 달리 내담자의 경험에 대한 깊은 공감적 이해를 통한 설명이며, 그러한 설명이나 해석은 치료자가 내담자에게 객관적이고 인지적으로 제시하는 어떤 해답과 같은 것이 아니다. 코헛의 해석은 내담자에게 자신이 이해받고 받아들여지고 있다는 깊은 감정적 경험을 가질 수 있는 기회를 새롭게 제공해 주며, 이러한 내담자의 경험은 분석적 치료의 본질적인 요소가 된다.

설명과 해석

코헛은 치료자가 내담자와의 소통 안에서 가지는 공감의 단계가 공감적 이해의 국면에서 이론적 설명(explaining)의 국면으로 옮겨 가는 것을 제안하고 있다. 공감적 이해는 치료와 돌봄에 필수적인 전제이며 조건이지만 그것만으로는 부족하다고 코헛은 강조하면서 치료 과정에서 필요한 이해의 국면 다음에는 반드시 설명의 국면이 뒤따라야 한다고 하고 있다.[21] 그러나 코헛이 제시하는 설명의 단계는 언제나 공감적 이해를 전제로 한다. 물론 치료자는 실제로 이해와 설명의 단계들의 결합과 반복적인 왕복을 통해서 개입할 수 있으므로 이는 이해와 설명의 단계가 이루어지는 순서를 말하는 것은 아니다. 그보다는 치료자의 설명적 개입이 이해의 단계에서와 마찬가지로 반드시 공감의 토대에서 이루어져야 한다는 말이다. 공감적 이해 없이 성급하게 설명이나 해석(interpreting)을 제공하는 것은 내담자의 내적 경험에 대한 기본적인 공감적 유대를 깨뜨릴 우려가 있기 때문이다. 그러나 공감적 이해가 선행된 해석은 내담자로 하여금 치료자와의 공감적 유대를 더욱 신뢰할 수 있게 하며 더욱 성숙한 차원의 유대감을 경험하게 한다.[22] 즉, 치료자가 제공하는 이론적 통찰을 통해서 내담자는 자신의 문제에 대해서 보다 객관적인 관점을 가질 수 있게 되며 자신을 좀 더 이해하고 받아들이는 노력을 할 수 있게 된다. 이러한 과정 속에서 내담자는 객관적인 통찰을 가지고 자신과 나누는 치료자에 대하여 보다 더 성숙한 자기대상의 경험을 가지게 되는 것이다. 물론 이러한 치료자의 통찰의 결과만으로 성공적인 분석이 일어나는 것은 아니라고 코헛은 지적했다. 다시 말해서, 치료자의 통찰을 통한 해석은 내담자와의 공감적 유대를 성숙하게 발전시키고 유지시킨다는 점을 전제할 때 그 치료적 결과의 중요성이 부각된다는 것이다.[23]

그럼에도 불구하고 코헛은 그가 죽기 며칠 전 했던 그의 강연에서 설명과 해석의 역할에 대한 중요성을 다시 강조하고 있다. 예컨대, 공원에서 아이가 자기도 모르게 엄마와 떨어져 혼자 비둘기를 쫓아 뒤뚱거리며 몇 걸음 걸음마를 떼다가 놀라서 멈추고 뒤를 돌아봤을 때 그것은 물론 뒤에 엄마가 있는지를 확인하고 싶은 아이의 불안 때문이기도 하겠지만, 아마도 그 아이는 자기가 엄마 없이 스스로 혼자 걸어온 자신의 성취에 대하여 엄마의 자랑스러워하는 미소를 보고 싶기 때문이기도 하다.

여기에서 엄마의 반응이 아이에 대한 사랑스러움과 자랑스러움이 가득한 미소를 짓는 엄마의 표정을 보여 주는 것이라면, 이것은 코헛에 의하면 경험에 가까운 공감, 그러나 상대적으로 낮은 형태의 공감이라는 것이다. 그런데 더 나아가 아이에게 "정말 잘했어, 정말 자랑스러워, 사랑하는 내 아들!"이라고 인정하고 격려해 주면서 말해 준다면 이것이 바로 해석이라고 할 수 있으며 경험과는 약간 더 거리가 있지만 좀 더 높은 형태의 공감일 것이다. 이처럼 낮은 수준의 공감에서 이동하여 높은 수준의 공감을 경험하게 하는 것은 아이에게 심리적인 발달을 가져오게 된다.

마찬가지로 분석적 치료는 이해에 의해서가 아니라 궁극적으로 설명을 제공함으로써 이루어지며, 이해의 단계에서 설명의 단계로 이행하여 좀 더 높은 형태의 공감으로 옮겨 가야 한다는 공감의 발달적 견해를 코헛은 표현하고 있다. 즉, 치료자가 내담자를 공감적으로 이해한 것들에 대하여 내담자가 표현하는 역동적인 요소들과 내담자의 경험에 대한 원천을 설명해 주는 것은 좀 더 높은 차원의 공감의 형태가 되며, 이러한 차원의 공감은 분석 과정에 결국 본질적이 되는 것이다.[24]

이런 의미에서 코헛이 제안하는 이해로서의 공감과 설명으로서의 공감은 상호적이다. 즉, 이해와 설명 각각에서 전제되고 있는 공감의 토대 위에서 코헛은 이해나 설명 중 어느 한쪽에 그 중요성의 무게를 두기보다는 이해와 설명의 적절한 상호 협력을 강조하고 있다. 즉, 설명이나 해석은 공감적 이해에 의해서 이루어지지만, 또한 공감적 이해는 설명과 해석에 의해서 그 공감적 관찰의 지침이 되기도 한다는 것이다.[25] 결국 대리적 내성으로서의 공감적 이해는 이론적인 통찰을 통해서 보다 더 성숙한 공감적 유대를 형성하게 하고, 공감적인 자료의 수집과 관찰은 이론에 의해서 그 의미가 부여되는 것이다.

그렇다면 치료자의 해석은 언제나 정확하고 완전한 것일까. 코헛은 해석이 만일 부정확하거나 불완전하다고 해도 그러한 해석이 긍정적인 치료적 결과를 가져온다면 그러한 해석 역시 효과적인 설명일 수 있다는 사실을 함축하고 있다. 이는 바로 해석의 역할이 어떤 기능을 수행하느냐에 달려 있기 때문이다. 즉, 따뜻하게 받아들여 주고 이해해 주는 자기대상으로서의 치료자와의 공감적 유대 안에서 치료자의 해석이 내담자에게 긍정적인 결과를 가져오는가의 여부는 그러한 해석이 정확한 것인가라기보다는 그러한 해석을 내담자가 어떻게 받아들이고 어떻게 경험하는가에 달려 있다는 뜻이다. 물론 그렇다고 해서 치료자의 정확한 해석이 중요하지 않다는 의미는 아니다. 다만 추상적인 수준의 이론적 설명이 내담자의 내적 경험을 해석하기에 아무리 개관적이고 한계가 있다 하더라도 그 해석이 내담자로 하여금 자신이 이해받고 있다는 깊은 인식을 가지게 한다면 그것은 유용하고 효과적일 수 있다는 것이다.[26]

코헛은 설명이나 해석으로서의 공감과 관련하여 일반적으로 정신분석 과정에서 행해지는 직면(confrontation)의 역할에 대하여 자기심리학적인 관점을 서술하고 있다. 즉, 코헛에게 있어서 치료자가 행하는 직면은 진부하고 더 이상 필요하지 않은 것이며 오히려 내담자가 훈계받는 것으로 경험될 수 있다는 것이다. 게다가 그러한 직면은 내담자의 어린 시절의 외상을 다시 반복하게 할 수 있어서 오히려 분석 과정에 도움이 되지 않을 수 있기 때문에 직면은 분석 과정에서 보다 신중하게 사용되어야 한다고 코헛은 강조한다. 자기심리학에서의 설명은 직면을 사용해서 객관적 현실을 내담자에게 교육시키는 것이 아니라 내담자가 경험하는 그/그녀의 내적 현실을 (그것이 객관적인 현실과 모순된 것으로 받아들여진다 해도) 정당하다고 인정하고 받아들여 주는 것이며, 그러한 치료자와의 자기-자기대상 관계에 대하여 일관적인 해석을 제공하는 것이다. 이는 내담자의 구조적인 자기결함을 회복하게 하며 그러한 극복과정을 통하여 그/그녀는 오랜 기간 동안 점진적으로 서서히 자기의 심리구조를 새롭게 구축하게 되어 결과적으로 삶의 객관적 현실에 대하여 직면을 통하지 않고도 스스로 배우고 인식하게 되는 것이다.[27]

이처럼 치료자의 통찰을 통한 설명이 내담자의 상처를 돌보고 치유하는 것에 중요한 공감적 요소가 된다는 것은 치료자가 단지 심리적 관찰을 통해서 의견과 해석을 말하는 관찰자 이상의 어떤 존재라는 사실이 내담자와의 공감적 유대 안에서 암묵적으로 전제되어 있다는 것을 함축하고 있다. 코헛은 초기의 논문에서 제시했던 타인의 내적인 삶을 조율하는 심리적 관찰의 방법으로서의 공감에 덧붙여, 공감에 관한 그의 마지막 논문에서 "사람과 사람 사이에서 가지는 강력한 감정적 유대"[28]로서의 공감을 기술하고 있다. 이러한 공감은 넓은 의미에서 단지 공감(적 관계)이 존재한다는 것 그 자체만으로도 치료적 상황에서나 일반적인 인간의 삶 전반에서 유익한 치료적 효과를 가진다는 것이다.[29]

이렇게 볼 때 코헛의 공감의 개념에는 치료자와 내담자의 상호작용이 내포되어 있다. 단지 내담자의 주관적 경험만을 치료자가 공감적으로 이해하는 것이라기보다는 대리적 내성으로서의 치료자의 공감 안에는 대리적인 한에서 치료자 자신의 주관적인 내적 성찰이 전제되어 있는 것이다. 공감적인 관계 그 자체, 즉 치료자의 존재 그 자체로 치료적일 수 있다는 것은 치료자 자신의 성품과 관련한 주관성이 내담자와의 관계에 상호영향을 줄 수 있다는 것을 의미한다. 코헛은 치료자가 무엇을 하는가가 아닌 치료자가 어떤 성품을 가진 존재인가의 주관성의 문제가 치료적 분위기의 주요한 부분을 차지하고 있으며, 이러한 자기대상으로서의 치료자의 주관적 측면들은 자기의 발달이나 치유에서 중요한 역할을 한다고 하고 있다.[30] 이런 의미에서 공감의 경험은 단지 공감을 받는 이의 수동적인 주관적 경험만을 의미하는 것이 아니라, 공감하는 이와 공감받는 이 각각의 주관적 경험의 상호작용에서 이루어진다고 할 수 있다.

스톨로로우는 대리적 내성으로서의 코헛의 공감적 태도를 "부단한 공감적 탐색(sustained empathic inquiry)"의 태도라고 개념화했는데, 이는 타인이 표현하는 것의 의미를 그/그녀 자신의 주관적 기준안에 있는 관점으로부터 이해하기 위해 부단히 노력하는 태도를 뜻한다.[31] 치료자 혹은 돌보는 이의 이러한 공감적 태도에 있어서 필수적인 요소는 자신의 공감적 반응의 의미를 발견하기 위해서 자기 스스로의 주관적 실재를 끊임없이 탐구하는 일이라고 한다. 이처럼 공감을 얻기 위한 부단한 노력은 반드시 치료자와 내담자 각각의 주관적 세계간의 상호작용을 통해서 생기는 상호주관적인 영역 전반을 포함해야 한다는 것이다. 이러한 공감의 상호주관적 태도를 통해서 치료자는 내담자가 충분히 이해받는다고 느낄 수 있는 해석을 제공할 수 있게 되는 까닭이다.[32]

심리적 산소

코헛은 구체적으로 공감의 기능에 대하여 세 가지로 요약하고 있다.[33] 첫째, 공감은 정신분석학의 분야에서 타인의 내적 심리상태를 이해하는 데에 필수 불가결한 대리적 내성으로서의 가치-중립적인 관찰도구다. 둘째, 공감은 타인의 내적 경험에 대한 현실을 인정하고 받아들일 수 있는 인식의 심화와 확장을 가져다준다. 셋째, 공감은 치료자 혹은 돌보는 이가 내담자를 이해하는 단계에서뿐만 아니라 설명의 단계에서 역시 기초적인 토대가 된다. 이러한 공감의 기능들을 통한 분석 과정에서 치료자의 어쩔 수 없는 공감적 실패는 내담자에게 견딜 만한 좌절(최적의 좌절)을 경험하게 하고, 자기대상으로서의 치료자가 제공하던 공감적 기능은 점진적인 내면화를 통해서 내담자 스스로 기능할 수 있는 심리구조로 변형된다.[34]

이렇게 치료자 혹은 돌보는 이의 이해와 설명을 통한 공감은 내담자가 잃어버린 중요한 심리적 요소를 공급해 줌으로써, 결국 내담자로 하여금 상처받은 자기에 대하여 스스로 더 많이 이해할 수 있고 인정할 수 있으며 받아들일 수 있도록 돕는다. 즉, 공감은 궁극적으로 자기의 구조를 다시 응집력 있게 회복할 수 있게 하고 또한 건강하게 유지할 수 있게 하는 힘의 원천이 되는 것이다. 이처럼 인간이 본질적으로 필요로 하는 공감적인 환경에 대하여 코헛은 우주비행사의 이야기[35]를 통하여 강조하고 있는데, 이는 결국 인간이 자기대상의 공감적 인정과 지지의 역할 없이는 살아갈 수 없는 존재라는 사실을 다시금 확인하게 해 준다.

달을 향하여 비행하던 우주선이 달에 착륙하기도 전에 운석에 부딪히는 바람에 우주비행사들은 우주선을 제어할 수 없게 되었다. 그래서 그들은 더 이상 우주선의 조종이 정말로 불가능하게 되었을 경우를 대비하여 선택을 해야 했다. 즉, 얼마간이 될지도 모르는 긴 기간을 우주를 돌면서 우주선 안에 남아 있을 것인지, 아니면 속도를 줄일 수 없는 이유 때문에 지구로 진입하면서 우주선과 함께 타 버릴지도 모르는 위험을 감수하면서도 지구로 돌아갈 것인지에 대한 선택이었다. 그들의 결정은 더 말할 것도 없이 지구로 돌아가는 것이었다. 그들은 그 텅 빈 우주 공간을 영원히 돌고 있기는 정말 싫었으며, 차라리 불타 버릴지언정 자신들의 지구로 돌아가기를 선택했던 것이다. 코헛은 이들이 지구를 선택한 이유가 바로 공감적인 인간 환경에 대한 욕구라 설명하고 있다. 즉, 그들의 선택은 그 어떤 인간적인 반응도 없고 인간적인 이해도 없는 것에 대한, 바로 인간의 공감적 환경의 상실에 대한 두려움을 여실히 드러내 준다는 것이다.

이런 의미에서 코헛은 공감의 역할을 심리적 산소로 비유하고 있다. 유아가 육체적으로 생존하기 위해서는 적절한 양의 산소가 있는 환경을 필요로 하기에 유아는 당연히 그러한 환경이 있으리라는 것을 전제하고 태어나듯, 유아가 심리적으로 생존하기 위해 공감적-반응적인(자기대상의) 인간 환경을 필요로 하는 만큼 자신의 심리적 욕구를 맞추어 줄 그러한 공감적 환경을 기대하고 유아는 세상에 나온다. 따라서 인간은 육체적으로 산소가 없는 환경에서 살아갈 수 없는 것처럼 자신에게 공감적으로 반응하지 않는 심리적 환경에서도 살아갈 수 없는 것이다.[36] 그러므로 태어나서 죽을 때까지 인간의 몸이 필요로 하는 산소처럼 자기대상의 공감적 기능 역시 응집적 자기를 유지하기 위해서 평생 필요로 하는 심리적 산소가 된다는 말이다.

우리는 이러한 공감을 삶에서의 다양한 자기-자기대상 관계들 속에서 상호적 소통을 통해 경험하고 서로 주고받으며 살아간다. 아니, 그렇게 살아갈 수밖에 없는 존재들이다. 그렇다면 심리적 산소로서의 공감이란 어쩌면 그저 고개를 끄덕이며 타인의 가슴을 들어 주는 일, 혹은 숨죽여 그 가슴의 상처를 경험하는 일을 통해서 가지게 되는 매우 보편적이고도 필수적인 인간의 심리적 상호 소통의 방법이 아닐까 싶다.

주(註)

1 스티븐 코비, 『성공하는 사람들의 7가지 습관』, 김경섭 옮김(서울: 김영사, 2003), 40-43.

2 전미정, 『상처가 꽃이 되는 순서』 (고양: 예담, 2009), 20.

3 *Ibid.*, 21.

4 공감의 기원과 발달에 관하여는 박성희, 『공감학: 어제와 오늘』 (서울: 학지사, 2010)을 참조.

5 Heinz Kohut, "Introspection, Empathy, and Psychoanalysis: An Examination of the Relationship Between Mode of Observation and Theory (1959)," in *The Search for the Self*, vol. 1, ed. P. Ornstein (New York: International Universities Press, 1978), 205-232.

6 Heinz Kohut, "Forms and Transformations of Narcissism (1966)," in *The Search for the Self*, vol. 1, ed. P. Ornstein (Madison: International Universities Press, 1978), 450.

7 Heinz Kohut, *How Does Analysis Cure?* ed. Arnold Goldberg (Chicago: The University of Chicago Press, 1984), 82.

8 Heinz Kohut, "Introspection, Empathy, and the Semicircle of Mental Health (1981)," in *The Search for the Self*, vol. 4, ed. P. Ornstein (Madison: International Universities Press, 1991), 543; Heinz Kohut, "On Empathy (1981)," in *The Search for the Self*, vol. 4, ed. P. Ornstein (Madison: International Universities Press, 1991), 530.

9 Heinz Kohut, *The Restoration of the Self* (Madison: International Universities Press, 1977), 250-258.

10 *Ibid.*, 251.

11 *Ibid.*, 261.

12 Kohut, "Introspection, Empathy, and the Semicircle of Mental Health (1981)," 540.

13 Franz Alexander, Thomas M. French et al., *Psychoanalytic Therapy: Principles and Application* (New York: Ronald Press, 1946), 66.

14 R. Fox, "The Principle of Abstinence Reconsidered," *International Review*

of *Psychoanalysis* 11 (1984): 227-236; A. Rothstein, "Toward a Critique of Psychology of the Self," *Psychoanalytic Quarterly* 59 (1980): 423-455 참조.

15 Heinz Kohut, "The Psychoanalytic Treatment of Narcissistic Personality Disorders: Outline of a Systematic Approach (1968)," in *The Search for the Self*, vol. 1, ed. P. Ornstein (Madison: International Universities Press, 1978), 507.

16 Kohut, *How Does Analysis Cure?* 153.

17 Heinz Kohut, "Reflections on Advances in Self Psychology," in *Advances in Self Psychology*, ed. Arnold Goldberg (New York: International Universities Press, 1980), 483; Kohut, *How Does Analysis Cure?* 175.

18 Robert D. Stolorow, "The Nature and Therapeutic Action of Psychoanalytic Interpretation," in *The Intersubjective Perspective*, ed. Robert D. Stolorow, George E. Atwood, and Bernard Branchaft (Northvale: Jason Aronson, 1994), 45.

19 Kohut, *The Restoration of the Self*, 252.

20 Heinz Kohut, "Introspection and Empathy: Further Thoughts About Their Role in Psychoanalysis (1968)," in *The Search for the Self*, vol. 3, ed. P. Ornstein (Madison: International Universities Press, 1990), 97-98.

21 Kohut, *How Does Analysis Cure?* 104-108.

22 *Ibid.*, 184-185.

23 Kohut, *The Restoration of the Self*, 30-32.

24 Kohut, "On Empathy (1981)," 532-533.

25 Kohut, "Introspection and Empathy: Further Thoughts About Their Role in Psychoanalysis (1968)," 97.

26 Kohut, *How Does Analysis Cure?* 187-191.

27 *Ibid.*, 173-174.

28 Kohut, "Introspection, Empathy, and the Semicircle of Mental Health (1981)," 542.

29 *Ibid.*, 544.

30 Kohut, *How Does Analysis Cure?* 15, 36.

31 Robert D. Stolorow, "The Nature and Therapeutic Action of Psychoanalytic Interpretation," in *The Intersubjective Perspective*, ed. Robert D. Stolorow, George E. Atwood, and Bernard Branchaft (Northvale: Jason Aronson, 1994), 44.

32 *Ibid.*, 46-53.

33 Kohut, *How Does Analysis Cure?* 174-178.

34 *Ibid.*, 172.

35 Kohut, "On Empathy (1981)," 531.

36 Kohut, *The Restoration of the Self*, 85, 253.

11

자기의 회복: 자기애적 전이

누군가 나의 결함을 대신 메워 주기를

기억을 더듬어 보면, 나의 고등학교 시절에 여학생 친구들 사이에서 소위 '공주와 하녀'(?)라는 색다른 우정의 관계를 형성하고 유지했던 친구들이 있었다. 어느 날 Y라는 친구가 다른 학교로부터 전학을 오게 되었다. 그녀는 키도 훤칠하게 크고 호리호리하게 말랐으며 소위 롱다리에 에스라인의 몸매를 가지고 있었다. 얼굴도 하얗고 눈도 크고 예뻤다. Y는 키가 컸으므로 반에서 제일 뒤에 있는 책상에 앉게 되었고 그 옆자리에 있었던 U와 짝이 되었다. Y와 U는 서로 친하게 지냈고 이내 곧 서로 붙어 다니는 둘도 없는 단짝이 되었다. 그런데 그들의 친구 관계는 좀 독특했다.

Y는 언제나 자신이 필요로 하는 것을 U에게 당연히 요구하거나 마치 명령하는 듯했고 U는 Y의 모든 요구를 즐겁게 들어주고 Y의 모든 필요를 자발적으로 채워 주었다. 가령, U는 등교해서 아침마다 Y의 머리를 빗어서 다시 정갈하게 땋아 주었으며 Y는 기분 좋아했고 U는 Y의 예쁜 모습을 보며 기뻐했다. 학교에 올 때도 U는 우유와 샌드위치 등을 맛있게 싸 와서 수업이 시작하기 전 Y에게 아침 식사로 나눠 주기도 했고, 체육시간에 Y가 넘어지

기라도 하면 제일 먼저 달려와 얼마나 다쳤냐고 걱정하며 돌보아 주었으며 심지어는 집으로 돌아갈 때 Y의 가방을 들어 주기까지 했다. 수업 시간에 Y가 발표라도 하게 되면 U는 Y에게 칭찬과 격려를 아끼지 않았고 그날의 Y의 발표에 대하여 반의 모든 친구들에게 자랑을 하고 다녔다.

이 모든 U의 행동과 반응에 대하여 Y는 행복해했지만 당연시했으며 오히려 그러한 U의 태도가 자신에게 불충분하다고 느낄 때는 가차 없이 화를 내기도 했다. 만일 U가 다른 친구와 조금 더 친하게 지내는 기색이 보일라치면 Y는 시기와 질투를 주저 없이 표현했으며 마치 애인이 자신을 배반하기라도 한 것처럼 절교를 선언하기도 했는데 그러면 U는 Y에게 절절매면서 사과를 하고 싹싹 빌기까지 했다. 그러고 나면 Y는 U와 서로 울며 부둥켜안고 서로에게 사과를 하면서 서로를 용서했고, 마치 아무 일도 없었다는 듯 다시 예전의 관계로 돌아갔다. Y는 아침에 학교에 오면 제일 먼저 U를 찾았고 화장실에 갈 때도 U를 찾아서 같이 갔으며 특별활동 시간에도 둘은 언제나 같은 반을 선택했다. 이 둘의 그러한 독특한 우정은 다른 급우들의 눈에는 아마도 '공주와 하녀'의 관계로 보일 수밖에 없었을 것이다.

이제 와 생각해 보면 Y와 U는 서로가 각각 필요로 했던 어떤 돌봄의 대상을 대신해서 서로에게 역할을 했던 것이 아닌가 싶다. 그 둘의 관계에서 누가 공주의 역할을 하고 누가 하녀의 역할을 했는지가 중요한 것이 아니라, 서로 다른 상반된 방식으로 나타나는 서로를 향한 전폭적인 관심과 사랑을 통하여 두 사람이 서로에게 필요한 대상이 되어 주었다는 사실이 그들 관계를 '공주와 하녀'로 나타나게 한 열쇠라 보인다. 즉, 그러한 관계의 현상은 아마도 과거에 정서적으로 충분한 공감적 보살핌을 받지 못하여 충족되지 못했던 그들의 심리적 욕구가 '공주와 하녀'와 같은 그들의 관계를 통해서 대신 채워지기를 바라는 소망이 무의식적으로 나타난 것이라 할 수도 있겠다.

그러한 관계 안에서 이들이 서로에게 전달하고 있는 감정과 태도의 양상은 바로 지금 그들이 맺고 있는 관계에서, 예컨대 어릴 적 자신을 반영하고 받아들여 주는 엄마의 역할을 상대방이 대신해 주기를 바라는 욕구, 혹은 힘 있고 믿음직한 이상적인 대상이 되어 주는 아빠의 역할을 상대방이 대신해 주기를 바라는 욕구가 내포되어 있을 수 있는 것이다. 그들은 그러한 관계 안에서 자기를 확인하는 것이며, 이는 곧 충분히 채워지지 못한 구멍 난 자기의 부분을 애써 메우려는 나약하고 상처받은 자기의 아픈 노력이다.

전이와 역전이

부모와의 관계 속에서 태어나 여전히 무수한 관계들 속에서 살아가는 우리는 이처럼 오래전 유아기의 기본적인 관계 속에서 겪은 상처들로 인해 생긴 스스로의 결함을 우리 자신도 모르게 현재의 관계를 통해 회복하려 하고, 그러기 위해 이전의 관계 속에서 경험했던 감정과 태도를 현재의 다른 관계들 속에서 무의식적으로 표현하고 전하게 된다. 이러한 현상을 정신분석에서 '전이(transference)'라고 일컫는다. 즉, 전이란 생애 초기에 자신에게 중요했던 사람들(주로 부모, 혹은 일차적으로 돌봄에 중요한 역할을 했던 사람들)과의 관계에서 경험했던 감정, 사고, 태도, 행동의 패턴이 현재 맺고 있는 다른 사람들과의 관계에서 무의식적으로 다시 반복되어 나타나는 경향을 말한다.[1]

물론 전이는 많은 다른 형태의 일상적인 상호 관계들 속에서도 일어날 수 있지만, 보다 명확하게 상담과 분석적 치료 장면에서 내담자가 역동적 특성을 가지고 치료자에게 강도 높게 드러내는 현상으로 지칭된다. 고전적인 정신분석에서의 전이는 프로이트가 발견하여 점차적으로 발전시킨 개념으로 원래는 무의식 속에 억압되어 남아 있던 유아기적 소망이 억압 장벽을 뚫고 전의식으로 옮겨 간 것을 뜻했다. 즉, 전이는 외상이 될 정도로 좌절되었던 유아기적 소망과 욕구가 위장된 형태를 띠고 반복되어 치료자에게 다시 나타나는 것을 의미한다. 초기의 연구에서 프로이트는 전이를 과거의 사건을 다시 발견하게 되는 것에 대한 내담자의 저항으로 보고 이러한 현상은 분석적 치료에 방해가 되는 것으로 생각하였다. 그러나 그는 이후 연구에서 내담자의 무의식 속의 생각이나 감정과 관련하여 전이 현상의 중요성을 강조하게 되면서 억압된 무의식의 내용들을 의식화하기 위한 것으로 전이의 해석을 정신분석 치료 과정에 중심적인 작업으로 놓게 되었다.

또한 전이와 밀접하게 관련된 현상으로서 '역전이(countertransference)'의 개념을 들 수 있는데 이는 바로 내담자에 대한 치료자 자신의 무의식적인 감정과 태도의 반응이다. 내담자가 치료자에게 전이를 나타낼 수 있는 것처럼 치료자 역시 내담자에게 전이와 유사한 역전이 반응을 보일 수 있는 것이다. 따라서 역전이는 전이가 '역'으로 나타난다는 것을 제외하면 본질적으로 전이와 유사한 현상이라 할 수 있다. 즉, 전이가 내담자로부터 치료자로 향하는 현상이라면 역전이는 치료자로부터 내담자에게로 나타나는 현상이다. 그러나 여기서 말하는 역전이의 의미는 전이와 유사한 현상의 '역' 방향성을 의미하는 것이지 치료자로부터 내담자에게 나타나는 전이를 말하는 것은 아니다.

엄밀히 말해서 좁은 의미에서의 역전이는 내담자가 치료자에게 일으키는 전이에 대하여 치료자가 가지는 특정한 반응이지 하나의 대상으로서의 내담자에게 가지는 반응이 아니다. 대상으로서 내담자에게 일으키는 이러한 반응은 오히려 내담자에게 치료자가 일으키는 전이의 현상이 되는 것이라 구분 지을 수 있지만, 최근의 넓은 의미에서 역전이의 개념은 이러한 명확한 구별에 대하여 커다란 의미를 두고 있지는 않으며 내담자에 대한 치료자의 의식적이고 무의식적인 모든 정서적 반응까지를 포함한다.

이러한 넓은 의미의 역전이에 있어서 치료자의 역전이가 자신의 무의식적 갈등과 관계없는 공감적 동일시의 표현으로 나타날 수도 있지만 만일 그것이 내담자의 전이에 대한 치료자 자신의 무의식적 갈등으로부터 나오는 반응이 된다면 이러한 역전이는 상담에 부정적인 영향을 미칠 수 있고 치료과정에 어려움을 줄 수 있다. 그러나 치료자의 그러한 역전이 감정에 대한 치료자 자신의 면밀한 분석과 해석은 치료자 자신의 자기 검토에 도움이 될 뿐만이 아니라 상담과 치료과정에서 내담자의 무의식적 전이의 내용을 이해하는 데에도 도움이 되는 것이다.[2]

내담자와의 의사소통을 치료자의 명확한 해석으로만 개입하고 내담자에 대한 지지나 격려 혹은 관심이나 존중조차도 철저히 제한하는 치료자의 중립적 태도를 견지했던 프로이트는 근본적으로 역전이의 현상을 분석과 치료과정의 장애물로 보았다. 그러나 그는 역전이가 치료자의 중립적인 태도의 필요성을 다시 깨닫게 해 주는 중요한 역할을 하는 것으로 보고 나중에는 역전이에 대한 다소간 긍정적인 관점을 나타내기도 하였다. 이후에 영국학파를 중심으로 모이게 된 대상관계 이론가들은 분석 상황에서 이루어지는 치료자와 내담자와의 상호 관계에 초점을 두게 되어 치료에 있어서 역전이가 내담자의 이해와 해석에 매우 긍정적인 역할을 하는 것으로 이해하게 되면서 역전이에 대한 관심을 강조하게 되었다.[3]

최근까지도 여전히 역전이에 대한 긍정적인 견해와 부정적인 견해는 교차되고 있지만, 치료자의 주관적 감정과 역전이 반응은 일반적으로 불가피하고 보편적이며 분석 과정에 방해가 되기 쉬운 요소임이 틀림없음에도 불구하고 역전이가 치료과정에서 내담자의 심리적 역동에 대한 올바른 이해와 해석을 확장할 수 있는 역할을 하는 한에서 긍정적인 효과가 있다는 견해에는 대부분 일치를 보이고 있다.

자기애적 전이/자기대상 전이

코헛의 자기심리학에 대한 이론은 사실상 자신의 임상적 분석을 통해 전이에 대한 새로운 이해와 해석을 제공하게 되면서, 그 전이를 일으켰던 환자들의 자기애적 장애에 대한 분석과 그로부터 결과한 자기애적 자기의 개념화로부터 태동하였다고 할 수 있다. 즉, 코헛이 분석하게 된 새로운 환자들을 자기애적 장애로 진단하게 되고 또 그러한 진단적 토대에 의해서 분석이 가능하다고 결정짓게 된 특징은 바로 그들이 치료자로서의 코헛에게 나타내는 어떤 특정한 전이였다.

코헛은 자신의 분석한 F양의 사례 안에서 그러한 특정한 전이의 현상을 거울 전이(mirror transference)의 형태를 통하여 구체적으로 기술하고 있다. F양은 자기를 확인해 주고 긍정해 주며 반영해 주는 반응을 코헛이 보일 때만 편안해했으며 만족스러워했고 반응이 그렇지 못하거나 그 이상일 때는 코헛에게 불만을 토로하거나 격렬하게 화를 내었다. 코헛은 처음에는 그녀의 비난이 오이디푸스 콤플렉스와 관련한 소망에 근거한다고 생각했으나 실제 그런 방향으로는 치료가 진전되지 않았다. 그녀는 저항하고 있는 것이 아니었고 어릴 적 방해받았던 유아기 때의 욕구를 충족시키려 하는 것이었다. 즉, 그녀는 과거의 원초적인 대상(가령 유아기에 자신이 필요로 했던 자기애적 요구들을 충족시켜 주지 못했던 부모)에 대한 욕구, 다시 말해서 자신의 자기애적 과시에 대하여 긍정과 공감적인 반응 그리고 반향을 받고자 하는 욕구를 가지고 있었다. 따라서 그녀는 자신의 자기애적 요구에 공감적으로 반응하지 않았던 어릴 적 자신의 부모를 대신하여 치료자를 자신의 자기대상으로 인식하는 것이었다.[4]

코헛은 F양이 보이고 있는 것과 같은 이러한 전이를 "자기애적 전이(narcissistic transference)"라 개념화하고 이후의 연구에서 다시 "자기대상 전이(selfobject transference)"라 바꾸어 불렀다.[5] 자기애적 전이는 과거의 경험을 치료자에게 전치시키는 퇴행적인 현상으로서의 전통적인 전이의 개념과는 다른 것이며 과거의 유아적 관계의 반복이 아니다. 오히려 이러한 전이는 어딘가에서 멈춰 버린 자기애적 발달을 다시 시작하여 건강하고 성숙한 자기를 새롭게 구축하려는 내담자의 노력을 반영하고 있다. 즉, 자기애적 욕구 혹은 자기대상 욕구가 충족되지 못한 이들은 구조적으로 취약한 자기의 심리구조를 가지고 있기 때문에 자신들의 충족되지 못한 욕구를 무의식적으로 다른 관계에서 보상받고자 하는 경향이 있는데 이는 상처받은 자기를 회복하고자 하는 정당한 욕구다. 따라서 그들은 치료관계에서 치료자와의 원초적 연대를 맺게 되고 그러한 자기애적 전이 안에서 치료자와 가지는 대상-대상관계를 통해 내담자는 치료자가 제공하는 자기대상의 기능을 내면화시키게 되고 결과적으로 자기의 구조를 새롭게 세울 수 있게 되는 것이다.

자기애적 욕구가 충족되지 못하여 자기대상 전이를 일으키는 이들은 자기의 발달 과정에서 유아기에 자기애가 충분히 잘 발달될 기회를 잃어버렸기 때문에 자기구조를 건강하게 잘 구축할 수 없었던 이들이다. 즉, 그들은 부모의 공감적 돌봄의 심각한 실패 때문에 생긴 자기애의 발달적 결핍으로 인하여 자기의 결함을 가진 이들이라 할 수 있다. 이처럼 유아기의 자기애적 욕구에 충분한 사랑과 공감으로 적절하게 응답해 줘야 할 거울 자기대상과 이상화 자기대상, 그리고 쌍둥이 자기대상 기능의 외상적 결핍에서 기인하는 자기애적 상처를 가진 이들은 자신을 공감적으로 이해하고 받아들여 주는 새로운 자기대상을 끊임없이 필요로 하는데, 치료적 상황에서 그들은 치료자가 그러한 역할을 해 주기를 무의식적으로 기대하고 바란다. 따라서 자기애적 상처의 치유를 위해서 코헛이 제안하는 것은 다름 아닌 새로운 자기-자기대상의 관계를 통해서 치료자가 우선적으로 충분한 공감적 기능을 다시금 제공해 주는 것이다. 이는 바로 치료적 상황에서 일어나는 자기애적 전이 안에서 설명될 수 있는데 코헛은 이러한 자기애적 전이의 세 가지 유형을 제시하고 있다.

즉, 부모를 이상화하려는 자기애적 욕구에 상처를 입은 이들은 이상화 전이(idealizing transference)[6]를 통하여 치료자를 자기의 일부처럼 자기의 결함을 보완해 주고 자기를 지탱해 주는 대상으로 의존하는 이상화 자기대상 욕구를 나타내게 된다. 그리고 과대적 자기의 과대적이고 과시적인 자기애적 욕구가 충족되지 못한 이들은 치료자가 자신들을 인정해 주고 칭찬해 주기를 바라는 거울 전이[7]를 드러낸다. 또한 자신들과 본질적으로 닮아 있다고 느끼는 대상과의 경험을 통한 자기의 발달에 결함이 있는 경우 이들은 마치 치료자를 자신들인 것처럼 경험하는 쌍둥이 혹은 제2자아 전이(twinship or alter ego transference)[8] 안에서 치료자의 특성이나 태도를 닮기를 원하며 자신과 같은 외모나 태도 혹은 관점이나 견해를 치료자가 가지고 있다고 여기게 된다.

이러한 자기애적 전이들은 치료과정에서 자발적으로 일어나도록 해야 하고 그러한 전이 안에서 내담자가 가지는 자기대상 욕구들을 시기적절하게 공감적으로 받아들여 주는 것을 통하여 자기애적 전이들이 방해받지 않고 그대로 발달하도록 허용해야 한다고 코헛은 강조한다. 그러다가 치료자의 가벼운 공감적 실패, 즉 치료자가 약속을 지키지 못하거나 혹은 상담시간을 늦게 시작하는 등의 실패를 통해서 내담자는 스스로를 무력하고 무가치하게 느끼며 자존감이 낮아지는 좌절을 경험할 수 있다. 그러나 이러한 내담자의 좌절은 불가피할 뿐만이 아니라 치료에 본질적이기도 한 최적의 좌절이다. 최적의 좌절이 일어날 때마다 그러한 좌절을 이해하고 수용해 주는 태도 안에서 치료자가 적절한 해석과 설명을 통해서 지속적으로 개입한다면 내담자는 치료자가 부재하더라도 점차로 치료자가 제공해 주었던 기능들을 이제는 스스로 감당할 수 있게 된다.[9]

자기애적 역전이/자기대상 역전이[10]

내담자의 자기애적 전이를 경험하는 치료자의 입장에서는 가령 내담자가 치료자에게 이상화 전이를 일으킬 때 그것을 받아들이기 불편하게 느낄 수 있으며 그래서 그것을 밀어내고 싶어지기도 한다. 물론 내담자의 이상화 전이와 관련해서 치료자에게 특별한 심리적 취약함이 없다면 이러한 치료자의 느낌과 반응은 치료자 스스로 적절하게 조정하고 통제할 수 있다. 그러나 치료자가 내담자의 이상화 전이를 노골적으로 혹은 은연중에 거절하게 되는 경우에는 많은 부분 치료자 자신의 해결되지 않은 자기애적 취약성 때문에 나타나는 방어적 태도일 가능성이 높다고 코헛은 지적한다. 즉, 내담자에게 약간 지나친 듯한 객관적인 태도나 냉담한 목소리로 치료자가 반응하거나 치료자를 이상화하는 내담자에게 농담을 하는 방법으로 이상화를 무시하는 경향이 나타날 수 있는데 이는 바로 이상화 자기대상 전이에 대한 전형적인 역전이로 볼 수 있다.[11]

또한 거울 전이(좁은 의미에서의 거울 전이)에서 치료자는 내담자의 과대적 자기를 인정해 주고 찬양해 줌으로써 그/그녀의 유아적인 자기애적 자기의 욕구를 충족시켜 주는 제한된 범위 안에서만 내담자에게 인식되기 때문에 치료자는 흔히 지루함을 느끼거나 내담자와 감정적 관계를 맺지 못하고 내담자에 대하여 안정적인 관심을 기울이지 못하게 될 수 있는데 이러한 양상들은 바로 거울 자기대상 전이에 대한 전형적인 역전이 반응이라 할 수 있다. 이러한 반응이 치료자 자신의 무의식적으로 고착된 자기애적 욕구들로부터 비롯된 것이라면 치료자는 내담자의 유아적 자기애에 관심하고 그것을 공감적으로 이해하고 받아들여 주는 거울의 역할을 감당하기가 힘들어진다.[12]

코헛은 이처럼 내담자의 자기애적 전이에서 나타나는 자기애적 욕구가 치료자의 역전이에서도 나타날 수 있다고 보았다. 즉, 치료자 자신의 자기애적 욕구로 인해서 치료자는 내담자의 자기애적 전이를 허용하는 것에 특정한 저항을 가질 수 있게 되는데, 이것이 바로 치료자의 역전이다. 이러한 역전이는 내담자의 효과적인 자기애적 전이의 형성과정에 어려움을 주게 되며 또한 그 전이가 변형적 내면화를 통하여 체계적이고 점진적으로 극복되는 과정을 방해하게 된다. 따라서 치료자는 지속적인 자기 점검을 통하여 자신의 교정되지 않은 자기애적 자기를 해소하고 극복하는 데 관심과 노력을 기

울여야 한다고 코헛은 강조한다.[13]

그러나 코헛의 자기심리학은 역전이 분석에 대하여 그것을 정확하게 개념화하지도 않았고 또한 임상적 연구로 구체화하지도 않았다. 즉, 코헛은 역전이 현상 그 자체에 대한 분석보다는 역전이 반응에서 치료자가 가지는 치료자 자신의 자기애적 욕구와 그것이 치료 과정에 미치는 부정적인 영향에 관심했다. 따라서 코헛의 자기심리학에서 개념화되고 있는 역전이는 치료자의 공감적인 실패의 한 부분으로서이며 그렇게 역전이는 공감과 관련한 한에서 자기심리학에 중요한 요소였다.

그럼에도 불구하고 역전이가 치료자의 충족되지 않은 원초적인 자기애적 욕구에서 벗어난 것이라면 역전이라고 일컬어지는 치료자의 반응은 오히려 치료적 자기-자기대상 관계에 효과적인 영향을 주는 것이라고 베이컬은 보고 있다. 즉, 내담자와의 자기대상 관계를 치료자 자신이 경험하는 것은 사실상 모든 치료적 관계에서 편재하고 있을 뿐만이 아니라 내담자가 치료자와의 자기대상 관계를 경험하게 할 수 있도록 치료자가 반응하는 데에 필수적인 전제 조건이라는 것이다. 가령 내담자가 자신의 자기대상 욕구에 대하여 자기대상으로서의 치료자를 통해서 충족되기를 바라는 것처럼 치료자 역시 보통은 자신과의 치료과정을 통해서 내담자의 자기구조가 건강하게 유지되고 강화되는 것에 의식적으로 혹은 무의식적으로 기대를 가지게 되고, 그러한 상호 관계 안에서 내담자로부터 치료자 자신이 가지는 자기대상 경험은 치료자가 공감적인 자기대상으로 기능하는 데 중요한 요소가 되는 것이다.[14]

이러한 이해는 바로 치료적 자기-자기대상 관계 안에서 발생하는 공감적 소통의 상호주관적(intersubjective) 관점으로부터 후대의 자기심리학자들에 의해서 논의되고 있다.[15] 즉, 자기대상 관계란 내담자로부터 일방적으로 경험되는 것이라기보다는 내담자와 치료자 둘 다에 의해서 상호적으로 경험될 수 있다는 것이며, 이러한 관점으로부터 우리는 코헛이 부정적인 것으로 보았던 역전이 반응에 대하여 보다 더 포괄적인 이해를 새롭게 가질 수 있게 된다.[16]

보상구조를 통한 회복과 치유

자기의 상처를 가진 이들은 자기애적 전이 안에서 치료자와의 자기대상 관계를 맺음으로써 어린 시절 충족되지 못했던 자기애적 욕구를 새롭게 보상받을 수 있는 기회를 얻게 된다. 따라서 자기애적 전이의 현상은 코헛의 언급했던 자기발달의 보상구조를 상기시켜 준다. 이러한 보상구조를 경험하는 것에 있어서 코헛은 두 번의 보상구조 기회를 제시한 바 있다. 그 첫 번째의 기회는 태어나 생애 초기부터 가지는 자기의 자기애적 발달 과정에서의 보상경험의 가능성이다. 즉, 코헛에 따르면 건강하고 응집적인 자기를 구축하는 데 있어서 자기를 이루는 영역들(과대적 자기, 이상화 자기, 쌍둥이 자기) 중 어떤 한 영역의 발달에 일차적 결핍이 생기게 되면 자기를 구성하는 다른 영역들 중 어느 하나를 강화하여 발달시킴으로써 그 결핍을 보상할 수 있게 되므로 자기의 온전한 기능을 회복할 수 있다는 것이다.

이러한 보상의 경험은 소위 상담이나 치료의 장면에서 두 번째로 가질 수 있는데, 즉 치료자와의 관계를 통하여 자기의 상처를 치유하고 결핍된 자기의 구조를 다시금 튼튼하게 세울 수 있는 기회를 한 번 더 가지게 되는 것이다. 그런데 이러한 보상의 기회는 바로 자기애적 전이들을 통해서 가능해진다. 이러한 전이들은 모두 치료적 상황에서 자기구조의 결핍된 각각의 영역들이 메워지고 회복될 수 있기 위한 시도들, 그래서 새롭게 자기구조를 구축하기 위한 중요한 시도들이다. 따라서 치료자는 전이를 통한 치료과정에서 우선적으로 공감적인 반응을 통해서 그들이 자신을 이상화 자기대상으로 기꺼이 융합할 수 있도록 허용해야 하며 그들의 과대적 욕구를 인정과 칭찬으로 반영해 주고 또한 자신과 동일시하려는 욕구를 수용해 주는 것이 중요하다.

그러나 이러한 공감적 자기대상의 반응은 상처받은 자기애적 욕구를 다시금 받아 주고 충족시켜 주는 역할만을 담당하는 것은 아니다. 그러한 공감적 반응의 본질적인 치료적 기능은 사실상 그 공감적 반응을 통하여 결핍된 자기구조의 어느 영역에서 정지되었던 자기의 발달을 다시 시작하게 하는 것이다. 즉, 치료적 전이를 통해서 자기애적 결함을 가진 이들은 새로운 자기대상의 공감적 기능들을 불가피한 좌절의 경험과 함께 점진적으로 내면화시키고 그 결과 자기대상이 수행하던 심리기능들이 이제는 자기의 자율적인 심리구조로 조금씩 변형되어 자기대상이 없이도 홀로 기능할 수 있는 응집적인 자기구조를 새롭게 형성할 수 있게 되는 것이다. 그렇게 되면 과대적 자기의 욕구는 현실적 자기구조로 점차 변형되어 현실적인 포부와 건강한 자존감을 가질 수 있게 되며 이상화 자기의 욕구는 건강한 이상과 가치기준으로 변형될 수 있게 된다. 또한 쌍둥이 자기의 욕구 역시 성숙하게 변형되어 타고난 기술과 재능의 영역을 강화할 수 있게 되며 삶에 대한 현실적인 희망을 가질 수 있게 된다.

그런데 이러한 자기발달의 두 번째 보상의 기회는 굳이 치료적 장면으로 제한하지 않아도 일상적인 삶의 관계들 안에서의 자기-자기대상 관계를 통하여도 역시 가능할 수 있다. 누군가로부터 경험하는 전이의 현상을 일상에서 맞닥뜨려도 그것이 그/그녀의 자기 상처로 인해 그 자기의 자기애적 발달이 정지되었을 뿐인 지극히 정상적인 자기의 표현이라는 것을 이해하고 공감할 수 있다면 말이다. 그래서 그 전이의 현상이 자기의 상처를 메우고 회복하기 위한 아픈 노력이라는 것을 알아봐 줄 수 있고 반영해 줄 수 있다면 말이다.

주(註)

1 Burness E. Moore and Bernard D. Fine, eds., *Psychoanalytic Terms and Concepts* (New Haven: The American Psychoanalytic Association, 1990), 196-197.

2 Leo Stone, "Transference," in *Psychoanalysis: The Major Concepts*, ed. Burness E. Moore and Bernard D. Fine (New Haven: Yale University Press, 1995), 110-120.

3 Harold P. Blum and Warren H. Goodman, "Countertransference," in *Psychoanalysis: The Major Concepts*, ed. Burness E. Moore and Bernard D. Fine (New Haven: Yale University Press, 1995), 121-129.

4 Heinz Kohut, "The Psychoanalytic Treatment of Narcissistic Personality Disorders: Outline of a Systematic Approach (1968)," in *The Search for the Self*, vol. 1, ed. P. Ornstein (Madison: International Universities Press, 1978.), 503-508.

5 Heinz Kohut, *The Restoration of the Self* (Madison: International Universities Press, 1977), xiii-xiv.

6 Heinz Kohut, *The Analysis of the Self* (Madison: International Universities Press, 1971), 37.

7 *Ibid.*, 116. (넓은 의미의) 거울 전이는 원래 세 가지의 하위 유형의 전이를 포괄하는 용어였다. 즉, 치료자를 자신의 몸이나 마음의 일부라고 경험하는 가장 낮은 수준의 전이로서 "원초적 융합(archaic merger)," 중간 수준의 전이로서 치료자를 자신과 동일한 특성과 태도를 가지고 있다고 여기는 "제2자아 전이 혹은 쌍둥이 전이," 그리고 치료자가 자신에게 인정과 찬사와 지지를 제공하며 자신의 가치를 인정해 주기 바라는 가장 높은 수준에서의 "좁은 의미에서의 거울 전이"로 구분된다. (Kohut, *The Analysis of the Self*, 114.) 그러나 코헛이 이상화 전이와 짝을 이루는 개념으로서 거울 전이라 쓰고 있는 용어는 넓은 의미의 거울 전이들 중 가장 명확한 거울 전이의 형태로서 좁은 의미에서의 거울 전이를 의미한다. Kohut, "The Psychoanalytic Treatment of Narcissistic Personality Disorders: Outline of a Systematic Approach (1968)," 489.

8 여기서의 쌍둥이 전이의 개념은 코헛이 처음에 이상화 전이와 함께 개념화한 거울 전이의 세 가지 하위개념 중 하나로서 지칭된 것이 아니다. 코헛은 이후의 연구에서 거울 전이의 하위 형태였던 쌍둥이 전이를 이상화 전이와 거울 전이에 더하여 세 가지의 주요 전이 중 하나로 독립적으로 구분하였다. Heinz Kohut, *How Does*

Analysis Cure? ed. Arnold Goldberg (Chicago: The University of Chicago Press, 1984), 192-193.

9 Kohut, "The Psychoanalytic Treatment of Narcissistic Personality Disorders: Outline of a Systematic Approach (1968)," 488-489.

10 "자기애적 역전이(narcissistic countertransference)"나 "자기대상 역전이(selfobject countertransference)"라는 말은 코헛이 직접 사용한 용어들은 아니지만 자기애적 전이와 관련하여 코헛이 지칭하는 역전이의 현상을 일컫기 위해서 나는 "자기애적" 역전이라고 임의로 이름 붙였으며, 특별히 "자기대상 역전이"라는 말은 울프(E. S. Wolf)가 자기애적 역전이의 현상을 설명하기 위해 사용한 용어다. Ernest S. Wolf, "Transferences and Countertransferences in the Analysis of Disorders of the Self," *Contemporary Psychoanalysis* 15 (1979): 577-594 참조.

11 Kohut, *The Analysis of the Self*, 262-263.

12 *Ibid.*, 270-273.

13 *Ibid.*, 264-267.

14 Howard A. Bacal, "The Selfobject Relationship in Psychoanalytic Treatment," in *A Decade of Progress*, Progress in Self Psychology, vol. 10, ed. Arnold Goldberg (Hillsdale: The Analytic Press, 1994), 28.

15 자기-자기대상 관계에서의 자기대상 욕구에 대한 상호주관적 영향에 대해서는 다음을 참조하라. Robert D. Stolorow, "An Intersubjective View of Self Psychology," *Psychoanalytic Dialogues* 5 (1995): 393-399; Robert D. Stolorow and George E. Atwood, *Contexts of Being: The Intersubjective Foundations of Psychological Life* (Hillsdale: The Analytic Press, 1992); Robert D. Stolorow, Bernard Brandchaft, and George E. Atwood, *Psychoanalytic Treatment: An Intersubjective Approach* (Hillsdale: The Analytic Press, 1987).

16 Ernest S. Wolf, "Empathy and Countertransference," in *The Future of Psychoanalysis*, ed. Arnold Goldberg (New York: International Universities Press, 1983), 309-325 참조.

12

자기사랑을 위하여: 건강한 나르시시즘

성숙한 자기애

자기심리학을 이해하기 위한 나르시시즘에 대하여 앞서 논의되었듯이 자기심리학을 정립하게 된 코헛이 나르시시즘, 즉 자기애에 관심을 두게 된 주된 동기는 신경증적 갈등과 관련된 것이 아닌 바로 자기애적 욕구와 관련된 장애를 가졌던 많은 환자들에 대하여 자신의 분석과 치료 과정에서 가졌던 경험이었다. 코헛은 그의 임상적 경험과 연구를 통하여 자기애가 언제나 병리적인 것으로 간주되어 왔던 편견을 버려야 한다고 지적하면서 인간이 가지는 자기애는 제거해 버려야만 하는 바람직하지 않은 요소가 아니라 오히려 인간 모두가 본질적으로 가지는 정상적인 요소로 보았다.

코헛에 의하면 이러한 인간의 기본적인 자기애적 욕구는 평생에 걸쳐 지속되는 것인데 인간이 생래적으로 지니는 자기애(유아적 자기애: 일차적 자기애)가 자기대상과의 공감적 모체 안에서 건강하게 잘 발달될 때 그러한 자기애는 창의력(creativity), 공감 능력(ability to be empathic), 유한성에 대한 수용(capacity to contemplate his own impermanence), 유머감(sense of humor), 그리고 지혜(wisdom)와 같은 형태의 성숙한 자기애로 변형(transformation)되며 이러한 자기애의 발달은 인간의 삶을 보다 건강하고 성숙하게 하는 튼튼한 자기구조의 토대를 제공해 준다는 것이다.[1] 이렇게 볼 때 지나친 자기사랑이나 자기도취 혹은 매우 극단적인 자기중심적 성향으로서 부정적으로 이해되는 자기애의 현상은 아마도 성숙한 자기애로 건강하게 잘 발달되지 못한, 자기의 자기애적 상처의 결과일 것이다.

성숙하게 변형된 자기애의 첫 번째 형태로 코헛이 들고 있는 것은 창의적 활동(creative activity)이다. 창의적인 작업을 하는 사람은 자신의 창조적 활동 속에서 자기를 튼튼하게 유지하게 하는 이상화의 관계 구조를 가진다. 이는 마치 아직 태어나지도 않은 아기 혹은 갓 태어난 아기를 자신의 확장된 자기로 받아들이는 엄마의 공감적이고도 헌신적인 사랑에 비유될 수 있는데, 유사한 구조 속에서 창조적 활동을 하는 사람은 자신의 작업이 바로 확장된 이상화 자기의 일부가 되는 것이다. 따라서 창의적 사람은 자신의 작업과 연구를 통하여 이상과 신념에 몰두하게 되고 그것들을 내재화하게 되면서 스스로에게 위로를 주고 즐거움과 편안함을 얻게 된다.

타인의 심리내적 경험을 공감할 수 있는 능력은 성숙한 자기애를 나타내는 두 번째의 형태다. 인간이 가질 수 있는 공감 능력은 이미 생애 초기에 얻어진다고 코헛은 주장한다. 유아의 초기 정신구조 안에는 유아가 경험한 엄마의 감정과 행동이 유아의 자기 안에 포함되어 있는데 유아의 자기가 발달하면서 그 경험을 기초로 타인의 기본적인 내적 경험이 자신의 것과 유사하다는 것을 인식하게 됨으로써 공감의 토대를 형성하게 된다는 것이다. 즉, 엄마와 가졌던 공감적 경험이 타인에 대한 공감적 능력을 준비할 수 있게 한다는 얘기다. 따라서 인간이 가지는 일차적 자기애가 공감적 수용과 반영을 통해서 건강하게 잘 발달되었다면 우리는 타인의 느낌과 생각 그리고 소망을 잘 지각할 수 있게 되고 대리적 내성을 통해서 그것들을 이해하고 공감할 수 있는 능력을 가질 수 있게 된다.

성숙한 자기애의 세 번째 형태는 인간으로서 자신이 가지는 유한성에 대하여 받아들이는 것이다. 인간이 가지는 유한성을 가장 대표적으로 나타내 주는 것은 바로 죽음이다. 즉, 인간의 육체적인 삶이 영원한 것이 아니라 죽음을 경험해야 한다는 것을 받아들인다는 것은 유한한 존재로서의 자기를 이해하고 수용한다는 것이며, 따라서 그 자기의 일차적 자기애 역시 유한하다는 것을 인정하는 것이 된다. 이러한 수용과 인정은 그 유한성을 어쩔 수 없이 받아들인 수동적인 결과가 아니며, 지속적으로 확고한 신념을 가지고 자율적으로 받아들인 창조적 결과다. 이처럼 삶에 대한 궁극적인 태도를 가질 수 있는 사람의 성숙한 자기애를 코헛은 특별히 "우주적 자기애(cosmic narcissism)"라 표현했는데 이는 개인의 범위를 넘어서는 초월적인 것으로서 마치 종교적인 것과 유사한 엄숙함을 나타내고 있다는 것이다.

네 번째 형태로 유머감을 가질 수 있는 능력은 놀랍게도 코헛에 의하면 성숙하게 변형된 자기애의 또 하나의 형태다. 여기에서 유머는 앞서 기술된 세 번째 성숙한 자기애의 형태로서 인간이 가지는 유한성을 수용하는 우주적 자기애를 가지게 된 후에야 얻을 수 있는 것이라 코헛은 설명하고 있다. 즉, 유머와 우주적 자기애는 둘 다 자기애적 자기의 요구들을 궁극적으로 극복할 수 있게 하며, 따라서 원칙적으로 자신이 가지는 유한성을 잘 인식할 수 있게 하는 능력이다. 코헛에 의하면 유머와 우주적 자기애의 가장 심오한 형태는 과대성이나 의기양양함을 나타내는 것이 아니라 오히려 부정할 수 없는 어떤 우울함과 결합되어 있는 것으로 조용한 내면의 승리를 나타내 준다.

다섯 번째 형태의 성숙한 자기애는 지혜다. 지혜는 원초적 자기애를 극복할 수 있게 됨으로써, 그리고 자신의 육체적, 지적, 감정적 능력의 한계를 받아들임으로써 얻게 된다. 따라서 지혜는 삶과 세상에 대하여 자기가 가지는 안정된 태도라 정의될 수 있는데, 코헛에 따르면 이는 곧 고도의 인지적 기능이 유머와 유한성의 수용 그리고 확고하게 집중된 가치 체계와의 결합을 통해서 형성된 태도라 하고 있다. 지혜는 지식을 넘어서는 그 무엇이며 심리적 삶을 살아오면서 얻게 된 성취의 결과다. 즉, 지혜는 가령 청년기에 가졌던 이상으로부터 좀 더 성숙해지는 삶의 중반기에 얻게 된 유머를 거쳐 삶의 후반기에 가지게 되는 유한성의 수용에 이르러야 그 핵심에 다다르게 된다. 결국 지혜는 삶의 후반기에 접어들어서야 통합적으로 도달하게 되는 성숙한 자기애의 결과인 것이다.

코헛의 자기애의 개념은 이처럼 성숙한 자기애로의 고유한 발달을 전제하고 있으며 그러한 성숙한 자기애로의 변형을 가능하게 하는 중요한 열쇠는 바로 자기애적 자기의 자기대상이 공감적으로 기능하는 역할이다. 이러한 자기대상의 공감적 역할은 인간이 심리적으로 필요로 하는 산소의 기능과도 같다. 충분한 심리적 산소를 공급해 줄 수 있는 공감적 환경이야말로 인간으로 하여금 건강한 심리구조를 가진 응집적 자기(cohesive self)를 구축할 수 있게 하며 또한 그러한 환경만이 자기의 구조를 튼튼하게 유지할 수 있게 한다.

이렇게 구축된 건강한 자기를 가진 인간은 코헛에 의하면 일차적 자기애의 변형을 통해서 성숙한 자기애를 가진 성품을 자율적으로 획득한 사람을 말한다. 즉, 현실적인 이상을 통해 자신의 창의력을 강화시킬 수 있고 타인을 이해하고 공감할 수 있으며 또한 자신의 유한성을 받아들이고 성숙한 유머감을 내면으로부터 체득할 수 있게 되며 궁극적으로 세상 속에서 자신의 삶에 대하여 가지는 통합적 지혜를 얻을 수 있는 사람인 것이다. 자기애에 대한 코헛의 이러한 이해는 자기애가 반드시 타인을 사랑하는 대상사랑으로 변화되고 발전되어야 한다는 자기애에 대한 배타적인 견해를 넘어서서 인간이 가지는 자기애를 성숙하게 발달시킴으로서 얻게 되는 변형된 자기애의 형태들—창의력, 공감, 유한성의 수용, 유머, 지혜—을 건강한 응집적 자기가 가지는 성숙한 인간 고유의 가치들로 인식하게 하였다.

성숙한 자기대상 경험

코헛은 성숙한 자기애로 변형된 고유한 형태들을 가지게 되는 응집력 있는 자기에 대하여 강조했지만, 코헛에게 있어서 그러한 응집적 자기의 목표가 완전히 독립적이고 완벽하게 자율적인 자기가 되는 것을 의미하지는 않는다. 코헛은 대상들로부터 점차로 독립해 나가는 자기의 형태를 성숙한 자기로의 발달이라는 전통적인 견해에 동의하지 않는다.[2] 그는 오히려 대상으로부터 전적으로 자유로운 완벽한 자율성에 가치를 둔다는 것은 변형되지 않은 상태로 나타난 원초적 자기애의 현상을 나타내는 것이라 보았다. 즉, 완전한 독립을 위해 애쓰는 것은 코헛이 볼 때 사실상 불가능한 목표이며 이는 인간이 가지는 정당한 자기애적 욕구를 부인하는 것이 된다. 따라서 코헛이 의미하는 진정한 자율은 자기애적 욕구의 성숙한 변형을 통하여 가지게 되는 자기대상에 대한 성숙한 의존이다.

이러한 코헛의 견해에 근거해 볼 때 자기대상의 기능은 인간의 자기가 평생 필요로 하는 것이므로 자기대상으로부터 완벽하게 독립한다는 것은 불가능하다. 또한 그러한 완벽한 독립의 여부가 성숙하게 발달된 자기를 결정짓는 것이 아니라 자기대상에 대한 성숙한 경험으로의 변화가 성숙한 자기의 발달을 가늠하게 하는 것이다. 즉, 원초적 자기대상의 경험으로부터 성숙한 자기대상의 경험으로의 발달이 중요하다는 얘기이며 이것은 의존으로부터 독립으로의 발달이 아니라 일차적 의존으로부터 성숙한 의존으로의 발달을 의미한다.

성숙한 자기대상의 경험이란 어린 시절의 자기애적 자기의 발달 과정과 관련한 원초적 자기대상의 경험이 아닌 일반적인 의미의 자기대상에 대한 성숙한 성인의 경험을 일컫는 것으로 자기를 지지해 주는 자기대상의 기능을 하는 사람에 대한 경험을 말한다. 코헛은 이를 심층적인 경험이라고 기술하고 있는데, 즉 성인이 자기를 지지해 주는 성숙한 자기대상의 기능을 경험할 때 그 경험 안에는 자신이 가졌던 이전의 자기대상 경험이 무의식적으로 들어가 있다는 것이다. 예컨대, 성인으로서 우리가 어떤 위대한 문화적 이상을 칭송함으로 우리 자신이 행복감에 차오르는 것을 느낄 때 그러한 경험 안에는 이전에 힘 있고 존경스러운 엄마가 자신을 번쩍 안아 들어 올려주었던 경험과 그래서 엄마의 위대함과 안정감에 융합할 수 있도록 받아들여졌던 즐거운 경험이 무의식적으로 반영되어 있다는 것이다.[3]

성숙한 성인은 이처럼 어린 시절의 자기대상 경험을 토대로 그 자기대상의 기능을 스스로 수행할 수 있게 된다. 그런데 코헛이 강조하기를 이러한 능력은 바로 성인의 삶 속에서 경험하는 자신의 가족, 친구, 직장 그리고 자신이 속해 있는 집단의 문화적 자원 등의 자기대상 환경을 통해서 가지게 되며 그렇게 자신의 자기대상을 성숙하게 선택하고 사용함으로써 자기구조를 강화시키게 된다는 것이다.[4] 성숙한 자기대상 경험에 있어서 무엇보다도 공감적 자기대상으로서의 부모(와 혹은 가족)에 대한 경험은 코헛이 거듭 강조하다시피 생애 초기에서부터 인간의 자기의 발달에 중요한 영향을 미친다. 성인이 경험하는 성숙한 자기대상으로서의 부모의 역할은 물론 자녀가 필요로 하는 것에 대하여 우선적인 공감을 가지고 사랑과 헌신으로 응답하되 그러한 자기대상 기능들을 스스로 기쁨과 자부심을 가지고 제공하는 것이라 할 수 있다.

또한 친구들 사이에서 우정의 경험은 전형적인 성숙한 자기대상 관계를 나타내는데 우정 안에서 서로는 서로를 돌보고 지지하며 이해하고 신뢰하는 가운데 거울 자기대상과 이상화 자기대상 그리고 쌍둥이 자기대상의 기능을 주고받는다. 공감의 경험은 그러한 관계 속에서 본질적인 것이 되며 공감 안에서 자신의 필요보다 상대방의 필요를 기꺼이 우선시하고 그것에 응답해 줄 수 있는 능력은 우정에서 드러나는 성숙한 자기-자기대상 관계의 특질이라 할 수 있다. 우정에 더하여 이성 간에 가지는 성숙한 사랑과 결혼은 좀 더 특별한 방법으로 서로가 서로의 자기구조의 일부가 된다는 점에서 서로의 자기경험을 튼튼하게 유지하고 배양하며 향상시키는 성숙한 자기대상 경험이 된다.[5]

이처럼 성인의 일상적 삶의 전반에서 성숙한 자기대상은 다양하게 선택되고 경험될 수 있는데 그것은 가족이나 친구들 혹은 직장 동료들과 같은 사람들 말고도 학술적 연구, 예술적 창작 혹은 문화와 사상과 같은 형태에서도 경험될 수 있다. 이러한 성숙한 자기대상의 경험들은 궁극적으로 활기차고 응집력 있는 자기를 회복시키고 유지시키며 또한 강화시키는 데에 중요한 역할을 한다.

건강한 자기사랑의 돌봄을 향하여

건강한 자기애를 위한 돌봄, 즉 자기로 하여금 건강한 자기사랑을 가질 수 있는 튼튼한 자기구조를 구축하고 지탱하도록 돌보기 위해서는 무엇보다도 먼저 코헛이 개념화하고 있는 자기애적 자기를 잘 이해할 필요가 있다. 즉, 자기애라는 현상에 대하여 우리가 일반적으로 가져왔던 부정적인 이해를 넘어서서 인간 모두가 가지고 태어나는 정당하고 건강한 욕구로서의 자기애에 대한 이해가 선행되어야 한다는 얘기다. 이를 토대로 해서만이 우리는 우리의 삶 속에서 서로가 서로를 위해 기꺼이 공감적 자기대상이 되어 줄 수 있는 것이다. 코헛은 우리 모두의 전 생애를 통해서 역할을 하고 있는 자기대상의 기능을 강조하면서 자기-자기대상 관계는 요람에서 무덤까지 현존하는 것이라고 하고 그러한 자기대상의 필요에 대하여 보다 정확히 다음과 같이 표현하고 있다.

> 한 인간은 자신의 삶의 평생을 통하여 자신의 과거와 관련되어서나 또는 창조적이며 생산적인 미래로 의미 있게 향하는 그 어느 시간이나 공간에서든지 자신을 응집력 있고 조화로우며 확고한 존재로 경험하고자 할 것이다. 그러나 자신에 대한 이러한 경험은 오로지 그 사람의 삶의 각 단계에서 자신의 주변 환경의 어떤 대리자들을 경험하는 한에서만 가질 수 있는 것이다. 그러한 대리자들은 그에게 즐겁게 반응하고, 이상화된 힘과 고요함의 원천으로 자신들을 제공하며, 말없이 옆에 존재하는 것만으로도 그와 본질적으로 닮아 있다는 경험을 주는 대상들이다. 즉, 이들은 그러한 기능을 통하여 적어도 그 사람의 내적인 삶을 다소간 정확하게 이해할 수 있는 대상들인 것이다. 그래서 그 대상들의 반응은 그 사람의 욕

구에 잘 조율되게 되고 또한 그 사람이 지지받고자 하는 필요를 가질 때에도 그가 그 대상들의 내적인 삶 역시 이해할 수 있게 되는 것이다.[6]

이렇게 볼 때 우리는 관계의 삶 속에서 계속되는 자기대상의 필요를 바로 건강하고 성숙한 관계적 삶의 도처에서 해결할 수 있다는 희망을 가질 수 있게 된다. 사실상 자기대상의 기능들은 우리 자신과 중요한 관계를 맺고 있는 사람들이나 활동뿐만이 아니라 어쩌면 예기치 않은 순간에서도 경험될 수 있다. 가령, 어떤 사람에게 있어서 우연히 길을 가다가 구세군 냄비에 동전을 넣고 있던 다섯 살도 채 안 되어 보이는 작은 아이를 보게 된 일이 그에게는 새롭게 자신의 건강한 이상과 목표를 확인할 수 있도록 그의 삶에 도전과 활력이 되었을 수도 있는 것이다. 또한 잊고 있었던 지인으로부터 아주 오랜만에 한 통의 안부 전화를 받는 것은 어떠한가. 그것은 분명 자신이 잊히지 않는 존재로서 존중받고 반영받는 경험일 수 있으며, 그 짧은 몇 분의 전화 통화가 자신의 자존감을 한층 더 높여 줄 수 있는 것이다.

이런 의미에서 나는 우리 주변의 그 어떤 것도 성숙한 성인에게는 사실 자기대상의 기능을 하는 대리자의 역할을 할 수 있다고 본다. 그것이 우리들 각자의 자기구조를 지지하고 강화하는 어떤 의미를 가진다면 말이다. 아니, 그 어떤 의미를 우리가 찾을 수 있도록 성숙한 자기대상을 선택할 수 있고 경험을 할 수 있는 준비가 되어 있다면 말이다. 매서운 날들이 지나가 절기로는 이미 경칩이 가깝다. 나뭇가지마다 새로운 어린 싹들을 준비하고 있고 새 학기에 북적거리는 교정에는 저마다 바쁜 걸음과 즐거운 만남 그리고 깔깔대는 학생들의 수다로 넘친다. 그 안에 내가 있고 그래서 즐겁고 기분이 좋아진다. 아마도 그 공간과 그곳을 채우는 모든 것들이 나를 그 모든 것들의 일부로 받아들이고 있고 그것이 나를 살아 있는 존재로 느끼게 하기 때문일 것이다. 이처럼 그저 3월을 시작하는 공기와 분위기가 누군가에게는 자신과 함께하고 있다는 소속감과 안도감을 주기도 하지 않는가.

현대 자기심리학의 조망

코헛의 자기심리학은 태동되면서부터 고전적인 심리학과 정신분석학의 전통적 분위기에 매우 신선한 충격을 던져 주었지만, 지속되는 논쟁 속에서 다방면의 비판으로부터 자유롭지는 못했다.

무엇보다도 코헛의 자기심리학 이론은 자기의 장애가 전통적인 정신분석학에서 강조해 온 오이디푸스적 갈등(conflict)으로부터 비롯되는 것이 아니라 자기대상의 공감적 실패로부터 가지게 된 자기의 결함(deficit) 때문이라고 주장한다는 점에서 정신분석 치료에서의 "갈등 대 결함(conflict vs. deficit)"의 논쟁을 불러일으켰다. 자기의 결함을 장애의 원인이라 보는 자기심리학은 갈등, 방어, 전이, 저항과 같은 고전적인 정신분석의 가장 핵심적인 개념들을 도외시했다고 비판을 받기도 했으며,[7] 또한 다양한 신경증적 장애들을 모두 자기의 장애 한가지로 축소해서 설명하고 있다는 부정적인 평가를 받기도 했다.[8] 더불어 자기심리학에서 사용되고 있는 용어와 개념들에 대한 부정확성과 또한 다른 이론들에서 쓰이는 용어와 개념들과의 중복성, 혹은 그것들로부터 자기심리학의 용어와 개념들을 구별하는 것에 대한 모호성 등으로 인해 많은 지적을 받기도 했던 것이다.

따라서 코헛의 자기심리학이 정말 전통적인 심리학과 분명하게 구별되는 새로운 심리학 이론을 제공하였는지 아니면 보완적인 이론을 제시한 것인지, 그리고 정신분석이나 치료에 미친 영향에 대한 논의는 여전히 분분하다. 그럼에도 불구하고 코헛의 자기심리학에 고유한 것으로 보이는 몇 가지 개념들은 현대 심리학과 정신분석에 크게 공헌한 것으로 평가할 수 있다. 먼저, 코헛의 자기심리학의 중심개념인 자기애적 자기에서 제시되는 자기애는 앞서 논의되었다시피 미숙하고 병리적인 개념으로서의 자기애가 아니라 인간이 가지는 지극히 정상적이고 건강한 발달 과정으로서의 자기애다. 코헛은 자기애를 인간의 건강한 발달적 측면으로 개념화하고 따라서 자기애적 자기의 결함들로 인한 자기의 장애 역시 분석 가능하고 치유 가능하다는 긍정적 관점을 제시했다는 점에서 현대 심리학과 정신분석에 시사하는 바가 크다고 할 수 있다.

또한 코헛의 자기심리학에서 강조되는 대리적 내성으로서의 공감의 개념은 기존의 정신분석학에서 강조하던 객관적이고 중립적인 치료자 혹은 상담자의 역할에 있어서 인간 내면의 심리적 삶을 연구하는 보다 넓은 지평의 심리 과학적 입장으로서의 공감에 대한 관점을 제공해 주었다.[9] 그러한 공감적 이해의 개념과 더불어 코헛이 발전시킨 공감적 해석의 관점은 정신분석 치료에 중요한 영향을 미쳤다. 즉, 공감적 해석이란 전통적인 정신분석에서 이루어진 것처럼 전이와 저항에 대한 해석을 통하여 내담자의 현실에서 왜곡된 부분들을 수정하려는 것이 아니라, 자기애적 욕구와 관련한 자기애적 전이를 통하여 어린 시절 내담자의 경험을 분석함으로써 내담자의 현재 반응들을 이해하고 설명하는 것으로 내담자를 치료할 수 있는 길을 제시해 주었던 것이다.[10]

코헛의 자기심리학은 후대의 자기심리학자들에 의해서 여러 가지 갈래로 보완, 수정, 그리고 확장을 거쳐 계승되고 발달되었다고 볼 수 있는데, 대체로 세 그룹의 자기심리학자들의 부류로 구분된다.[11] 이 각각의 그룹들은 모두 코헛의 자기심리학 이론으로부터 출발하였지만 사실상 각각 그들 나름대로의 방법과 관점으로부터 코헛의 이론을 새롭게 제시하였다. 일반적으로 코헛의 자기심리학을 그대로 받아들여 보완해서 발전시킨 대부분의 자기심리학자들이 바로 첫 번째 그룹으로 구분될 수 있는데, 대표적으로 에른스트 울프(Ernest Wolf)를 들 수 있다. 울프는 코헛과 함께 연구하고 논문을 발표하면서 코헛의 자기심리학 이론을 좀 더 정교하게 다듬었으며 특별히 자기의 병리와 자기대상에 대한 정의를 보다 확장시켰다.[12] 이 밖에도 바슈(M. Basch), 톨핀(M. Tolpin), 톨핀(P. Tolpin), 오른스타인(P. Ornstein) 그리고 오른스타인(A. Ornstein) 같은 학자들이 이에 속한다.

자기심리학의 두 번째 부류를 나타내고 있는 학자들은 베이컬과 뉴먼(K. Newman)으로 대표된다. 이 그룹의 자기심리학자들은 자기심리학이 태동하게 된 역사적 근원을 대상관계이론에서 찾고 있으며, 따라서 자기심리학을 대상관계이론의 한 부분으로 간주한다. 그들은 코헛의 자기심리학에서 제시하는 자기-자기대상 관계를 자기와 대상과의 관계 중 하나의 특별한 경우라 보고 그 관계 속에 토대해 있는 대인관계, 즉 분리된 대상으로서의 타인과 가지는 관계의 중요성을 강조한다.[13]

다음으로 구분될 수 있는 자기심리학자들의 또 하나의 그룹은 바로 상호주관적 이론(intersubjective theory)에 의거하여 자기심리학을 새롭게 수정하고 있는데, 스톨로로우와 앳우드(G. Atwood) 등의 학자들이 여기에 속한다. 이들은 내담자의 장애에 대한 이해와 치유는 객관적이라고 생각되는 치료자의 관점이 아닌 치료자의 부단한 공감적 탐색(sustained empathic inquiry)을 통하여 치료자와 내담자 모두의 상호주관적 맥락에 의해서만이 가능하다

고 강조한다.[14]

이러한 현대 자기심리학의 부류들은 각각 새로운 관점을 가지고 코헛의 자기심리학을 보완하고 확장시키는 가운데 서로 절충되기도 하고 상충되기도 하며 또한 본래의 코헛의 자기심리학과는 부분적으로 전혀 다른 새로운 이론적 결합이 생겨나기도 하지만, 이러한 자기심리학 이론들은 모두 과거의 전통적인 욕동의 심리학과 확실하게 결별하고 관계의 심리학을 더욱 추구하고 있다는 점에서 공통 분모를 가진다. 현재 아직도 지속적으로 연구되고 발전하고 있는 자기심리학은 이런 의미에서 관계적 존재로 살아가는 인간의 심리적 삶을 깊이 이해하고 치유할 수 있는 또 하나의 새로운 가능성을 가지게 한다.

주(註)

1 Heinz Kohut, "Forms and Transformations of Narcissism (1966)," in *The Search for the Self*, vol. 1, ed. P. Ornstein (Madison: International Universities Press, 1978), 445-460.

2 Heinz Kohut, *How Does Analysis Cure?* ed. Arnold Goldberg (Chicago: The University of Chicago Press, 1984), 47.

3 *Ibid.*, 49-50.

4 *Ibid.*, 71.

5 George Hagman, "Mature Selfobject Experience," in *Conversations In Self Psychology*, Progress in Self Psychology, vol. 13, ed. Arnold Goldberg (Hillsdale: The Analytic Press, 1997), 96-101.

6 Kohut, *How Does Analysis Cure?* 52.

7 N. Treurniet, "Psychoanalysis and Self Psychology: A Metapsychological Essay with a Clinical Illustration," *Journal of the American Psychoanalytic Association* 31 (1983): 98.

8 M. Stein, "Review of The Restoration of the Self," *Journal of the American Psychoanalytic Association* 27 (1979): 676.

9 Heinz Kohut, "Introspection, Empathy, and the Semicircle of Mental Health (1981)," in *The Search for the Self*, vol. 4, ed. P. Ornstein (Madison: International Universities Press, 1991), 556.

10 P. Ornstein and A. Ornstein, "Formulating Interpretations in Clinical Psychoanalysis," *International Journal of Psychoanalysis* 61 (1980): 208.

11 Arnold Goldberg, "Self Psychology Since Kohut," in *Postmodern Self Psychology*, Progress in Self Psychology, vol. 18, ed. Arnold Goldberg (Hillsdale: The Analytic Press, 2002), 1-13.

12 Ernest S. Wolf, *Treating the Self: Elements of Clinical Self Psychology* (New York: The Guilford Press, 1988) 참조.

13 Howard A. Bacal and Kenneth M. Newman, *Theories of Object Relations: Bridges to Self Psychology* (New York: Columbia University Press, 1990) 참조.

14 Robert D. Stolorow, Bernard Brandchaft, and George E. Atwood,

Psychoanalytic Treatment: An Intersubjective Approach (Hillsdale: The Analytic Press, 1987) 참조.

참고문헌

권석만. 『현대이상심리학』. 서울: 학지사, 2003.

권석만 · 한수정. 『자기애성 성격장애』. 서울: 학지사, 2000.

김정욱. 『섭식장애』. 서울: 학지사, 2000.

김청송. 『정신장애 사례연구: DSM-IV를 중심으로』. 서울: 학지사, 2002.

민성길 외. 『최신정신의학』 제5판. 서울: 일조각, 2010.

박성희. 『공감학: 어제와 오늘』. 서울: 학지사, 2010.

전미정. 『상처가 꽃이 되는 순서』. 고양: 예담, 2009.

최상진 · 김기범. "체면의 심리적 구조." 「한국심리학회지: 사회 및 성격」 14(2000): 185-202.

최의헌. "Kohut의 자기 이해: 자아심리학과 대상관계 이론과의 연관성." 「한국기독교상담학회지」 2(2001): 105-126.

한국중독정신의학회 편. 『중독정신의학』. 서울: (주)엠엘커뮤니케이션, 2009.

한기연. 『분노 스스로 해결하기』. 서울: 학지사, 2003.

American Psychiatric Association. 『DSM-5-TR, 정신질환의 진단 및 통계 편람』 제5판 수정판. 권준수 외 옮김. 서울: 학지사, 2023.

Covey, Stephen R. 『성공하는 사람들의 7가지 습관』. 김경섭 옮김. 서울: 김영사, 2003.

Ovidius. 『원전으로 읽는 변신이야기』. 천병희 옮김. 고양: 숲, 2005.

Siegel, Michele, Judith Brisman, and Margot Weinshel. 『거식증과 폭식증 극복 하기: 식사장애』. 이영호 외 옮김. 서울: 학지사, 2003.

Alexander, Franz, Thomas M. French et al. *Psychoanalytic Therapy: Principles and Application*. New York: Ronald Press, 1946.

American Psychiatric Association. Work Group to Revise DSM-III. *Diagnostic and Statistical Manual of Mental Disorders*, Third Edition. Washington, DC: American Psychiatric Association, 1987.

_______. *Diagnostic and Statistical Manual of Mental Disorders*, Fourth Edition, Text Revision. Washington, DC: American Psychiatric Association, 2000.

_______. *Diagnostic and Statistical Manual of Mental Disorders*, Fifth Edition, Text Revision. Washington, DC: American Psychiatric Association, 2022.

Atwood, George E., and Robert D. Stolorow. *Structures of Subjectivity: Explorations in Psychoanalytic Phenomenology*. Hillsdale: The Analytic Press,

1984.

Bacal, Howard A. "Optimal Responsiveness and the Therapeutic Process." In *Progress in Self Psychology*, vol. 1, ed. Arnold Goldberg, 202-227. New York: The Guilford Press, 1985.

______. "Does an Object Relations Theory Exist in Self Psychology?" *Psychoanalytic Inquiry* 10, no. 1 (1990): 197-220.

______. "The elements of a Corrective Selfobject Experience." *Psychoanalytic Inquiry* 10, no. 3 (1990): 347-372.

______. "Notes on the Relationship between Object Relations Theory and Self Psychology." In *The Evolution of Self Psychology*, Progress in Self Psychology, vol. 7, ed. Arnold Goldberg, 36-44. Hillsdale: The Analytic Press, 1991.

______. "The Selfobject Relationship in Psychoanalytic Treatment." In *A Decade of Progress*, Progress in Self Psychology, vol. 10, ed. Arnold Goldberg, 21-30. Hillsdale: The Analytic Press, 1994.

Bacal, Howard A., and Kenneth M. Newman. *Theories of Object Relations: B ridges to Self Psychology*. New York: Columbia University Press, 1990.

Barth, Diane F. "The Treatment of Bulimia from a Self Psychological Perspective." *Clinical Social Work Journal* 16, no. 3 (1988): 270-281.

Basch, Michael Franz. "Selfobject Disorders and Psychoanalytic Theory: A Historical Perspective." *Journal of the American Psychoanalytic Association* 29, no. 2 (1981): 337-351.

______. "Selfobject Theory of Motivation and the History of Psychoanalysis." In *Kohut's Legacy: Contributions to Self Psychology*, ed. P. Stepansky and A. Goldberg, 3-17. Hillsdale: The Analytic Press, 1984.

______. "Interpretation: Toward a Developmental Model," In *Progress in Self Psychology*, vol. 1, ed. Arnold Goldberg, 33-42. New York: The Guilford Press, 1985.

______. "Further Thoughts on Empathic Understanding." In *The Realities of Transference*, Progress in Self Psychology, vol. 6, ed. Arnold Goldberg, 3-10. Hillsdale: The Analytic Press, 1990.

Blum, Harold P., and Warren H. Goodman. "Countertransference." In *Psychoanalysis: The Major Concepts*, ed. Burness E. Moore and Bernard D. Fine, 121-129. New Haven: Yale University Press, 1995.

Bradshaw, John. *Bradshaw on the Family: A Revolutionary Way of Self Discovery*.

Deerfield Beach: Health Communications, Inc., 1988.

______. *Healing the Shame that Binds You*. Deerfield Beach: Health Communications, Inc., 1988.

Broucek, Francis J. "Shame and Its Relationship to Early Narcissistic Developments." *The International Journal of Psycho-Analysis* 63, no. 4 (1982): 369-378.

______. *Shame and the Self*. New York: The Guilford Press, 1991.

______. "Shame: Early Developmental Issues." In *The Widening Scope of Shame*, ed. Melvin R. Lansky and Andrew P. Morrison, 41-62. Hillsdale: The Analytic Press, 1997.

Bruch, Hilde. *Eating Disorders: Obesity, Anorexia Nervosa, and the Person Within*. New York: Basic Books, 1973.

______. *The Golden Cage: The Enigma of Anorexia Nervosa*. Cambridge: Harvard University Press, 1978.

______. *Anorexia Nervosa: Therapy and Theory*. New York: American Psychiatric Association, 1982.

______. "Psychotherapy in Anorexia Nervosa." *International Journal of Eating Disorders* 1 (1982): 3-14.

______. "Four Decades of Eating Disorders." In *Handbook of Psychotherapy for Anorexia Nervosa and Bulimia*, ed. David M. Garner and Paul E. Garfinkel, 7-18. New York: The Guilford Press, 1985.

______. "The Changing Picture of an Illness: Anorexia Nervosa." In *Attachment and the Therapeutic Process*, ed. Daniel P. Schwartz et al., 205-222. Madison: International Unversities Press, 1987.

Capps, Donald. *The Depleted Self: Sin in a Narcissistic Age*. Minneapolis: Fortress Press, 1993.

Cervone, Daniel and Lawrence A. Pervin. *Personality: Theory and Research*, 10th ed. New York: John Wiley & Sons, 2007.

Chernin, Kim. *The Obsession: Reflections of the Tyranny of Slenderness*. New York: Harper & Row, 1982.

______. *The Hungry Self: Women, Eating, and Identity*. New York: Harper & Row, 1985.

Chessick, Richard D. *Psychology of the Self and the Treatment of Narcissism*. Northvale: Jason Aronson, 1985.

Chodorow, Nancy J. *The Reproduction of Mothering: Psychoanalysis and the Sociology of Gender*. Berkeley: University of California Press, 1978.

Clair, Michael. *Object Relations and Self Psychology: An Introduction*. Monterey: Brooks/Cole, 1986.

Cocks, Geoffrey, ed. *The Curve of Life: Correspondence of Heinz Hohut 1923-1981*. Chicago: The University of Chicago Press, 1994.

Cooper, Jill. "Codependency: A Self-Psychological Perspective." in *New Therapeutic Visions*, Progress in Self Psychology, vol. 8, ed. Arnold Goldberg, 141-163. Hillsdale: The Analytic Press, 1992.

Dellaverson, Vicki. "The Desomatizing Selfobject Transference: Analysis of an Eating Disorder. *Clinical Social Work Journal* 25, no. 1 (1997): 107-119.

Dickinson, Kelly A. and Aaron L. Pincus. "Interpersonal Analysis of Grandiose and Vulnerable Narcissism." *Journal of Personality Disorders* 17, no. 3 (2003): 188-207.

Ellis, Henry Havelock. "Auto-erotism: A Psychological Study." *Alienist and Neurologist* 19 (1898): 260-299.

Fischer, Kurt W., and June P. Tangney. "Self-Conscious Emotions and the Affect Revolution: Framework and Overview." In *Self-Conscious Emotions: The Psychology of Shame, Guilt, Embarrassment and Pride*, ed. June P. Tangney and Kurt W. Fischer, 3-22. New York: The Guilford Press, 1995.

Flores, Philip J. *Addiction As An Attachment Disorder*. Lanham: Jason Aronson, 2004.

Fox, R. "The Principle of Abstinence Reconsidered." *International Review of Psychoanalysis* 11 (1984): 227-236.

Freud, Anna. "The Ego and the Mechanisms of Defense (1936)." In *The Writings ot Anna Freud*, vol. 2, Revised Edition. New York: International Universities Press, 1966.

Freud, Sigmund. "The Ego and the Id (1923)" In *The Standard Edition of the Complete Psychological Works of Sigmund Freud*, vol. 19, ed. and tr. J. Strachey, 1-66. London: Hogarth Press, 1964.

______. "On Narcissism: An Introduction." In *Essential Papers on Narcissism*, ed. Andrew P. Morrison, 17-43. New York: New York University Press, 1986.

Gabbard, Glen O. *Psychodynamic Psychiatry in Clinical Practice*, Fourth Edition. Washington, DC: American Psychiatric Publishing, Inc., 2005.

Gehrie, Mark J. "Eating Disorders and Adaptation in Crisis: A Hypothesis." In *Review of Psychiatry*, vol. 9, ed. A. Tasman, S. M. Goldfinger, and C. A. Kaufmann, 369-383. Washington: American Psychiatric Press, Inc., 1990.

Geist, Richard A. "Therapeutic Dilemmas in the Treatment of Anorexia Nervosa: A Self Psychological Perspective." *Contemporary Psychotherapy Review* 2 (1984): 115-142.

______. "Self Psychological Reflections on the Origins of Eating Disorders." *Journal of American Academy of Psychoanalysis* 17 (1989): 5-27.

Gilbert, Helen D. "Selfobjects Throughout the Life Span: Research with Nonclinical Subjects." In *A Decade of Progress*, Progress in Self Psychology, vol. 10, ed. Arnold Goldberg, 31-51. Hillsdale: The Analytic Press, 1994.

Goldberg, Arnold. "The Definition and Role of Interpretation." In *Progress in Self Psychology*, vol. 1, ed. Arnold Goldberg, 62-65. New York: The Guilford Press, 1985.

______. *The Problem of Perversion: The View from Self Psychology*. New Haven: Yale University Press, 1995.

______. "Self Psychology Since Kohut." In *Postmodern Self Psychology*, Progress in Self Psychology, vol. 18, ed. Arnold Goldberg, 1-13. Hillsdale: The Analytic Press, 2002.

Goldberg, Arnold, ed. *The Psychology of the Self: A Casebook*. New York: International Universities Press, Inc., 1978.

______. *Errant Selves: A Casebook of Misbehavior*. Hillsdale: Analytic Press, 2000.

Goodsitt, Alan. "Self-Regulatory Disturbances in Eating Disorders." *International Journal of Eating Disorders* 2 (1983): 51-60.

______. "Self Psychology and the Treatment of Anorexia Nervosa." In *Handbook of Psychotherapy for Anorexia Nervosa and Bulimia*, ed. David M. Garner and Paul E. Garfinkel, 55-82. New York: The Guilford Press, 1985.

Gramzow, R., and J. P. Tangney. "Proneness to Shame and the Narcissistic Personality." *Personality and Social Psychology Bulletin* 18, no. 3 (1992): 369-376.

Greenberg, Jay. R., and Stephen A. Mitchell. *Object Relations in Psychoanalytic Theory*. Cambridge: Harvard University Press, 1983.

Gull, W. W. "The Address in Medicine: Delivered before the Annual Meeting of the

British Medical Association at Oxford." *Lancet* 2 (1868): 171-176.

Hagman, George. "Mature Selfobject Experience." In *Conversations In Self Psychology*, Progress in Self Psychology, vol. 13, ed. Arnold Goldberg, 85-107. Hillsdale: The Analytic Press, 1997.

Hartmann, Heinz. "Comments on the Psychoanalytic Theory of the Ego." *The Psychoanalytic Study of the Child* 5 (1950): 74-96.

_______. "Contribution to the Metapsychology of Schizophrenia." *The Psychoanalytic Study of the Child* 8 (1953): 177-198.

_______. "Notes on the Theory of Sublimation." *The Psychoanalytic Study of the Child* 10 (1955): 9-29.

_______. *Ego Psychology and the Problem of Adaptation* (1939), trans. D. Rapaport. New York: International Universities Press, 1958.

Johnson, W. Brad. and William L. Johnson. *The Pastor's Guide to Psychological Disorders and Treatments*. Binghamton: The Haworth Press, 2000.

Kaufman, Gershen. "The Meaning of Shame: Towards a Self Affirming Identity." *Journal of Counseling Psychology* 21 (1974): 568-574.

_______. *Shame: The Power of Caring*, Revised ed. Cambridge: Schenkman Publishing Company, Inc., 1985.

_______. *The Psychology of Shame: Theory and Treatment of Shame-Based Syndromes*. New York: Springer, 1989.

_______. "Sex, Gender, and Intersubjectivity: The Two Analysis of Mr. G." In *The World of Self Psychology*, Progress in Self Psychology, vol. 14, ed. Arnold Goldberg, 253-266. Hillsdale: Analytic Press, 1998.

Kaufman, Gershen, and L. Raphael. *Dynamics of Power: Fighting Shame and Building Self-Esteem*. Rochester: SchenkmanBooks, 1991.

Kay, Jerald. "Self-Psychological Perspectives on Suicide." In *Dimensions of Self Experience*, Progress in Self Psychology, vol. 5, ed. Arnold Goldberg, 169-186. Hillsdale: The Analytic Press, 1989.

Kohut, Heinz. *The Analysis of the Self*. Madison: International Universities Press, 1971.

_______. *The Restoration of the Self*. Madison: International Universities Press, 1977.

_______. "Preface." In *Psychodynamics of Drug Dependence*, NIDA Research Monograph 12, ed. Jack D. Blaine and Demetrios A. Julius, vii-ix. Rockville:

National Institute on Drug Abuse, 1977.

______. "Introspection, Empathy, and Psychoanalysis: An Examination of the Relationship Between Mode of Observation and Theory (1959)." In *The Search for the Self*, vol. 1, ed. P. Ornstein, 205-232. Madison: International Universities Press, 1978.

______. "Forms and Transformations of Narcissism (1966)." In *The Search for the Self*, vol. 1, ed. P. Ornstein, 427-460. Madison: International Universities Press, 1978.

______. "The Psychoanalytic Treatment of Narcissistic Personality Disorders: Outline of a Systematic Approach (1968)." In *The Search for the Self*, vol. 1, ed. P. Ornstein, 477-509. Madison: International Universities Press, 1978.

______. "Thoughts on Narcissism and Narcissistic Rage (1972)." In *The Search for the Self*, vol. 2, ed. P. Ornstein, 615-658. Madison: International Universities Press, 1978.

______. "The Future of Psychoanalysis (1973)." In *The Search for the Self*, vol. 2, ed. P. Ornstein, 663-684. Madison: International Universities Press, 1978.

______. "A Note on Female Sexuality." In *The Search for the Self*, vol. 2, ed. P. Ornstein, 783-792. Madison: International Universities Press, 1978.

______. "Preface to Der falsche Weg zum Selbst, Studien zur Drogenkarriere by Jürgen vom Scheidt(1976)." In *The Search for the Self*, vol. 2, ed. P. Ornstein, 845-850. Madison: International Universities Press, 1978.

______. "Letters." In *The Search for the Self*, vol. 2, ed. P. Ornstein, 851-929. Madison: International Universities Press, 1978.

______. "Reflections on Advances in Self Psychology." In *Advances in Self Psychology*, ed. Arnold Goldberg, 473-554. New York: International Universities Press, 1980.

______. *How Does Analysis Cure?* ed. Arnold Goldberg. Chicago: The University of Chicago Press, 1984.

______. "On Courage (early 1970s)." In *Self Psychology and the Humanities: Reflections on a New Psychoanalytic Approach*, ed. Charles B. Strozier, 1-50. New York: W. W. Norton, 1985.

______. "Creativeness, Charisma, Group Psychology: Reflections on the Self-Analysis of Freud (1976)." In *Self Psychology and the Humanities: Reflections on a New Psychoanalytic Approach*, ed. Charles B. Strozier, 171-211. New

York: W. W. Norton, 1985.

_______. "Addictive Need for an Admiring Other in Regulation of Self-Esteem." In *The Kohut Seminars on Self Psychology and Psychotherapy with Adolescents and Young Adults*, ed. Miriam Elson, 113-132. New York: W. W. Norton & Company, 1987.

_______. "Introspection and Empathy: Further Thoughts About Their Role in Psychoanalysis (1968)." In *The Search for the Self*, vol. 3, ed. P. Ornstein, 83-101. Madison: International Universities Press, 1990.

_______. "Four Basic Concepts in Self Psychology (1979)." In *The Search for the Self*, vol. 4, ed. P. Ornstein, 447-470. Madison: International Universities Press, 1991.

_______. "Selected Problems in Self Psychological Theory (1980)." In *The Search for the Self*, vol. 4, ed. P. Ornstein, 489-523. Madison: International Universities Press, 1991.

_______. "On Empathy (1981)." In *The Search for the Self*, vol. 4, ed. P. Ornstein, 525-535. Madison: International Universities Press, 1991.

_______. "Introspection, Empathy, and the Semicircle of Mental Health (1981)." In *The Search for the Self*, vol. 4, ed. P. Ornstein, 537-567. Madison: International Universities Press, 1991.

_______. "Letters 1980." In *The Search for the Self*, vol. 4, ed. P. Ornstein, 645-679. Madison: International Universities Press, 1991.

Kohut, Heinz, and Philip F. D. Seitz. "Concepts and Theories of Psychoanalysis (1963)." In *The Search for the Self*, vol. 1, ed. P. Ornstein, 337-374. Madison: International Universities Press, 1978.

Kohut, Heinz, and Ernest S. Wolf. "The Disorders of the Self and Their Treatment: An Outline (1978)." In *The Search for the Self*, vol. 3, ed. P. Ornstein, 359-385. Madison: International Universities Press, 1990.

Lasch, Christopher. *The Culture of Narcissism*. New York: W. W. Norton, 1979.

_______. "For Shame." *New Republic* 207, no. 7 (1992): 29-34.

Lee, Ronald R., and J. C. Martin. *Psychotherapy After Kohut: A Textbook of Self Psychology*. Hillsdale: The Analytic Press, 1991.

Levin, Jerome D. *Treatment of Alcoholism and other Addictions: A Self Psychology Approach*. Northvale: Jason Aronson Inc., 2002.

Levine, Frederic J., and Robert Kravis. "Psychoanalytic Theories of the Self:

Contrasting Clinical Approaches to the New Narcissism." In *The Book of the Self: Person, Pretext, and Process*, ed. Polly Yong-Eisendrath and James A. Hall, 306-330. New York: New York University Press, 1987.

Lewis, Helen B. *Shame and Guilt in Neurosis*. New York: International Universities Press, 1971.

Lewis, Michael. *Shame: The Exposed Self*. New York: The Free Press, 1992.

Lynd, Helen M. *On Shame and the Search for Identity*. New York: Harcourt, Brace and World, Inc., 1958.

Marohn, Richard C. "Rage Without Content." In *The Widening Scope of Self Psychology*, Progress in Self Psychology, vol. 9, ed. Arnold Goldberg, 129-141. Hillsdale: The Analytic Press, 1993.

Meares, Russell. "On Boundary Formation." In *Frontiers in Self Psychology*, Progress in Self Psychology, vol. 3, ed. Arnold Goldberg, 237-252. Hillsdale: The Analytic Press, 1988.

Miller, Jean Baker. *Toward a New Psychology of Women*. Boston: Beacon Press, 1976.

Miller, Jean Baker, and Irene Pierce Stiver. *The Healing Connection*. Boston: Beacon Press, 1997.

Minuchin, S., B. Rosman, and L. Baker. *Psychosomatic Families: Anorexia Nervosa in Context*. Cambridge: Harvard University Press, 1978.

Moore, Burness E., and Bernard D. Fine, eds. *Psychoanalytic Terms and Concepts*. New Haven: The American Psychoanalytic Association, 1990.

Morrison, Andrew P. "Shame, Ideal Self, and Narcissism," In *Essential Papers on Narcissism*, ed. Andrew P. Morrison. New York: New York University Press, 1986.

_______. "The Eye Turned Inward: Shame and the Self." In *The Many Faces of Shame*, ed. Donald L. Nathanson, 271-291. New York: The Guilford Press, 1987.

_______. *Shame: The Underside of Narcissism*. Hillsdale: Analytic Press, 1989.

_______. *The Culture of Shame*. Northvale: Jason Aronson Inc., 1998.

Morton, Richard. *Phthisiologia: Or A Treatise of Consumptions*. London: Smith and Walford, 1694.

Moss, David M. "Narcissism, Empathy and the Fragmentation of Self: An Interview with Heinz Kohut." *Pilgrimage* 4, no. 1 (1976): 26-43.

Nathanson, Donald L. "Shaming Systems in Couples, Families, and Institutions." In *The Many Faces of Shame*, ed. Donald L. Nathanson, 246-270. New York: The Guilford Press, 1987.

_______. "Preface." In *The Many Faces of Shame*, ed. Donald L. Nathanson, vii-xiii. New York: The Guilford Press, 1987.

_______. *Shame and Pride: Affect, Sex, and the Birth of the Self*. New York: W. W. Norton, 1992.

Oates, Wayne E. *Behind the Masks: Personality Disorders in Religious Behavior*. Louisville: The Westminster Press, 1987.

Orbach, Susie. *Fat Is a Feminist Issue*. London: Paddington, 1978.

_______. "Accepting the Symptom: A Feminist Psychoanalytic Treatment of Anorexia Nervosa." In *Handbook of Psychotherapy for Anorexia Nervosa and Bulimia*, ed. David M. Garner and Paul E. Garfinkel, 83-104. New York: The Guilford Press, 1985.

Ornstein, Anna. "Selfobject Transferences and the Process of Working Through." In *The Realities of Transference*, Progress in Self Psychology, vol. 6, ed. Arnold Goldberg, 41-58. Hillsdale: The Analytic Press, 1990.

Ornstein, Paul H. "Chronic Rage from Underground: Reflections on Its Structure and Treatment." In *The Widening Scope of Self Psychology*, Progress in Self Psychology, vol. 9, ed. Arnold Goldberg, 143-157. Hillsdale: The Analytic Press, 1993.

Ornstein, Paul H., and Anna Ornstein. "Formulating Interpretations in Clinical Psychoanalysis." *International Journal of Psychoanalysis* 61 (1980): 203-212.

_______. "Clinical Understanding and Explaining: The Empathic Vantage Point." In *Progress in Self Psychology*, vol. 1, ed. Arnold Goldberg, 43-61. New York: The Guilford Press, 1985.

Piers, Gerhart, and Milton B. Singer. *Shame and Guilt: A Psychoanalytic and a Cultural Study*. Springfield: Charles C. Thomas, 1953; Reprint, New York: W. W. Norton, 1971.

Polivy, J., and Herman, P. "Diagnosis and Treatment of Normal Eating." *Journal of Consulting and Clinical Psychology* 55, no. 5 (1987): 635-644.

Pulver, Sydney E. "Narcissism: The Term and the Concept." In *Essential Papers on Narcissism*, ed. Andrew P. Morrison, 91-111. New York: New York University Press, 1986.

Reiser, David E. "Self Psychology and the Problem of Suicide." In *Progress in Self Psychology*, vol. 2, ed. Arnold Goldberg, 227-241. New York: The Guilford Press, 1986.

Robinson, Connie M. "Alcoholics Anonymous As seen from the Perspective of Self Psychology." *Smith College Studies in Social Work* 66, no. 2 (1996): 129-145.

Ronningstam, Elsa F. *Identifying and Understanding the Narcissistic Personality*. New York: Oxford University Press, 2005.

Rothstein, A. "Toward a Critique of Psychology of the Self." *Psychoanalytic Quarterly* 59 (1980): 423-455.

Saint Augustine. *The City of God*, trans. Marcus Dods. New York: The Modern Library, 2000.

Sands, Susan H. "Eating Disorders and Female Development: A Self-Psychological Perspective." In *Dimensions of Self Experience*, Progress in Self Psychology, vol. 5, ed. Arnold Goldberg, 75-103. Hillsdale: The Analytic Press, 1989.

Scharff, Jill S., and David E. Scharff. *The Primer of Object Relations Therapy*. Northvale: Jason Aronson Inc., 1997.

Schneider, Carl. *Shame, Exposure, and Privacy*. New York: W. W. Norton, 1977.

Siegel, Allen M. *Heinz Kohut and the Psychology of the Self*. London: Routledge, 1996.

_______. "The Optimal Conversation: A Concern About Current Trends Within Self Psychology." In *Pluralism in Self Psychology*, Progress in Self Psychology, vol. 15, ed. Arnold Goldberg, 51-80. Hillsdale: The Analytic Press, 1999.

Silverstein, Marshall L. *Self Psychology and Diagnostic Assessment: Identifying Selfobject Functions Through Psychological Testing*. New York: Routledge, 1999.

Stein, M. "Review of The Restoration of the Self." *Journal of the American Psychoanalytic Association* 27 (1979): 665-680.

Stern, Daniel N. *The Interpersonal World of the Infant*. New York: Basic Books, 1985.

Stolorow, Robert D. "On Experiencing an Object: A Multidimensional Perspective." In *Progress in Self Psychology*, vol. 2, ed. Arnold Goldberg, 273-279. New York: The Guilford Press, 1986.

_______. "Thoughts on the Nature and Therapeutic Action of Psychoanalytic Interpretation." In *The Widening Scope of Self Psychology*, Progress in Self

Psychology, vol. 9, ed. Arnold Goldberg, 31-43. Hillsdale: The Analytic Press, 1993.

_______. "Subjectivity and Self Psychology." In *The Intersubjective Perspective*, ed. Robert D. Stolorow, George E. Atwood, and Bernard Brandchaft, 31-39. Northvale: Jason Aronson, 1994.

_______. "The Nature and Therapeutic Action of Psychoanalytic Interpretation." In *The Intersubjective Perspective*, ed. Robert D. Stolorow, George E. Atwood, and Bernard Branchaft, 43-55. Northvale: Jason Aronson, 1994.

_______. "An Intersubjective View of Self Psychology," *Psychoanalytic Dialogues* 5 (1995): 393-399.

Stolorow, Robert D., and George E. Atwood. *Contexts of Being: The Intersubjective Foundations of Psychological Life*. Hillsdale: The Analytic Press, 1992.

Stolorow, Robert D., George E. Atwood, and Donna M. Orange. "Kohut and Contextualism: Toward a Post-Cartesian Psychoanalytic Theory." *Psychoanalytic Psychology* 16, no. 3 (1999): 380-388.

Stolorow, Robert D., Bernard Brandchaft, and George E. Atwood. *Psychoanalytic Treatment: An Intersubjective Approach*. Hillsdale: The Analytic Press, 1987.

Stone, Leo. "Transference." In *Psychoanalysis: The Major Concepts*, ed. Burness E. Moore and Bernard D. Fine, 110-120. New Haven: Yale University Press, 1995.

Strozier, Charles B. "Glimpses of a Life: Heinz Kohut (1913-1981)." In *Progress in Self Psychology*, vol. 1, ed. Arnold Goldberg, 3-12. New York: The Guilford Press, 1985.

_______. *Heinz Kohut: The Making of a Psychoanalyst*. New York: Farrar, Straus and Giroux, 2001.

Tangney, June P., and R. L. Dearing. *Shame and Guilt*. New York: The Guilford Press, 2002.

Tolpin, Marian. "Corrective Emotional Experience: A Self-Psychological Reevaluation." In *The Future of Psychoanalysis*, ed. Arnold Goldberg, 255-271. New York: International Universities Press, 1983.

_______. "Compensatory Structures: Paths to the Restoration of the Self." In *Conversations In Self Psychology*, Progress in Self Psychology, vol. 13, ed. Arnold Goldberg, 3-19. Hillsdale: The Analytic Press, 1997.

Tolpin, Paul H. "A Change in the Self: The Development and Transformation of an

Idealizing Transference." *The International Journal of Psycho-Analysis* 64, no. 4 (1983): 461-483.

_______. "Optimal Affective Engagement: The Analyst's Role in Therapy." In *Learning from Kohut*, Progress in Self Psychology, vol. 4, ed. Arnold Goldberg, 160-168. Hillsdale: The Analytic Press, 1988.

Tolpin, Paul, and Marian Tolpin, ed. *Heinz Kohut: The Chicago Institute Lectures.* Hillsdale: The Analytic Press, 1996.

Treurniet, N. "Psychoanalysis and Self Psychology: A Metapsychological Essay with a Clinical Illustration." *Journal of the American Psychoanalytic Association* 31 (1983): 59-100.

Ulman, Richard B., and Harry Paul. "A Self-Psychological Theory and Approach to Treating Substance Abuse Disorders: The 'Intersubjective Absorption' Hypothesis." In *Dimensions of Self Experience*, Progress in Self Psychology, vol. 5, ed. Arnold Goldberg, 121-141. Hillsdale: The Analytic Press, 1989.

_______. "The Addictive Personality and 'Addictive Trigger Mechanisms'(ATMs): The Self Psychology of Addiction and Its Treatment." in *The Realities of Transference*, Progress in Self Psychology, vol. 6, ed. Arnold Goldberg, 129-156. Hillsdale: The Analytic Press, 1990.

_______. "Dissociative Anesthesia and the Transitional Selfobject Transference in the Intersubjective Treatment of the Addictive Personality." in *New Therapeutic Visions*, Progress in Self Psychology, vol. 8, ed. Arnold Goldberg, 109-139. Hillsdale: The Analytic Press, 1992.

_______. *The Self Psychology of Addiction and Its Treatment: Narcissus in Wonderland.* New York: Routledge, 2006.

Ungar, M. T., and J. E. Levene. "Selfobject Functions of the Family: Implications for Family Therapy." *Clinical Social Work Journal* 22, no. 3 (1994): 303-316.

White, Robert. *Ego and Reality in Psychoanalytic Theory: A Proposal Regarding Independent Ego Energies.* New York: International Universities Press, 1963.

Wink, Paul. "Two Faces of Narcissism." *Journal of Personality and Social Psychology* 61, no. 4 (1991): 590-597.

Wolf, Ernest S. "Transferences and Countertransferences in the Analysis of Disorders of the Self." *Contemporary Psychoanalysis* 15 (1979): 577-594.

_______. "Empathy and Countertransference," in *The Future of Psychoanalysis*, ed. Arnold Goldberg, 309-325. New York: International Universities Press,

1983.

_______. *Treating the Self: Elements of Clinical Self Psychology*. New York: The Guilford Press, 1988.

_______. "The Role of Interpretation in Therapeutic Change." In *The Widening Scope of Self Psychology*, Progress in Self Psychology, vol. 9, ed. Arnold Goldberg, 15-30. Hillsdale: The Analytic Press, 1993.

찾아보기

인물

내용

저자 소개

홍 이 화 洪 利 和

미국 드류대학교(Drew University) 종교와 심리학 철학박사 (Ph. D.)

현 강서대학교 상담심리학과 교수

한국목회상담협회(KAPC) 감독

저서 및 역서

『하인즈 코헛의 자기심리학 이야기 I 』(한국심리치료연구소, 2011)

『현대정신분석』(공역, 지혜와사랑, 2019) 외 다수

하인즈 코헛의 자기심리학 이야기 1

나 그리고 자기

SELF PSYCHOLOGY OF HEINZ KOHUT

2025년 7월 1일 1판 1쇄 발행
2025년 7월 10일 1판 1쇄 발행

지은이 • 홍이화
펴낸이 • 김진환
펴낸곳 • (주) 학지사
04031 서울특별시 마포구 양화로 15길 20 마인드월드빌딩
대표전화 • 02)330-5114 팩스 • 02)324-2345
등록번호 • 제313-2006-000265호

홈페이지 • http://www.hakjisa.co.kr
인스타그램 • https://www.instagram.com/hakjisabook

ISBN 978-89-997-3451-9 93180

정가 18,000원